地方非遗融入高校美育的范式转型：
邢窑白瓷文化课程体系构建与实施研究

胡晓敏　著

中国商业出版社

图书在版编目 (CIP) 数据

地方非遗融入高校美育的范式转型 ： 邢窑白瓷文化课程体系构建与实施研究 / 胡晓敏著 . -- 北京 ： 中国商业出版社，2025. 5. -- ISBN 978-7-5208-3450-6

I. G40-014

中国国家版本馆 CIP 数据核字第 2025H5W288 号

责任编辑：林　海

策划编辑：佟　彤

中国商业出版社出版发行

(www.zgsycb.com 100053　北京广安门内报国寺 1 号)

总编室 :010-63180647　　编辑室 :010-83118925

发行部 :010-83120835/8286

新华书店经销

廊坊市广阳区九洲印刷厂印刷

*

787 毫米 ×1092 毫米　16 开　13.25 印张　258 千字

2025 年 5 月第 1 版　2025 年 5 月第 1 次印刷

定价 :78.00 元

* * * *

(如有印装质量问题可更换)

前言

在全球化与本土化交织的当代语境下，非物质文化遗产的活态传承与高校美育的范式革新正形成深层次的共振。作为中华优秀传统文化的重要载体，地方非遗以其蕴含的工匠精神、审美智慧与文化基因，为摆脱高校美育同质化困境、重构文化育人生态提供了创新路径。邢窑白瓷文化作为“南青北白”陶瓷史的重要实证，其“类银似雪”的美学品格与千年窑火的技艺传承，不仅承载着邢襄大地的文明密码，更彰显着中华民族“器以载道”的文化哲学，堪称非遗融入当代美育的典范性样本。

邢台学院作为邢窑文化研究传承的学术重镇，始终秉持“在地性传承、创造性转化”的教育理念，构建了从学术研究到实践育人的完整生态链：依托教育部中华优秀传统文化传承基地（邢窑白瓷）、邢窑艺术创意产业学院等国家级平台，整合邢窑文化园、邢窑博物馆与北方古陶瓷研究中心的立体化资源，形成了“学术研究—课程开发—文创转化—社会传播”四位一体的育人矩阵。这种将千年窑场转化为育人现场的创新实践，既是对"大美育"时代命题的积极响应，也是对新时代高校文化传承使命的主动担当。

本书以“非遗美育共同体”为理论框架，聚焦邢窑白瓷文化课程体系的范式创新，致力于探索传统文化基因解码与当代美育编码的转化机制。研究突破传统非遗传承的技艺本位思维，构建起“三维立体化”课程模型：在价值维度上，贯通“器物审美—技艺体认—文化认同”的育人逻辑链；在内容维度上，形成“历史文脉—工艺科学—设计创新—数字传播”的跨学科知识谱系；在方法维度上，创新“考古现场教学+虚拟仿真实验+文创项目实战”的沉浸式教学模式。这种将博物馆考古资料转化为教学案例库、将非遗传承人纳入双师型队伍、将学生创意作品反哺社会美育的实践路径，有效实现了文化传承与美育创新的双向赋能。

本研究立足邢台学院十五年深耕邢窑文化的实践经验，系统提炼出非遗融入高校美育的“四驱模式”：以文化解码工程夯实学理根基，通过邢窑遗址考古报告数字化、传统釉料配方的科学化解析等研究，构建文化阐释的知识底座；以模块化课程体系重塑美育载体，构建相关特色课程群；以产学研协同创新激活传承动能；以社会美育辐射拓展文化影响。这种从文化资源到教育资本的系统性转化，为地方高校实现文化传承与美育创新的同频共振提供了可复制的范式。

期待本研究能够为新时代高校美育改革提供方法论启示：在文化维度上，探索地方性知识转化为普遍性美育资源的可行路径；在教育维度上，构建技艺传承与价值塑造相统一的美育新形态；在实践维度上，形成高校、政府、行业、中小学协同育人的创新机制。让千年窑火淬炼出的造物智慧，在当代美育实践中焕发新的生机，为坚定文化自信、建设中华民族现代文明贡献高校力量。

目录

· 第一章 ·

地方非遗与高校美育融合的理论基础

地方非物质文化遗产作为中华文明基因库的核心载体，凝结着地域群体的集体记忆与生活智慧，其蕴含的造物哲学与审美范式为当代美育体系重构提供了重要参照。邢窑白瓷文化所展现的“类银似雪”技艺体系与“器以载道”的美学追求，恰好构成连接传统工艺智慧与现代审美教育的文化桥梁。在高校美育转型过程中，通过解码非遗项目蕴含的造型语言、工艺思维及文化象征，可构建起“技艺传习—美学阐释—价值传承”的三维教育模型。这种基于文化基因活态传承的创新路径，不仅能够突破艺术教育的技能化窠臼，更可让学生形成以文化自觉为基础的审美判断力，使美育实践从形式模仿升华为文化认知，最终实现非物质文化遗产保护与美育创新发展的双向赋能。

第一节　非物质文化遗产的美育价值

非物质文化遗产不仅展现了传统技艺的精湛与匠心，还蕴含着深厚的文化内涵和艺术魅力。在高校美育中，非物质文化遗产能够为学生提供直观的文化体验，帮助他们在感知传统技艺的形式美和民俗文化的意境美中，提升审美素养和文化理解能力。通过非遗的融入，学生不仅能够感受到中华优秀传统文化的独特魅力，还能在实践与体验中培养创新思维和传承意识。

一、非物质文化遗产蕴含的审美元素

在传统技艺中的形式美和民俗文化中的意境美，都展现了非遗深厚的艺术内涵。这些审美元素不仅体现在具体的工艺制作中，如造型、色彩、纹饰等，还蕴含在文化背后的精神追求与情感表达中。挖掘非遗中的审美元素，能够为学生提供直观的文化体验，激发其对美的感知与创造力，进而深化对传统文化的理解与认同。

（一）传统技艺中的形式美

传统木工技艺，就选材而言，不同木材各具特色的纹理、质地和色泽，为木工制品奠定了天然的美感基础。在制作时，匠人凭借精湛的切割、雕刻、拼接工艺，巧妙地展现木材纹理。有的木材纹理自然流畅，匠人便以简单打磨凸显其天然之美；有的纹理富有独特图案，匠人便以此为灵感，融入作品设计，使其成为独特的装饰元素。雕刻工艺是木工技艺形式美的关键体现，浮雕、镂空雕、圆雕等手法，能创作出栩栩如生的图案造型。以花鸟鱼虫为主题的雕刻，以细腻线条勾勒出自然生机；以人物故事为蓝本的作品，则生动刻画人物神态动作，传递丰富情感与文化内涵。木工制品的结构设计，如榫卯结构，不用一钉，仅靠木材咬合，既稳固又美观，体现力学与美学的完美融合，其拼接方式形成的节奏感和秩序感，也是形式美的独特呈现。在满足功能使用的前提下，在必要的位置通过不同的表现手法施以各种纹饰，雕刻考究细致，使家具本身不但成为一件日用品，更是一件艺术品。装饰题材多取材于当地民间元素，如戏曲人物、麒麟送子、富贵牡丹、八仙人物、葡萄石榴等吉祥图案，匠人雕画的不仅是视觉上的美感，更重要的是艺人通过技艺表达出来的民间文化。[1]每一幅画面都是一个生动的民间故事，并由此让人感受到文化的归属感。而在装饰细节上也很讲究，线脚装饰处理细致、金属饰件柔美精巧。体现了文化精神和物质载体的有机结合，反映了我国历史、文化、艺术的底蕴，表达了民间艺人质朴、自然的情感。鲁西南传统木工在图形图案装饰艺术上更折射了对中国哲学思想的表达，引起人们内心情感的共鸣，具有重要的文化艺术价值。传统刺绣技艺，同样在针法、色彩搭配上展现出别具一格的形式美。刺绣艺人依据面料特性和图案需求选择针法，平针绣均匀整齐，乱针绣自由洒脱，不同针法交织出丰富纹理。在色彩搭配上，艺人根据作品主题和情感表达挑选丝线颜色，或清新淡雅，或热烈奔放，色彩过渡自然流畅，相互映衬，让整个画面鲜活生动。

在邢窑白瓷传统技艺中的形式美，凸显在精湛制作工艺所塑造的器物造型上。邢窑是邢台市传统工艺中的重要瑰宝。邢窑主要分布在内丘、临城以及隆尧一带，目前在邢台所发现的邢窑分布面积早已超出300平方公里，种类也非常丰富和多元化，罐、碗、壶、杯、盘、碟等全部囊括其中，制作工艺也相当高超和精湛，这足以证明邢窑在当时是何等兴盛与流行，也展现出古人高超的烧制技艺。[2]从原料选取开始，历经成型、装饰、烧制等工序，匠人的智慧与心血融入每一步，造就了白

[1] 潘钊．鲁西南传统木工制作技艺研究 [J]. 民艺，2021(5): 118-123.

[2] 张晓纪．基于唐代邢窑白瓷的审美特征及鉴赏研究 [J]. 湖北农机化，2020 (4): 160.

瓷独特的形态。拉坯、印坯、手捏成型等工艺，赋予器物流畅自然的线条。拉坯成型的器物具有丰肩、鼓腹、圆唇口、玉璧底等特征，构成独特造型美感，兼具实用性与艺术观赏性，呈现出端庄大气的形式美。刻花、划花、印花、戳印等多样技法，在器物表面创造出丰富图案和纹理，或简洁质朴，或繁复精美，与器物造型相得益彰。刻花线条刚劲有力，划花细腻流畅，印花图案规整精美，打破单一色彩和形态的单调，增加层次感和立体感，赋予白瓷独特的视觉美感，且装饰图案蕴含特定文化寓意，传递深厚文化内涵。邢窑白瓷的釉色之美同样是其传统技艺形式美的关键部分。其以“类银”“似雪”的釉色而闻名，釉色纯净洁白且微微泛青，给人宁静、典雅之感。这种独特釉色源于工匠对原料的精心调配和烧制工艺的精准把控，窑温、气氛的微妙变化影响釉色呈现。精湛的烧制工艺让邢窑白瓷釉色达到极致美感，其细腻温润的质感如同羊脂玉般柔和，增添了白瓷的高贵气质，成为形式美表达的核心要素。

（二）民俗文化中的意境美

从传统节日的民俗活动看，元宵节时大街小巷张灯结彩，花灯多样，有寓意吉祥的动物花灯和展现故事传说的人物花灯。人们赏灯时，能体会传统文化底蕴和对美好生活的向往，获得心灵愉悦。传统刺绣工艺同样蕴含意境美，艺人精心绣出的精美图案，针法细腻、色彩和谐，倾注着心血情感。观赏刺绣作品，人们仿佛置身诗意艺术世界，能感受艺人对生活的热爱，沉浸在艺术魅力中，获得心灵慰藉，提升审美层次。[1]

邢窑白瓷诞生于特定的地域民俗环境，其制作与使用都与当地民众的生活习俗、信仰传统紧密相连。在古代，白色在邢窑所在地的民俗文化中具有特殊意义，它不仅象征着纯洁、神圣，还与当地人们的精神世界息息相关。邢窑白瓷那“类银”“似雪”的釉色，正是这种民俗审美观念的外在体现。当人们凝视白瓷时，那纯净洁白的釉色仿佛能让人联想到冬日里的皑皑白雪，营造出一种宁静、空灵的意境，使人们的心灵得到净化和安宁，在潜移默化中感受到民俗文化所蕴含的精神力量。在一些重要的祭祀仪式或庆典活动中，白瓷制品常常作为供品或礼器出现。其庄重、典雅的造型，在仪式的特定氛围烘托下，营造出一种肃穆而神圣的意境。人们通过使用这些白瓷制品，表达对神灵、祖先的敬畏和祈福之情，在这种情境下，白瓷不再仅仅是一件器物，而是成为连接现实与精神世界的纽带，让人们在感受仪式庄重性的同时也能体会到民俗文化对生命、自然和传统的尊崇。这种意境美融合了情感、信仰与文化记忆，能引发人们内心深处的情感共鸣，促使人们思考生命的意义和文化的传承。

[1] 程雨田 . 传统技艺焕发时代魅力 [J]. 课堂内外创新作文 (高中版), 2020 (10): 49.

二、非物质文化遗产的教育功能

非物质文化遗产通过传统技艺、民俗活动、艺术形式等多种方式，传递着民族的智慧与审美观念。在高校美育中，非物质文化遗产能够帮助学生培养审美感知能力，提升对多元文化的理解与认同。通过接触和体验非遗文化，学生不仅能够增强对传统文化的认知，还能激发创新思维，提升文化自信。邢窑白瓷文化作为非遗的重要组成部分，其工艺技术与艺术特色为高校美育提供了丰富的教育资源，能够有效促进学生的全面发展。

（一）培养审美感知能力

席勒的《审美教育书简》写道：“如果我们要实现政治的自由，必然通过审美教育的道路，让美走在自由之前。”他认为资本主义现代文明造成人性分裂，人受到“感性冲动”和“理性冲动”的限制；而美是感性与理性的统一，只有通过审美教育，以“游戏冲动”为中介，才能弥合分裂的人性，使人摆脱物质和道德限制，实现真正的自由。所以他提出要让美先行，以美为中介引领人们走向自由。[1]因此，教师在教学中也要创设自由的审美情境，促使学生能展开个性化审美感悟。提升学生审美感知力的第一步就是要创设情境，引导学生在文字、图片、视频多元结合的多媒体课件中获得感悟，促使他们将注意力放在审美对象上，这样就能更好地展开下一阶段的审美活动。民间编织运用竹、藤等天然材料，借挑、压等手法，造就紧密规整或疏松灵动的纹理，让学生感知材质与纹理之妙。皮影制作的造型线条大胆，以流畅曲线、刚劲直线勾勒形象，搭配红、绿、黄等高饱和度色彩，带来强烈的视觉冲击，助力学生强化对形态与色彩的感知。

邢窑白瓷坯体塑形精巧，釉色温润，烧制工艺严谨，尽显工艺精妙。各类非遗全方位提升学生审美感知，助力其领略传统文化魅力。传统陶瓷烧制工艺，以邢窑白瓷为例，其坯体塑形讲究对称与均衡，每一处弧度、每一道转折都经过精心设计，展现出简洁大方又不失庄重的形态美。在釉色表现上，邢窑白瓷追求极致纯净，“似玉非玉而胜玉”的质感，给人一种温润、柔和的视觉感受，学生通过品鉴，能深度体悟到釉色的微妙变化与独特质感。在烧制过程中，窑温、火候的把控更是直接影响瓷器呈现的最终艺术效果，这背后蕴含的复杂工艺与工匠的精湛技艺，能让学生感知到传统工艺的严谨与精细。

---

[1] 闫姿蓉 .《审美教育书简》中的美育思想探析 [J]. 艺术评鉴 , 2021 (16): 177-179.

（二）提升文化理解素养

在高校美育活动中，地方非遗宛如一座知识宝库，对提升学生文化理解素养大有裨益。就拿传统戏曲来说，京剧的华丽服饰、精致妆容与程式化表演，背后是对历史故事、人物形象的艺术化呈现，学生欣赏京剧，能从中窥探古代社会风貌、道德观念与审美情趣，加深对历史文化的理解。不同剧种如越剧的温婉、秦腔的豪放，展现出鲜明的地域特色，这与当地的自然环境、风土人情紧密相连，让学生领略到文化的多样性。传统建筑技艺同样蕴含丰富文化内涵。徽派建筑的马头墙、木雕、砖雕，不仅具有实用价值，更体现了徽商文化的繁荣以及对家族的传承、儒家文化的尊崇。学生了解其建筑布局、装饰细节，能深入理解地域文化与传统价值观。而少数民族的建筑，如傣族的竹楼、蒙古族的蒙古包，适应了各自的生活方式与自然条件，彰显独特民族文化魅力，帮助学生拓宽文化视野。

苏绣针法细腻、图案精美，融入江南水乡的柔美风情与文人审美；苗族银饰造型繁复，蕴含着苗族的历史记忆、宗教信仰。邢窑白瓷，历经岁月沉淀，其工艺与装饰反映当时社会审美及文化交流，展现独特地域文化特色。学生学习这些手工艺，能体会到不同民族、地域的文化精髓，深刻理解文化的多元性与独特性，进而提升文化理解素养，更好地传承与发扬传统文化。

第二节　高校美育的现状与挑战

近年来，高校美育在素质教育中的地位逐渐提升，成为培养学生全面发展的重要途径。尽管高校美育取得了一定进展，其发展现状仍面临许多问题。在课程设置上，许多高校的美育课程仍以传统的艺术技能训练为主，缺乏对地方文化资源的深度挖掘与整合，导致课程内容单一，难以激发学生的文化认同感。在教学方法上，部分高校仍沿用灌输式教学模式，忽视了学生的主动参与和实践体验，教学效果不尽如人意。另外，高校美育还面临着资源整合难度大、教学效果评估体系不完善等挑战。地方非遗的融入为高校美育提供了新的思路，通过将邢窑白瓷文化等地方非遗资源引入美育课程，高校不仅可以丰富课程内容，还能为高校美育的范式转型提供实践路径。

一、高校美育的发展现状

随着教育改革的深入推进，许多高校在美育课程设置和教学方法上进行了积极探索，逐步形成了以艺术鉴赏、艺术实践为核心的美育体系。就目前而言，该体系存在课程内容单一、教学资源分散、学生参与度不高等问题。特别是在对地方文化资源的利用上，高校美育尚未充分发挥其独特优势，导致美育课程与地域文化脱节，难以激发学生的文化认同感和创造力。

（一）课程设置情况

多数高校已认识到美育对学生全面发展的重要性，纷纷开设了诸如艺术鉴赏、美学原理等基础美育课程。这些课程旨在向学生普及艺术与美学的基本知识，帮助学生构建起对美的基本认知框架，让学生初步接触不同艺术形式，培养他们对艺术的兴趣。

目前，课程设置在多样性和深度上仍显不足，课程种类较为单一，多集中在常见的艺术门类，如绘画、音乐、舞蹈等，而对于一些小众但具有深厚文化底蕴的艺术形式涉及较少，未能充分挖掘艺术领域的丰富内涵。课程内容深度有限，部分课程停留在表面的知识讲解，缺乏对艺术作品背后文化、历史、社会背景的深入剖析，难以引导学生从更高层次理解艺术与美的本质。针对地方非遗融入方面，高校美育课程设置的探索尚处于起步阶段。虽有少数高校尝试将部分地方非遗项目引入课程，但存在碎片化、不成体系的问题。如对于邢窑白瓷文化，仅在个别艺术鉴赏课程中稍有提及，尚未形成专门且系统的课程，无法让学生全面深入地了解邢窑白瓷从历史渊源、制作工艺到文化价值的完整体系。

（二）教学方法应用

在理论教学方面，课堂讲授依旧是主流方式。教师凭借扎实的专业知识，向学生系统阐述美学理论、艺术史等内容，帮助学生构建起美育的理论框架。在艺术概论课程中，教师通过讲解艺术流派的发展脉络、美学思想的演变，让学生对艺术的本质、特征等有初步认知。单纯的讲授容易使课堂氛围沉闷，部分学生参与度不高，对知识的吸收仅停留在表面，难以深入理解和运用。

在实践教学上，学校常开设绘画、手工制作等实践课程，让学生亲身体验艺术创作过程。如陶艺课程，学生在揉泥、拉坯、装饰等环节中，锻炼动手能力，培养创造力与审美能力。实践教学在资源配置上存在不均衡现象。一些高校由于资金、场地等限制，实践设备陈旧、数量不足，无法满足学生需求，导致实践课程的开展效果大打折扣。而且实践教学缺乏系统规划，课程之间的连贯性欠佳，学生难以形成完整的实践技能体系。由于多媒体教学手段的不断发展，教师可以借助图片、视频、音频等资料，将抽象的美育知识直观呈现给学生。在讲解中国传统绘画时，通过播放高清绘画作品图片和画家创作过程的视频，学生能更清晰地观察作品细节、领略笔墨神韵。但部分教师过度依赖多媒体，课件制作粗糙，内容堆砌，缺乏对教学内容的深度挖掘，难以引导学生进行深入思考。线上教学在近年来发展迅速，打破了时间和空间限制，为学生提供丰富的学习资源。许多高校开设美育在线课程，学生可自主选择学习内容和时间。但线上教学互动性差，教师无法及时了解学生学习状态，学生遇到问题也难以及时得到解答，学习效果参差不齐。

二、高校美育面临的挑战

美育资源的整合存在困难，许多高校缺乏系统的美育课程体系，导致教学内容零散，难以形成合力。教学效果的评估机制不完善，传统的评价方式常侧重于对学生做技能考核，忽视了学生审美素养和文化理解能力的提升。美育课程的师资力量相对薄弱，教师对地方非遗文化的了解有限，难以将传统文化资源有效融入教学。这些问题的存在，制约了高校美育的进一步发展。

（一）资源整合难度

地方非遗涵盖种类繁多，从传统手工艺如刺绣、木雕，到民俗活动如地方节庆、传统仪式，再到民间音乐舞蹈等，每一类非遗都有着独特的表现形式、技艺流程和文化内涵。将这些分散、多元的非遗资源与高校美育课程体系进行有效整合并非易事。

从物质资源角度看，非遗实物资料收集存在困难。许多地方非遗的传承依赖手工制作，产量有限，且部分珍贵的非遗作品散落于民间收藏家手中或偏远地区的传承人家中，高校获取这些实物用于教学展示难度较大。比如一些古老的民间织锦，其制作工艺复杂，成品数量稀少，且常被视为家族珍宝，难以轻易出借或出售给高校。即使高校通过各种途径收集到一定数量的非遗实物，如何妥善保存、陈列和展示也是一大难题。这些实物对保存环境有特殊要求，如温度、湿度的控制等，高校需要投入大量资金和人力来建立专门的展示空间和保存设施。在教学过程中，如何让学生安全、有效地接触和观察这些实物，避免损坏，也需要精心设计教学环节和制定相关规则。非遗的技艺传承资源整合同样棘手。非遗技艺传承常依赖口传心授，传承人的数量有限且分布不均。一些技艺精湛的非遗传承人年事已高，居住在交通不便的偏远地区，高校邀请他们到校园进行教学或举办讲座存在诸多现实困难，如行程安排、生活保障等问题。

非遗技艺的传授需要一定的时间和空间条件，课堂教学的时间限制和学校场地的局限性，使得高校难以完整、深入地开展非遗技艺教学。传统的陶瓷烧制技艺，从原料制备到烧制完成需要较长时间，且烧制过程需要特定的窑炉设备和操作空间，高校很难在现有的教学设施和时间安排下，让学生充分体验和掌握这一技艺流程。从文化资源角度看，地方非遗背后蕴含着深厚的地域文化、民俗文化和历史文化，要将这些文化内涵准确、全面地融入高校美育课程，需要对文化资源进行深入挖掘和整理。非遗文化资源的记录和研究并不完善，很多内容存在于民间传说、口耳相传的故事中，缺乏系统的文字记载和学术研究。高校教师在将这些文化资源转化为教学内容时，需要花费大量时间和精力进行田野调查、收集资料、分析研究，这对教师的专业能力和时间精力都是巨大考验，而且不同地区、不同类型的非遗文化之间存在差异和独特性，如何在课程体系中平衡和协调这些文化元素，避免出现文化误解或文化冲突，也是资源整合过程中需要面对的问题。高校内部各学科、各部门之间的资源整合也存在障碍。非遗融入高校美育涉及艺术学、历史学、社会学等多个学科领域，需要不同学科的教师共同参与课程设计和教学实施。但在实际操作中，由于学科壁垒的存在，不同学科教师之间缺乏有效的沟通与合作，难以形成教学合力。艺术学教师更关注非遗的艺术表现形式和审美价值，而历史学教师则侧重于非遗背后的历史文化背景，两者若不能有效协作，就无法为学生提供全面、系统的非遗知识。高校的教学管理部门、后勤保障部门等在支持非遗融入美育教学方面，也需要建立相应的协调机制，确保教学场地、设备、资金等资源的合理调配。但目前各部门之间的协同配合不够顺畅，影响了非遗资源在高校美育中的有效整合与利用。

（二）教学效果评估困境

高校美育教学效果评估的指标难以精准设定。传统美育侧重于艺术技能的考核，如绘画技巧、音乐演奏水平等，指标相对清晰。当地方非遗融入后，教学目标变得更为多元。邢窑白瓷文化课程不仅期望学生掌握白瓷制作的基础技艺，更注重其对邢窑白瓷所承载的历史文化、地域特色、工匠精神等文化内涵的理解与感悟。如何衡量学生对这些文化层面内容的吸收程度成为难题。怎样量化学生对邢窑白瓷背后历史变迁的理解深度，以及对其蕴含的地域文化独特性的感知程度，目前缺乏明确且全面的评估指标。这导致在评估时，评估者过度侧重技能考核，而忽视文化素养、审美能力等重要维度，无法真实反映教学效果。

教学效果评估的方法也存在局限性。常见的笔试、作业、考试等方式，对于检验学生对理论知识的记忆有一定作用，但对于实践操作能力、创新思维以及在实际情境中运用所学知识的能力考察不足。在邢窑白瓷文化课程中，学生参与白瓷制作实践，其动手能力、解决实际问题的能力以及在制作过程中展现出的创新思维，都是教学效果的重要体现。现有的评估方法难以对这些实践层面的表现进行全面、客观的评价。如学生在白瓷制作中对传统工艺的创新应用，无法通过传统的考试形式展现，使评估结果不能完整呈现学生在实践学习中的收获与成长。评估主体的单一性也影响教学效果评估的质量。在多数高校美育教学效果评估中，主要由授课教师进行评价。但教师的评价受到主观因素影响，如对学生的熟悉程度、个人教学偏好等，导致评价不够客观。仅依靠教师评价，无法全面了解学生在学习过程中的真实体验与反馈。邢窑白瓷文化课程具有较强的实践性和综合性，学生之间的合作学习、相互评价以及学生的自我评价同样重要。但目前这些多元主体的评价方式在实际评估中常被忽视，使评估结果缺乏全面性和多维度视角，难以准确反映教学效果。

高校美育教学效果评估缺乏长期跟踪机制。美育对学生的影响是一个长期的、潜移默化的过程，尤其是在文化素养、审美观念的塑造方面。邢窑白瓷文化课程期望学生通过学习，在未来的生活和工作中能够运用所学的审美知识和文化理念，提升生活品质，传承和弘扬传统文化。目前的教学效果评估常局限于课程学习期间，缺乏对学生毕业后一段时间内发展情况的跟踪评估。这使我们无法确切知晓美育教学是否真正实现了长期的育人目标，也难以根据长期效果对教学进行持续改进和完善。

第三节 地方非遗融入高校美育的理论框架

随着教育改革的深入推进，高校美育逐渐从单一的艺术技能培养转向多元文化的综合教育。地方非遗作为地域文化的精髓，蕴含着丰富的审美元素和教育价值，能够为高校美育注入新的活力。如何将地方非遗有效融入高校美育课程体系，仍需要构建一个清晰的理论框架。这一框架不仅需要遵循文化传承与教育适应的基本原则，还需探索多样化的融合模式，以确保非遗文化在美育中的深度渗透与创新应用。理论框架的构建，可以为地方非遗与高校美育的融合提供系统化的指导，推动美育课程从内容到形式的全面革新。

一、融合的原则

融合的原则决定了非遗文化在高校美育中的有效性与可持续性。文化传承性原则要求非遗融入美育时必须尊重其历史脉络与文化内涵，确保传统文化的原真性得以保留。教育适应性原则强调非遗文化应与高校美育的目标相契合，既要符合学生的认知规律，又要适应现代教育的需求。

（一）文化传承性原则

课程体系需深入挖掘非遗背后的历史脉络。比如传统的剪纸艺术，从古老的民间技艺逐渐发展，在不同朝代因社会环境、审美风尚的变化，剪纸题材从简单的祈福图案演变为反映社会生活百态的复杂画面。将这些历史变迁融入课程，学生能清晰地看到剪纸艺术的发展轨迹，感受文化传承的源远流长。

地域文化特色是非遗的独特标志，课程应紧密围绕这一点展开。如某些少数民族的服饰制作技艺，当地的气候条件、自然资源决定了服饰的材质选择，而独特的民俗信仰、生活方式则影响着服饰的样式与装饰。在课程中剖析这些联系，学生能深刻理解地域文化对非遗的深刻塑造，从而珍视地域文化的多元性，增强对本土文化的认同感与传承使命感。传统技艺是非遗传承的核心，以邢窑白瓷烧制技艺为例，从精选优质原料，到成型过程中对拉坯、利坯的精准把控，再到烧制时对火候、窑温的严格调节，每一道工序都遵循着传承千年的技法与标准，凝聚着历代匠人的心血与智慧。课程设置实践环节，让学生亲身体验从原料到成品的制作过程，感受传统技艺的精妙之处，领悟其中严谨专注的工匠精神，确保邢窑白瓷烧制技艺在高校教育中得以延续。通过在课程体系中坚定贯彻文化传承性原则，高校能够为地方非遗的传承培育后继人才，使其在现代社会持续绽放光彩。

（二）教育适应性原则

从课程内容设计而言，需充分考虑高校学生的知识基础与认知能力。地方非遗文化底蕴深厚、内容繁杂，涵盖历史、技艺、民俗等多领域知识。在筛选整合时，应摒弃冗长晦涩的内容，提炼核心要点。以传统刺绣非遗为例，讲述其历史发展，可重点突出刺绣针法在不同朝代受文化交流、社会审美变化影响的演变关键节点，帮助学生梳理清晰脉络，构建知识体系。对于刺绣技艺，不必要求学生掌握所有复杂针法操作，而是着重讲解针法原理、美学效果，让学生理解其艺术精髓。教学方法的选择，要契合高校教学环境与学生学习偏好。高校具备先进的多媒体设施，借助高清图片、动态视频展示非遗作品细节、制作流程，能带给学生直观震撼。组织实地考察非遗传承基地、民俗博物馆等，让学生身临其境感受非遗魅力，强化学习印象。运用小组合作、项目驱动式学习，激发学生主动探索非遗文化。比如设置“传统非遗元素在现代文创产品中的创新应用”项目，让学生分组调研、设计，锻炼其创新思维与实践能力。针对不同专业学生，课程应有不同侧重点。理工科专业可引导学生探究非遗技艺中的科学原理；文科专业则侧重于挖掘非遗背后的文化内涵、社会价值，使课程精准匹配学生需求，实现地方非遗与高校美育的高效融合，切实提高教育质量。

二、非物质文化遗产融入高校美育的价值

非物质文化遗产融入高校美育，不仅能够丰富美育课程的内容与形式，还能为学生提供更为多元、真实的文化体验。地方非遗的独特性和地域性，能够帮助学生更好地理解文化的多样性与深厚内涵，增强文化认同感和传承意识。非遗的实践性与艺术性也为美育提供了生动的教学资源，有助于培养学生的审美感知能力、艺术表现能力和文化创新能力。

（一）提升思政教育的亲和力

非物质文化遗产是民族精神和民族情感的集中体现，是国家和民族的共同记忆和共同财富，可以为美育提供更鲜活的素材，通过美的感染力和感召力，增强学生的民族自豪感和爱国热情，激发学生的社会责任感和历史使命感，培养学生的社会主义核心价值观，进一步发挥以美育人的功能。通过介绍和解读非物质文化遗产艺术作品，教师引导学生思考人生意义、社会责任和个人修养等问题，促使他们树立正确的人生观和价值观，激发学生的情感共鸣和思想感悟，提高道德追求和精神境界。

非物质文化遗产中的许多项目，如传统音乐、舞蹈、戏剧、邢窑白瓷文化等，都以其独特的艺术魅力触动人心，引发情感共鸣。邢窑白瓷文化承载着千年历史，其温润洁白的质感、简洁优雅的造型，展现了古人高超的技艺与独特的审美，传递着深厚的文化底蕴，让接触它的人深深感受到中华民族的智慧和创造力，有助于学生在思政教育中形成正确的价值观念和坚定的文化自信。以“邢窑白瓷文化进校园”活动为例，高校邀请邢窑白瓷制作技艺的传承人和专家走进校园，举办邢窑白瓷文化讲座。他们详细讲解邢窑白瓷的发展历程、制作工艺以及背后的历史文化故事，让学生深入了解邢窑白瓷从原料选取、拉坯成型到烧制出窑的复杂过程，感受传统手工艺的匠心独运。在校园内举办邢窑白瓷展览，展示不同时期、不同造型的白瓷作品，让学生近距离欣赏白瓷之美。还组织学生参与白瓷制作体验活动，在传承人的指导下，学生尝试亲手制作白瓷，从揉泥、拉坯中体会传统工艺的魅力。通过这些活动，学生能更全面、深入地了解和体验邢窑白瓷文化，感受中华优秀传统文化的博大精深。这不仅培养了学生正直的品格和高尚的情操，还增强了他们对国家和民族文化的认同感与自豪感，激发了爱国、爱乡情怀，让学生在感受美、创造美的过程中，树立正确的价值观和文化自信。

（二）传承和弘扬民族文化

非物质文化遗产作为民族文化的活态传承与创新成果，无疑是民族文化的生命线和灵魂所在，它深深烙印着丰富的民族历史记忆，承载着深厚的情感寄托。每一项非遗，都是民族智慧与精神的结晶，它们以独特的形式诉说着民族的故事，延续着民族的血脉。

就拿端午节划龙舟、吃粽子的习俗来说，在龙舟竞渡时，众人齐心协力、奋勇向前，这一传统技艺在代代相传中不断发展，人们在参与的过程中，不仅能够亲身感受团队协作的力量，更能从中体会到浓厚的家国情怀。而品尝粽子时，粽叶的清香、糯米的软糯，也让人们对先辈的智慧和传统节日的内涵有了更深的感悟，极大地增强了民族凝聚力。在高校美育体系中，传承和弘扬传统文化是一项至关重要的任务。将非物质文化遗产融入高校美育，有着诸多切实可行的路径。在教学方面，高校可以开设专门的非遗课程，系统地讲授非遗文化的知识，从历史渊源到艺术特色，从制作工艺到文化价值，全方位地向学生展现非遗的魅力。实践环节也不可或缺，学校可以组织学生参与非遗技艺的实践操作，如学习传统刺绣、制作陶瓷等，让学生亲身体验非遗制作的复杂工序，提升动手能力，深刻领略非遗文化的独特魅力。交流活动也十分关键，通过邀请非遗传承人举办讲座、开展校园非遗文化展览等方式，促进学生与传承人的交流，拓宽学生的视野，加深他们对非遗文化的理解。

（三）培养审美素质和艺术鉴赏能力

高校美育注重培养学生的艺术修养和创作能力，而非遗技艺是艺术的重要表现形式之一。非物质文化遗产是人类审美活动的丰富成果，是人类艺术创造力的充分体现。非物质文化遗产融入高校美育，以泉州南音为例，开展文化生态保护区内的非遗进校园、进社区的传承传播实践，可以以其独特的审美特点和表现形式，为学生提供更多的艺术表达途径和探索空间，培养学生的审美能力和创新意识，提高其对艺术作品的欣赏和理解能力，培养对美的感知和创造能力。通过欣赏、分析、评价等方式，学生对不同类型、风格、形式的艺术作品的鉴赏能力和水平得到提高，培养自己对多元文化的包容和理解，拓宽自己的审美视野和审美经验。这些素养和修养不仅可以使学生更好地欣赏、鉴赏和评价艺术，也可以培养他们的创新思维和综合能力，为他们未来的学习和工作提供有力支撑。

（四）培养跨学科综合素养

非物质文化遗产是人类知识体系的重要组成部分，是人类智慧的结晶，涉及多个学科领域，如历史、文学、人文社科等。非物质文化遗产融入高校美育，可以通过探究、对比、综合等方式，让学生认识非遗文化与自然科学、社会科学、人文科学等各学科之间的联系和互动，提高学生对非遗文化的认知和理解，培养学生的跨学科思维和综合能力，促进学生的创新思维和创新能力。可开展“非遗与科技”“非遗与社会”“非遗与人文”等主题活动，让学生从不同角度和层面探索非遗文化的内涵和外延，发现非遗文化的科学性、社会性、人文性等特征和价值。其传承和发展需要各种技能和综合素质的培养，口传心授、技能传承等。学生通过学习和实践非遗，培养审美素质和综合素质，如沟通能力、合作能力、创新能力等，同时也拓宽对其他学科的认知与理解，有利于推动学生全面综合发展。

（五）增加地域文化的多样性

不同地区的非物质文化遗产呈现出多样的形态和特点，通过将地域文化融入美育，通过展示、交流、比较等方式，让学生了解和尊重不同地域、民族、国家的非遗文化，增加审美多样性，增强对本土文化的认同和自信，同时也促进学生对异域文化的欣赏和借鉴，提高跨文化交流能力和水平，丰富地域文化视野和经验，在美育中进一步传承民族文化，弘扬民族精神。可开展以“海上丝绸之路遗产的保护与传承”为主题的“城市联盟讲解员大赛”，学生通过参加比赛，既展示了作为非遗讲解员的专业素养和风采，也感受到海上丝绸之路沿线各国非遗文化的多样性和共通性，同时也身体力行地促进文化交流和合作，提升海上丝绸之路遗产的知名度和影响力。[1]

三、融合的困境

非遗资源的整合与利用存在难度，许多地方非遗项目缺乏系统整理与数字化资源，难以直接转化为教学素材。高校美育课程体系相对固化，非遗元素的融入常需要突破现有的课程框架，这对教师的课程设计能力提出了更高要求。非遗文化的传承与创新之间的平衡也是一个难题，如何在保持传统的同时赋予其现代教育意义，仍需进一步探索。这些困境的存在，使地方非遗与高校美育的深度融合面临挑战。

（一）教育机制尚不健全

当前，高校在非遗文化的教育机制构建上还处于探索阶段。首先，课程设计不够完善，缺乏全面而系统的非遗文化教学内容。不少高校未能将非遗相关课程纳入必修或选修范畴，使学生接触非遗的机会有限，对非遗的认识和理解难以深入。其次，教师队伍建设不足。高校教师尚缺乏系统的非遗教学培训，导致教学效果不佳。教师专业能力以及在教学方法和内容上的创新不足，审美教育缺乏吸引学生的新颖方法和手段，未能充分利用现代科技辅助教学，使学习过程缺乏互动性和趣味性。课程体系与教学实践之间存在脱节现象，缺少系统性和连贯性，导致学生对非遗文化的理解和认知停留在较为表面的层次。学术研究与教学实践之间的割裂也影响了非遗教育的深入发展，研究成果转化到课堂的效率不高，缺少理论与实践相结合的教学模式。对情感教育的重视不足也是非遗文化传承的教育机制中一个显著问

---

[1]　苏莉 . 非物质文化遗产融入高校美育的路径探索 [J]. 齐齐哈尔大学学报 (哲学社会科学版), 2025(1): 147-151.

题。由于缺乏对非遗文化情感价值的深入挖掘和教学设计，学生难以在情感层面与非遗文化产生共鸣。非遗课程常侧重于知识和技能的传授，而忽视了通过非遗故事、历史背景等情感因素来触动学生的内心世界。这种情感教育的缺失导致学生难以形成对非遗文化的深刻情感认同，从而影响了他们的学习积极性和文化传承的自觉性。

（二）课程体系不够完善

相关文件出台后高校美育实践课程有发展，但实际教学存在问题。部分高校美育课程教学局限于艺术教学，针对性不足。受教学时间和条件限制，教师教学方法不系统，技能传授和审美体验间难平衡，无法满足学生发展需求。

这种局限性使美育课程难以充分发挥其培育全面发展人才的作用。在一些高校中，美育课程只是简单地开设了绘画、音乐鉴赏等基础课程，缺乏对不同专业学生的个性化设计。对于理工科专业的学生，没有将美育与科学思维、创新能力培养相结合，导致他们难以将审美素养运用到专业领域中；而对于文科专业的学生，也未能充分挖掘文学、历史等学科与美育的深度联系，课程内容浮于表面。从教学时间上看，由于高校课程安排紧凑，美育课程常被压缩，教师无法深入地开展教学活动。原本需要通过多次实践和讲解才能让学生掌握的审美技能，只能匆匆带过，学生难以真正理解和吸收。在教学条件方面，一些高校缺乏专门的美育教学场地和设备，如专业的艺术工作室、多媒体展示厅等，使实践教学环节无法有效开展，学生只能停留在理论学习层面，无法将所学知识转化为实际的审美能力。课程体系缺乏对美育评价的科学规划。目前多数高校对美育课程的评价仍以考试成绩或作业完成情况为主，这种单一的评价方式无法全面衡量学生的审美素养和综合能力。有些学生虽然在理论考试中取得高分，但在实际生活中却缺乏发现美、创造美的能力。缺乏对教师教学效果的有效评价，难以激励教师改进教学方法和提高教学质量，进一步阻碍了美育课程体系的完善。

（三）师资力量存在不足

师资力量不足，在许多高校中，教师兼顾多项教学任务，难以精准施教，美育教师数量相对较少。这就导致不少教师需要同时承担自身专业教学以及全校的美育课程教学任务。他们在有限的时间和精力下，难以对每个学生进行细致入微的指导，精准施教更是成为一种奢望。以艺术鉴赏类课程为例，教师因为精力分散，无法充分挖掘作品背后的文化内涵并生动地传递给学生，使学生难以获得深刻的审美体验。教师专业背景多元，影响课程系统化建设。不同专业背景的教师在教学理念、教学方法以及对美育的理解上存在差异。缺乏统一的教学标准和课程体系规划，使美育课程在内容设置上缺乏连贯性和逻辑性。比如，有的教师擅长美术，在教学中会侧重于绘画、雕塑等艺术形式的讲解；而有的教师来自音乐专业，教学重点则会偏向于音乐作品的赏析。这种各自为战的教学方式，不利于学生构建全面、系统的美育知识体系。

面对新媒体发展，部分教师知识更新滞后，教学中理论与实践相结合不紧密。新媒体技术为美育教学带来了丰富的资源和全新的教学手段，如线上展览、虚拟艺术体验等。一些教师未能及时掌握这些新技术，仍然采用传统的教学模式。他们对新的美育理论和实践成果缺乏了解，在教学中无法将前沿的审美观念和实际的艺术创作、欣赏实践有机结合起来。在讲解现代艺术流派时，不能借助新媒体资源展示相关作品的创作过程和艺术特点，导致学生对这些抽象概念的理解停留在表面。

（四）实践活动开展不足

尽管高校鼓励学生参与非遗文化的学习和传承，但实际上学生的参与度并不高，这在一定程度上反映了实践活动的开展不够广泛和深入。实践活动的不足表现在多个方面，缺少跨学科的实践探索，学生对非遗传统技艺的实操机会有限；缺乏情感互动和体验环节，难以激发学生的情感参与，学生在学习传统音乐或舞蹈时，如果只是机械地模仿动作，而缺乏深入理解其背后的文化意义和情感表达，那么这种学习就很难触及学生内心，无法培养他们对非遗文化的情感依赖和传承热情；创造性地结合非遗与当代文化、技术的项目较少。高校在开展社会实践、志愿服务及产业合作方面的努力也相对缺乏，未能很好地将非遗文化融入社会服务和产业发展中，以实现教育内容与社会需求的对接。

（五）内涵建设有待加强

大学生美育实践课程需深化美的教育、丰富内涵、弘扬传统文化。但部分高校美育课程在深度和广度上不足。部分学生心智不成熟，审美判断能力弱，受外界影响大。在多元文化背景下，高校美育内涵建设面临困难。从课程深度来看，部分高校美育课程仅停留在艺术作品的表面赏析，未能深入挖掘艺术背后的文化根源、哲学思想与社会价值。以西方绘画课程为例，教师只是简单介绍画家及其作品风格，却未阐释作品创作所处时代的社会思潮、文化冲突等深层次因素，学生难以理解艺术作品与社会发展的紧密联系，无法从本质上提升审美认知。

课程内容局限于常见的艺术形式，对如民间手工艺、地域特色文化等小众或边缘领域涉及甚少，未能全面展现美的多元形态，极大限制了学生审美视野的拓宽。部分大学生尚处在价值观与审美体系形成阶段，心智发展不够成熟，易受流行文化、网络舆论等外界因素干扰。一些低俗、快餐式的文化产品充斥网络，吸引着学生的注意力，使他们在审美判断上出现偏差，追逐表面的新奇与刺激，忽视了经典艺术与传统文化中蕴含的深沉之美。[1]在多元文化交织的当下，西方文化、流行文化大量涌入，高校美育既要引导学生吸收外来文化的精华，又要坚守本土传统文化阵地，任务艰巨。部分高校在课程设置与教学中，未能有效平衡多元文化与传统文化的比重，导致学生对本土文化的认同感降低，难以构建起以中华优秀传统文化为根基的审美体系，高校美育内涵建设的推进因此举步维艰，迫切需要找到破局之法。

[1] 魏莹，吴玲楠．贵州非遗技艺融入大学生美育实践课程的路径研究：以毕节职业技术学院为例 [J]. 美术教育研究，2025 (4): 39-41.

·第二章·

邢窑白瓷文化的历史与艺术特征

邢窑白瓷作为中国陶瓷史上的重要代表，其起源可追溯至北朝时期，经过隋唐时期的蓬勃发展，逐渐成为中国陶瓷艺术的瑰宝。邢窑白瓷不仅是实用器物，更是艺术与文化的结晶，反映了当时社会的审美趣味和文化风尚。通过对邢窑白瓷历史渊源、工艺技术和艺术特色的深入挖掘，我们可以更好地理解其在中国陶瓷史中的地位与价值。邢窑白瓷所蕴含的文化内涵与美学价值，为将其融入高校美育课程提供了丰富的素材。教师系统梳理邢窑白瓷的历史发展与艺术特征，不仅能够帮助学生深入了解这一传统工艺的精髓，还能激发他们对传统文化的热爱与传承意识，为高校美育的范式转型提供有力的文化支撑。

第一节　邢窑白瓷的历史渊源

邢窑白瓷起源可追溯至北朝时期，经过隋唐两代的蓬勃发展，邢窑白瓷逐渐成为中国白瓷制作的典范。邢窑白瓷不仅以其细腻的胎质、莹润的釉色闻名于世，更在工艺技术和艺术表现上达到了极高的水平，成为当时社会文化生活的重要组成部分。追溯邢窑白瓷的历史渊源，可以清晰地看到其在不同历史阶段的演变轨迹，以及其在工艺、艺术和文化内涵上的独特贡献。这一历史脉络不仅为理解邢窑白瓷的文化价值提供了重要依据，也为将其融入高校美育课程体系奠定了坚实的文化基础。

一、邢窑白瓷的起源

邢窑白瓷起源可追溯至北朝时期。这一时期，北方地区的制瓷工艺逐渐从陶器向瓷器过渡，邢窑正是在这一背景下应运而生。北朝时期的政治、经济和文化环境为邢窑白瓷的初创提供了重要条件。随着南北文化交流的加深，邢窑工匠在继承传统制陶技艺的基础上，不断探索新的原料与工艺，逐步形成了独特的白瓷制作技术。邢窑白瓷的起源不仅标志着中国陶瓷工艺的重大突破，也为后世白瓷的发展奠定了坚实基础，成为研究中国古代陶瓷文化的重要切入点。

（一）北朝时期的初创背景

北朝时期，邢窑白瓷在特定的历史环境下开启了初创征程。当时，社会处于动荡与变革之中，民族大融合成为时代的显著的特征，不同民族的文化相互碰撞、交流，为邢窑白瓷的诞生提供了丰富的文化土壤。各民族在艺术审美、制陶技艺等方面的交流，打破了原有的文化壁垒，带来了新的理念和技术。

从技术层面来看，北朝时期陶瓷烧制技术有了一定发展。长期积累的制陶经验在这一时期得到总结与提升，窑炉结构的改进、烧制温度的精准控制技术逐渐成熟，为白瓷的烧制创造了关键条件。白瓷对瓷土的要求极高，在原料加工技术不断进步的背景下，人们能够更精细地筛选和处理瓷土，去除杂质，提高瓷土的纯度，使白瓷的胎体更加洁白细腻，为邢窑白瓷独特的质感奠定了基础。经济的发展也为邢窑白瓷的初创提供了支撑。北朝时期，农业、手工业逐渐恢复和发展，商业活动日益活跃，这使陶瓷产业有了更广阔的市场需求。邢窑所在地区具备丰富的自然资源，优质的瓷土和充足的燃料为白瓷的大规模生产提供了物质保障。交通的逐渐便利也促进了陶瓷产品的流通，使邢窑白瓷有机会走出产地，走向更广阔的市场，刺激了生产规模的扩大和技术的进一步创新。文化艺术的繁荣则赋予邢窑白瓷独特的艺术风格。北朝时期佛教盛行，佛教艺术对陶瓷装饰产生了深刻影响。[1]邢窑白瓷在造型和装饰上吸收了佛教文化元素，线条简洁流畅，造型庄重典雅，体现出独特的艺术美感。这种融合了多种文化元素的艺术风格，既满足了当时社会各阶层的审美需求，也让邢窑白瓷在众多陶瓷品类中崭露头角，成为北朝时期陶瓷艺术创新的代表，为后续邢窑白瓷的发展奠定了坚实基础。

（二）早期工艺探索历程

早期邢窑白瓷工艺尚处于摸索阶段，原料选取较为粗糙，主要使用当地普通瓷土，这使烧制出的白瓷在质地和色泽上存在明显缺陷，瓷胎杂质较多，颜色泛青或泛黄。在成型工艺方面，早期多采用手工捏塑和简单的泥条盘筑法，制作出的器物造型相对简单、古朴，缺乏精致感。拉坯技术虽已出现，但操作并不成熟，导致器物的规整度欠佳。装饰工艺也较为单一，常见的有刻画简单的几何纹、弦纹等，旨在增添些许装饰效果。当时的窑炉结构简单，对火候和窑温的控制能力有限。还原

[1] 马颖，马清林，马泓蛟．河南巩义窑、河北邢窑出土瓷器的原料来源研究：以北朝和隋唐时期出产的青瓷、白瓷为例 [J]. 文物保护与考古科学，2018, 30 (5): 84-97.

焰和氧化焰的使用不够精准，使白瓷的呈色不稳定，难以烧出理想的白色。早期邢窑工匠不断尝试改进工艺，他们逐渐学会通过淘洗、沉淀等方式对原料进行初步处理，去除部分杂质，提高瓷土质量；在成型过程中，反复练习拉坯技术，使器物造型更加规整；装饰上也开始融入一些具有地域特色的元素，赋予白瓷独特的文化内涵。

二、邢窑白瓷的发展阶段

从北朝时期的初创到唐代的鼎盛，再到五代及以后的变迁，邢窑白瓷经历了多个重要的发展阶段。每个阶段都伴随着工艺技术的突破与艺术风格的转变，展现了不同历史时期的社会文化背景和审美取向。学生对邢窑白瓷发展阶段进行梳理，可以更好地理解其工艺技术的演进脉络，以及其在陶瓷史上的独特地位。这不仅为研究邢窑白瓷文化提供了历史依据，也为将其融入高校美育课程奠定了坚实的文化基础。

（一）隋代的转型与突破

在隋代之前，瓷器制作以青瓷为主流，邢窑虽有发展，但在工艺和产品特色上并无显著区分。进入隋代，社会相对稳定，经济开始复苏，为邢窑白瓷的转型提供了良好环境。此时，邢窑工匠在原料加工上取得重要突破，通过精细筛选、淘洗瓷土，有效降低了铁等杂质的含量，使烧制出的白瓷胎体更为洁白细腻。在烧制技术方面，隋代邢窑在窑炉结构和烧制工艺上进行大胆革新。对窑炉的改造提升了温度控制的精准度，实现更稳定、均匀的烧制环境，大大减少了白瓷的瑕疵，提高了成品率。[1]这不仅保证了产品质量，也为邢窑白瓷的规模化生产创造了条件。邢窑白瓷的器型和装饰风格在隋代也发生明显变化。器型从过去简单模仿生活用具，逐渐向更具艺术性和实用性的方向发展，如瓶、罐等造型更加规整、优美，线条流畅自然，体现出当时独特的审美追求。在装饰上，虽仍以简洁为主，但开始出现一些精细的刻画纹、弦纹等，这些装饰手法在增加白瓷美观度上也展现出邢窑工匠在艺术创作上的探索与进步。隋代邢窑白瓷在文化内涵上也有新的拓展。它不再仅仅是实用器具，而是融入了当时的社会文化元素。佛教在隋代的兴盛，使邢窑白瓷的一些器型和装饰受到佛教艺术影响，带有浓厚的宗教色彩，反映出当时社会的文化信仰和精神追求，成为文化交流与融合的独特载体。隋代邢窑白瓷的这些转型与突破，使其在瓷器领域崭露头角，为后续唐代邢窑白瓷的鼎盛发展积累了技术、艺术和文化底蕴。

[1] 马莉，焦阳．浅析隋代白瓷技艺的创新发展：以隋代邢窑白瓷为例 [J]. 佛山陶瓷，2024, 34 (7): 132-134.

（二）唐代的鼎盛与辉煌

在邢窑的发展长河中，唐代占据着极为重要的地位，堪称其是发展的顶峰时期。唐朝，邢窑白瓷的烧造技术趋于成熟，生产出来的白瓷胎质坚硬，釉色晶润明亮，造型种类别致。唐朝许多著名的诗句都表达了对邢窑白瓷的夸赞和喜爱。邢窑白瓷品类巨多，造型典雅大方，釉色洁白剔透。从使用功能上大体分为日用品、文玩品和宗教用品几大类。邢窑的日用品满足着人们的日常所需，质朴而实用；文玩品则成为文人墨客赏玩的珍品，精致中尽显雅趣；宗教用品在庄重肃穆的宗教活动中，承载着信仰与寄托。每一类器物都在其特定的领域，发挥着独特的作用。唐代的邢窑白瓷上的纹饰主要以动物和植物为主，这些动物和植物一般都代表着美好的寓意，这些寓意和中国古代的民俗、哲学思想和宗教紧密相关。比如，常见的莲花纹，在佛教文化中象征着纯净、圣洁，这与唐代佛教盛行的社会现象相呼应；还有牡丹纹，牡丹象征着富贵尊荣，反映出当时人民对美好生活的向往。这些纹饰通过刻花、印花等工艺装饰在白瓷上，让白瓷在实用性之外，更增添了深厚的文化底蕴和艺术价值。邢窑白瓷在唐代的鼎盛发展，不仅是陶瓷技艺进步的体现，更是当时社会文化繁荣的一个缩影，它在传承与创新中，展现出独特的魅力，成为中国陶瓷史上的经典之作。[1]

（三）五代及以后的兴衰变迁

五代时期，邢窑白瓷虽延续着前朝的部分辉煌，但已显露出衰落的端倪。社会动荡不安，战乱频仍，给邢窑的发展带来了极大冲击。曾经大规模的窑场生产受到影响，烧制规模缩小，技术传承也面临困境，一些烧制工艺因时局不稳难以完整延续。不过，邢窑深厚的底蕴仍在支撑着它艰难前行，这一时期的白瓷在造型和装饰上依旧保留了唐代的部分遗风，在艰难环境中顽强展现着传统工艺的魅力。到了宋代，全国经济重心南移，制瓷业格局发生重大变化，邢窑的辉煌逐渐被南方的一些窑口取代。邢窑白瓷面临着激烈的市场竞争，市场份额不断被挤压。与此同时，宋代社会审美观念发生转变，更加推崇含蓄、内敛的美学风格，邢窑白瓷那种简洁大气的风格不再是主流审美。尽管如此，邢窑工匠仍在努力创新，试图迎合新的审美需求，在装饰手法上不断尝试，增加了刻花、划花等工艺，但整体发展势头已大不如前。元明时期，邢窑白瓷进一步走向衰落。此时，瓷器生产的中心已完全转移到南方，邢窑窑场数量锐减，产量大幅下降。原材料供应、窑工流失等问题越发严

---

[1] 李子博，程然．唐代邢窑白瓷艺术研究 [J]. 今古文创，2023(36): 89-91.

重，导致邢窑白瓷的质量也参差不齐。曾经闻名遐迩的邢窑白瓷，逐渐湮没在历史的尘埃中，只在一些古籍文献和遗址遗迹中，才能找寻到它往昔辉煌的踪迹。

第二节 邢窑白瓷的工艺技术与艺术特色

邢窑白瓷的制作工艺历经千年的发展与创新，形成了独特的技艺体系，从原料的精选到成型、烧制，每一个环节都凝聚了匠人的心血与经验。其艺术特色则体现在造型的简约典雅与装饰的精致细腻上，既符合实用功能，又具有极高的审美价值。通过对邢窑白瓷工艺技术与艺术特色的深入探讨，我们不仅可以揭示其作为非物质文化遗产的独特魅力，还能为高校美育课程提供丰富的教学资源，帮助学生更好地理解传统工艺与现代美育的结合点。

一、工艺技术

邢窑白瓷的制作工艺不仅体现了高超的技术水平，更蕴含着深厚的文化内涵。通过对原料的精细加工、多样化的成型工艺以及烧制过程中的关键控制，邢窑白瓷形成了其独特的质感与美感。这些工艺技术的传承与创新，不仅为现代陶瓷艺术提供了宝贵的借鉴，也为高校美育课程的设计与实施提供了丰富的实践素材。

（一）原料选取与加工

邢窑白瓷原料及分布情况，结合陶瓷原料的特性和产地的地貌特征，推断邢窑白瓷原料有白矸土、釉土、钾长石、红砂岩等。白矸土属高岭土的一种，呈半软状态，也是制瓷的基本原料，白矸土广泛分布于内丘、临城一带，开采深度为5 ~ 20米。其中，从赞皇的白家窑到内丘的永固、邵明一带，开采深度较浅。由此推断，这一带是邢窑白瓷原料的主要来源地。釉土，在临城县的磁窑沟、祁村、竹壁等地，都有大量的分布，釉土大都呈灰绿色，黏土状，溶于水后黏性较大，单独的釉土就可以作釉。钾长石，又叫正长石，多呈乳红色、白色等，是碱土金属矿物，富含硅、铝、钾等，是陶瓷坯料的主要原料。内丘县的神头村、临城县的郝庄一带，都有大量的分布。红砂岩质地较软，在空气中极易破碎、泥化，烘干浸水会崩解，也是制瓷的原料之一，多用于白瓷的制作，祁村一带多有分布。

根据原料分析，邢窑细白瓷使用的是釉土加入骨粉，并有少量草木灰，临城细白瓷使用红砂岩作为原料。经过加工的白瓷原料称为泥料，经过筛选的泥料尚不够精细，还存在杂质和气泡等，还要进行捏炼，新泥料并不能直接使用，要经过陈腐，使泥性沉稳缓和。拉坯成型及施釉方面，邢窑细白瓷多为圆形，其拉坯成型多为轮制，瓷器上多有旋纹，应使用了旋削工艺且应用广泛。邢窑白瓷的器口、器足等部位，大都有相对固定的样式，已形成程式化，这是艺术成熟的标志。邢窑白瓷均为内外施釉，其施釉工艺应为荡釉或浸釉更为合理。[1]

（二）成型工艺多样方式

拉坯成型在邢窑白瓷制作中应用广泛，是展现工匠技艺的重要成型方式。在操作时，工匠将揉好的泥料放置在转动的拉坯机转盘上，转盘匀速转动，工匠双手巧妙施力于泥料。这一过程看似简单，实则对工匠的技艺和经验要求极高。双手需保持稳定且协调，力度的大小、方向的变化都要恰到好处，才能使泥料逐渐向上拉伸、延展，形成所需的线型。比如在制作碗、盘等圆形器物时，通过控制泥料的厚度和弧度，能塑造出规整、流畅的线条。拉坯成型不仅赋予器物实用性，更赋予其独特的艺术美感，每一件拉坯成型的作品都蕴含着工匠的匠心与创造力。在高校课程中，学生通过亲身体验拉坯过程，能深刻感受到传统手工艺的魅力，提升动手能力和对器物形态的把握能力。

印坯成型也是邢窑白瓷常用的成型方法。它借助模具来塑造器物形状，先制作出与器物内壁或外壁形状相符的模具，通常模具由石膏或其他材质制成。将经过处理的泥料均匀地按压在模具内，使其贴合模具的形状，待泥料初步干燥、具有一定强度后，小心地脱模，一件器物的坯体便成型了。印坯成型的优势在于能够保证器物的规格统一，适合批量生产。在制作一些带有复杂花纹或装饰的器物时，印坯成型可以精准地复制出模具上的图案，使器物的装饰更加精美、规整。高校学生在学习印坯成型时，能了解到模具制作的原理和技巧，以及如何利用模具实现器物的标准化生产，体会传统工艺在规模化生产方面的智慧。手捏成型是一种极具个性化和创造性的成型方式，完全凭借工匠的双手对泥料进行捏、搓、揉、塑。这种成型方法不受模具限制，工匠可以根据自己的创意和想象，自由地塑造各种形状的器物或装饰部件。手捏成型适用于制作小型、造型独特的器物，如小摆件、雕塑等。工匠通过手指的灵活操作，赋予泥料生命，使其呈现栩栩如生的形态。在高校课程里，手捏成型能够激发学生的创造力和想象力，让学生充分发挥个人艺术风格，培养学生对泥料的感知和掌控能力。

除了上述几种主要成型方式，邢窑白瓷在制作过程中还会根据器物的特殊需求，采用一些辅助或结合的成型方法。比如在制作一些大型或结构复杂的器物时，工人会将拉坯、印坯和手捏成型等方法结合使用。先通过拉坯或印坯制作出器物的主体部分，再运用手捏成型来添加一些装饰性的部件，如把手、耳饰等，使器物更加完整、美观。在成型过程中，还有一些关键环节影响着器物的质量和外观。泥料

[1] 李关亮，李婷花．邢窑白瓷传统烧制方法研究 [J]. 大众文艺，2019 (21): 141-142.

的准备，不同的成型工艺对泥料的要求不同，拉坯成型需要泥料具有良好的可塑性和韧性，印坯成型则对泥料的干湿程度和均匀性有特定要求。在制作前，工匠需要根据成型工艺的特点对泥料进行精心处理，确保泥料符合要求。而且，成型后的坯体还需要进行细致的修整，通过利坯等工序，去除多余的泥料，使器物的表面更加光滑、平整，线条更加流畅，进一步提升器物的品质。

（三）烧制工艺关键要点

在邢窑白瓷烧造工艺方法上，其烧造涉及窑炉、装具、装烧形式等。在邢窑发展过程中窑炉不断改进，唐代窑炉形式多为馒头形或马蹄形，烟筒呈方形，且是双烟筒。为使窑内温度均衡，一般设置窑柱。大窑长约6米，宽约3米，小窑长约2米，宽约1.5米。邢窑的烧制装具主要有匣钵、窑柱、垫片、泥条、垫珠、支圈、支钉等。邢窑白瓷在隋唐时期烧制时，主要采用漏斗匣钵装烧法和钵状、盘状、漏斗状匣钵组合装烧法两种。装烧法是烧制精细瓷器的常用方法，匣钵可保护瓷器。邢窑白瓷最常见的装窑形式是漏斗匣钵装烧法，漏斗匣钵底面较小，需垫一层垫渣使其平稳，在匣钵内放入盘、碗等瓷胎，再放上一个匣钵内置瓷胎，层层累加至合适为止。另一种钵状、盘状、漏斗状匣钵组合装烧法，应为邢窑独特装烧方式。方法是先在窑床上放一钵状匣钵并放入瓷胎，盖上较平的盘状匣钵，再放一钵状匣钵并放入瓷胎，如此反复至合适为止，或者在盘状匣钵上放漏斗状匣钵，主要根据所烧器物的器型来选择使用。

二、艺术特色

从造型到装饰，邢窑白瓷展现了简约而不失典雅的艺术风格，釉色纯净如玉，造型线条流畅自然，既符合实用功能，又具有极高的审美价值。其装饰艺术更是融合了传统与创新，既有对自然万物的细腻刻画，也有对人文精神的深刻表达。深入挖掘邢窑白瓷艺术特色，可以为高校美育课程提供丰富的文化素材，帮助学生理解传统工艺中的美学智慧，激发其对传统文化的热爱与创新意识。

（一）主要造型分类

唐代邢窑白瓷在我国的瓷器史上影响巨大，邢窑白瓷品类众多，造型典雅大方，釉色洁白剔透。从使用功能上大体分为日用品、文玩品和宗教用品几大类。

1. 邢窑白瓷的日用品类用具

邢窑白瓷的造型品类丰富，其器物的品类不仅有人们日常餐饮用的杯、碗、盘、盂等，还有储藏用的罐子、瓶子、水壶等，甚至还出现了存放女性胭脂水粉的盒等。以生活中最常见的碗、杯、瓶为例，唐代邢窑白瓷碗的造型也千姿百态，有口大，碗壁斜，碗底壁泛白如玉，表面光滑，釉色均匀的玉璧底碗；还有碗口类似海棠花，底部呈椭圆形，釉色白净，胎体细致坚硬的海棠碗；碗口像葵花，胎质细腻，表面光亮，底部坚硬的葵花碗等；杯子的类型有撇口造型独特，杯形似海棠，杯内刻有叶形纹和水波纹的白釉鱼叶纹海棠形耳杯；腹部为弧形，杯口外撇，细柄高足，釉色通白纯净的白釉高足杯等。邢窑白瓷的瓶子类型也千姿百态，有下部大圆上部小圆，作葫芦状，瓶口微微上凸，釉色白润的白釉玄纹葫芦瓶；腹部鼓起颈部微细，瓶盖似水滴，釉色温润似玉的盘口盖瓶等。邢窑白瓷日用品类型众多，涉及人们的生活方方面面，对人们的日常生活产生了重要的影响。

2. 邢窑白瓷的文玩品类用具

唐代作为大一统政权，政治清明，社会稳定，经济繁荣，与其他国家交流往来比较密切，社会上的一些文玩用品流通较广，邢窑也烧制出许多白瓷文玩品，其中较为著名的白瓷荷叶形青蛙水盂、荷叶形青蛙笔洗，青蛙与荷叶相结合，栩栩如生，造型精美，釉色明亮晶莹，作为邢窑白瓷的精品流传于世。邢窑白瓷的文玩，不仅有文具类，还有玩具类，其中著名的有白釉人牵立象，玩具下有椭圆形底座，底座上面的右前方站有一牵象夫，身着长袍，头戴挡风帽，左手执鞭，背靠一头白色泛青的大象，象鼻曲卷下垂，象嘴两侧露出象齿，象背披有毛毡，整个白瓷玩具立体感十足，体形也颇为浑厚，是难得的一件艺术精品。邢窑出产的白釉卧兔，质地细密，釉色晶莹白透，兔子的眼睛为黑褐色，耳朵也生动逼真，远远看上去十分传神。

3. 邢窑白瓷的宗教用品类用具

佛教在东汉传入我国之后，便深深扎根在我国的土地上，在唐朝时期，佛教盛行，因此社会上出现许多佛教用品，从出土的邢窑白瓷“盈”字款熏炉、邢窑白瓷堆塑龙纹花卉熏炉、邢窑白瓷赑屃形灯台等佛教用品，可以看出佛教对当时社会的影响之深，其中邢窑白瓷“盈”字款熏炉，外似瓶形，内部镂空，表面刻有花纹和竖条纹，釉色均匀，晶莹剔透，美观大方，烧造工艺精湛，是少见的佛教熏炉精品；邢窑白瓷堆塑龙纹花卉熏炉分为上下两个部分，下部分底座为圆柱形，上有一条游龙缠绕台柱，上部分由一片片花瓣堆塑而成，呈现含苞待放的形状，外表十分精巧美观；邢窑白瓷赑屃形台灯，底座为一只仰天长啸的神兽赑屃，赑屃的背部托着一个圆柱形台柱，上接莲花台灯，整个用具洁白细腻，工艺精巧精美绝伦。[1]

（二）装饰艺术表现形式

邢窑白瓷的装饰艺术是其艺术特色的重要组成部分，展现了古代工匠的卓越技

[1] 毕翼飞 . 邢窑的艺术成就 [J]. 中国陶瓷 , 2014, 50 (3): 75-78.

艺与审美追求。通过刻画、印花、堆贴等多种手法，邢窑白瓷在简洁的造型中融入了丰富的装饰元素，既体现了唐代的雍容华贵，又彰显了地域文化的独特魅力。这些装饰艺术表现形式不仅具有极高的美学价值，也为现代美育课程提供了丰富的教学素材。

1.邢窑早期的装饰方法

邢窑早期出产的器物，大多光素无纹饰。但也有不少以戳印、模印、切削等方法制作装饰的器物问世。利用模印方法制作的北齐朱雀葡萄纹双系印花扁壶、隋代的胡人面青釉埙、青釉莲形座、白釉狮子杯等。利用戳印方法制作的隋代戳印纹盘等。

2.邢窑兴盛时期的装饰方法

唐代是邢窑烧造的鼎盛时期，为了满足宫廷御用和社会大众的需求，邢窑除了烧造大量素白的制品外，也烧造了为数不少的形制复杂、多种方法装饰的异型器物。利用模印方法制作的唐代白釉双鸾衔绶纹椭方盒、白釉柳斗纹钵口瓶、白釉兽头八角杯、白釉八边形钵台、白釉模印贴花盒等。利用划花方法制作的青瓷罐、白釉美人鱼提梁壶、白釉水盂。利用印花方法装饰的白釉海棠式鱼纹杯、白釉花口盘、白釉蝴蝶纹盘等。[1]

3.邢窑后期的装饰方法

在邢窑后期，制瓷工匠继承了前人的制瓷技艺和装饰方法，继续大量生产了各种陶瓷制品，其装饰方法主要为刻花、印花、划花和剔花，也出现了用含铁量较高的原料在胎体上进行描绘的铁锈花装饰。邢窑印花装饰花色众多，纹样繁缛、工整，做工精细。主要以花鸟鱼虫为主，也有龙凤纹、婴戏纹和各式花卉纹。此时，邢窑自北朝始烧至唐代晚期已连续烧造陶瓷制品300余年，本地优质原料已近枯竭。到宋元时期，在当地虽留有相当规模的烧造，但因战乱等原因器物的胎质和釉色已大不如前。

4.邢窑装饰的风格和演变

邢窑早期所使用的戳印和模印等装饰方法，即后来印花工艺的雏形。戳印装饰方法非常简练，极具实用性和艺术性。模印工艺则较为复杂。其方法是：先用陶泥做一个原型，用火烧过后，再把陶泥按照可开启的分割部位按压在原型上，脱模干燥后，经过焙烧后即可使用。模印的好处是：做一件原胎，就可生产出多件同样造型的制品来。邢窑装饰方法多种多样，但印花装饰是其整体装饰艺术的最高水平，其风格是纹饰工整纤细，工艺精准逼真，简直是毫发毕现、栩栩如生，令人叹为观止。邢窑印花装饰方法是其戳印和模印工艺的延伸和发展，同时也借鉴了同时期金

[1] 威廉·科斯莫·蒙克豪斯，卜士礼．中国瓷器史[M].北京：华文出版社，2021（9）．352.

银器造型的形制和装饰纹样的风格。这些印花制品，经过陶瓷生产工艺流程以后，产生了奇妙的效果。邢窑白瓷细腻的胎体和银白的釉色，把经陶范印制的纹样惟妙惟肖地烘托出来，使其与金银器相比少了几分火气，多了一丝素雅和温润，简直就像类银类雪的和田白玉。

第三节　邢窑白瓷的文化内涵与美学价值

邢窑白瓷承载着深厚的文化内涵与美学价值，其文化内涵体现在对地域文化的深刻反映与历史变迁的忠实记录上，展现了古代工匠的智慧与创造力。邢窑白瓷的美学价值则通过其纯净的釉色、简约的造型和精致的装饰得以彰显，体现了中国传统美学中“以简驭繁”的审美理念。这种美学价值不仅为现代艺术设计提供了丰富的灵感，也为高校美育课程注入了新的文化元素。通过深入挖掘邢窑白瓷的文化内涵与美学价值，教师可以为高校美育课程体系的构建提供坚实的文化基础，帮助学生更好地理解传统工艺与现代美学的融合。

一、文化内涵

邢窑白瓷是特定历史时期社会、经济、文化的缩影，反映了当时人们的生活方式、审美追求和精神世界。邢窑白瓷的制作技艺、造型风格和装饰艺术，无不体现着地域文化的独特魅力。通过对邢窑白瓷文化内涵的深入挖掘，可以揭示其背后蕴含的历史记忆、民俗风情和哲学思想，为高校美育课程注入丰富的文化养分，帮助学生更好地理解传统文化的精髓，增强文化自信与传承意识。

（一）地域文化的体现

邢窑位于北方地区，其烧造历史与当地的自然环境、人文风情紧密相连，使邢窑白瓷从原料选取到制作工艺，再到造型装饰，都承载着丰富的地域文化内涵。从原料来看，邢窑范围内富产高岭土，且有丰富的石英和长石等制瓷原料，这些原料埋藏浅、易开采，铁含量较低，为邢窑白瓷的烧制提供了得天独厚的物质基础。当地独特的地质条件决定了邢窑白瓷的原料特性，进而影响到其胎质和釉色，使其具有鲜明的地域特征。这种与地域紧密相关的原料选取，反映了邢窑工匠因地制宜的智慧，也成为邢窑白瓷地域文化特色的重要体现。在高校课程中，学生通过了解原料与地域的关系，能够更深入地理解邢窑白瓷的独特魅力，体会到地域文化对传统工艺的深远影响。邢窑白瓷的制作工艺也彰显出地域文化特色。在成型工艺上，拉坯、印坯、手捏成型等多种方式的运用，既体现了工匠们精湛的技艺，也与当地的生产生活方式息息相关。拉坯成型，需要工匠熟练掌握技巧，这与当地长期积累的手工制作传统有关。邢窑白瓷的装饰工艺，如戳印、模印、刻花等，在不同时期呈现出不同的风格，这些风格的形成受到当时当地的审美观念、民俗文化的影响。如唐代邢窑白瓷的印花工艺，纹样丰富多样，多以花鸟鱼虫、龙凤纹等为主，这些图案不仅具有装饰性，还蕴含着当地人民对美好生活的向往和祝福，是地域文化在陶瓷艺术上的生动表达。

邢窑白瓷的造型同样体现出地域文化特点。唐代邢窑白瓷造型庄重大方，形态雍容华贵，这与当时北方地区的社会风貌和审美取向相契合。唐代国力强盛，北方地区文化昌盛，人们追求大气、雄浑的艺术风格，邢窑白瓷的造型正是这种文化追求的体现。白釉束腰盖罐，内收的罐体与上凸的盖顶形成强烈对比，造型整体洗练、规整，气势宏大，展现出北方文化中豪放、大气的一面。

（二）历史文化的承载

北朝时期，社会动荡，民族融合加速。邢窑在这一时期创烧出白瓷，不仅是制瓷技术上的突破，更反映了当时北方各民族文化相互交融的特点。从出土的北朝邢窑器物，如印花扁壶等，可以看到其造型和纹样带有明显的游牧民族文化特色，展现了当时各民族文化交流碰撞的生动场景。这种文化融合在邢窑白瓷的发展中持续沉淀，为其后续的繁荣奠定了基础。

隋朝统一全国，为经济文化发展创造了有利条件，邢窑也迎来了新的发展契机。隋代邢窑烧制出的透影白瓷，代表了当时制瓷技术的高超水平。这种瓷器的出现，与隋朝生产力的发展、手工业技术的进步密切相关，体现了当时社会对高品质瓷器的需求，以及人们在工艺追求上的精益求精。唐代是邢窑的鼎盛时期，经济繁荣，文化昌盛，对外交流频繁。邢窑白瓷在这一时期达到了艺术与工艺的高峰，其“类银”“似雪”的品质备受赞誉，不仅满足了国内社会各阶层的需求，还通过丝绸之路远销海外。邢窑白瓷的大量生产和广泛传播，反映了唐代商业的繁荣和文化的自信。从唐代邢窑白瓷的造型和装饰中，能看到当时多元文化的影响，如对金银器造型的借鉴以及佛教文化元素的融入，展现了唐代开放包容的文化氛围。邢窑白瓷上的装饰图案、铭文等，也蕴含着丰富的历史文化信息。其装饰纹样，如莲花纹、忍冬纹等，与佛教文化紧密相连，反映了当时佛教在社会中的广泛影响，而铭文则记录了产品的用途、作坊主姓氏等信息，为研究当时的社会经济关系提供了珍贵的资料，让后人能够了解到邢窑的生产组织形式和产品流通情况。

二、美学价值

白瓷的材质纯净、釉色莹润，展现出一种简约而不失高雅的美感，体现了中国传统美学中“大巧若拙”的哲学思想。其造型线条流畅，装饰风格典雅，既符合实用功能，又具有极高的艺术观赏性。通过对邢窑白瓷美学价值的挖掘，教师能够帮助学生深入理解传统工艺中的审美理念，培养其对形式美、材质美和文化美的感知能力，从而为高校美育注入深厚的文化内涵与艺术滋养。

（一）材质与釉色之美

邢窑白瓷在材质选择上极为讲究，其胎质的细腻洁白为釉色的呈现奠定了良好基础。临城邢窑细白瓷选用当地祁村至石固一带俗称红砂石的原料，这种软质黏土收缩性小、可塑性适中，能满足古代原料加工条件；内丘邢窑则使用氧化铝含量稍低的松质黏土。原料经过反复淘洗，去除杂质，使胎质纯净细密，坚硬而轻盈，用手掂量，质感温润且恰到好处。邢窑白瓷的釉色更是别具一格，以洁白莹润、白中泛青为主要特点。其釉料使用氧化钙和氧化镁含量较高的釉土，并引入草木灰和石灰石。这种釉色在光线的映照下，泛出柔和的光泽，如同冬日的初雪，纯净中透着微微的青色，给人以宁静、典雅之感。这种独特的釉色并非偶然形成，而是窑工们经过长期实践和探索的成果。在烧制过程中，窑内的温度、气氛等因素都对釉色的呈现产生影响，而邢窑窑工们精准地掌握了这些要素，才烧出了令人称绝的釉色。

隋代透影白瓷的出现，更是将邢窑白瓷在材质与釉色上的成就推向了新高度。透影白瓷的胎釉中引入了钾长石和石英矿物，使其具有独特的透光性。在光线照射下，胎体薄如蝉翼，能清晰地看到对面的物体，釉面则如羊脂般莹润，浑然一色，极具自然天成的情趣。这种瓷器的烧成，不仅展示了邢窑窑工高超的制瓷技艺，也体现了当时在原料配方和烧制工艺上的创新。[1]

（二）造型与装饰美学意义

邢窑白瓷造型丰富多样，有束腰盖罐、长颈瓶、玉璧底碗等，每一种都展现出独特的形态美。其线条简洁流畅，洗练中不失韵味，在形体塑造上，或雍容饱满，或修长挺拔，通过巧妙的比例搭配，展现出和谐之美。比如部分器物的丰肩、鼓腹设计，不仅符合人体工程学，便于使用，还营造出一种雄浑大气的视觉感受，体现出唐代的审美风尚，反映出当时社会的繁荣与自信，让学生从中领略到传统美学对形态塑造的独特理解，提升对形式美的感知能力。

在装饰方面，邢窑白瓷运用戳印、模印、刻花、印花等多种技法，创造出精美的图案。这些装饰题材广泛，涵盖花鸟鱼虫、龙凤纹、婴戏纹等，纹样工整纤细、精巧逼真。早期的戳印、模印装饰简洁实用，为后来印花工艺的发展奠定基础；鼎盛时期的装饰则更为丰富多样，满足了不同阶层的审美需求。其美学意义在于，这

[1] 王霁轩.中国陶瓷美学特征与美的历程[M].南昌：江西高校出版社，2018（5）:132.

些装饰不仅增强了器物的美观度，更传递着丰富的文化内涵。如龙凤纹象征着吉祥尊贵，反映出当时人们的美好祈愿和对美好生活的向往；花卉纹展现了大自然的生机与美好，体现出古人对自然的热爱与赞美。学生通过研究这些装饰，能深入了解古代文化，增强文化认同感和民族自豪感。邢窑白瓷造型与装饰的相互配合，达到了高度的和谐统一。造型为装饰提供了载体，装饰则进一步凸显了造型的特色。两者共同营造出的艺术氛围，展现出一种独特的气质和神韵。这种和谐统一的美学理念，启发学生在艺术创作中注重整体构思，使作品的各个元素相互呼应、相得益彰。邢窑白瓷的造型与装饰美学还能培养学生的审美情趣，让他们学会欣赏古朴、典雅之美，摒弃浮躁与奢华，形成健康、高雅的审美观念。

·第三章·

高校美育课程体系构建的理论与实践

高校美育课程体系的构建是美育教育改革的核心环节，其目标在于通过系统化的课程设计，培养学生的审美素养、文化理解能力和创新思维。地方非物质文化遗产作为地域文化的精髓，为高校美育课程体系的构建提供了丰富的资源和新的视角。邢窑白瓷文化融入高校美育课程体系，不仅能够丰富课程内容，还能通过理论与实践相结合，增强学生的文化认同感和实践能力。在课程体系构建过程中，既要遵循教育教学的基本规律，又要充分体现地方文化的特色，确保课程设计的科学性和系统性。课程内容的模块化设计、教学方法的创新以及课程资源的整合，都是构建高效美育课程体系的关键要素。通过理论与实践相结合，高校美育课程体系能够更好地实现文化传承与创新的双重目标，为学生的全面发展提供有力支持。

第一节　美育课程体系构建的基本原则

高校美育课程体系的构建是实现美育目标的重要途径，其设计不仅需要遵循教育教学的基本规律，还应充分体现地方文化的独特价值。邢窑白瓷文化作为地方非物质文化遗产的代表，蕴含着丰富的历史、艺术和工艺内涵，为高校美育课程体系的创新提供了宝贵的资源。在构建以邢窑白瓷文化为核心的美育课程体系时，必须坚持科学性原则，确保课程内容符合学生的认知规律和学科知识的内在逻辑；突出特色性原则，将地域文化融入课程设计，彰显地方非遗的独特魅力。

一、科学性原则

在构建高校美育课程体系时，科学性原则是确保课程设计合理、有效的基础。科学性原则要求课程设计必须符合教育教学的基本规律，遵循学生的认知发展特点，同时基于学科知识的逻辑结构进行系统化安排。邢窑白瓷文化作为地方非遗的重要组成部分，其课程体系的构建不仅需要深入挖掘其历史文化内涵，还要结合现代教育理论，确保课程内容的科学性和系统性。通过科学性原则的指导，课程能够更好地将非遗文化的精髓融入美育教学，既传承传统文化，又提升学生的审美素养和文化理解能力。

（一）遵循教育教学基本规律

课程设置应契合知识的内在逻辑顺序。以邢窑白瓷文化课程为例，应先引导学生了解邢窑白瓷的起源，从其产生的时代背景、地域环境讲起，让学生明白它诞生的历史必然性。接着介绍邢窑白瓷在不同历史时期的发展脉络，包括各个阶段的工艺演变、风格变化等，帮助学生搭建起基础的知识框架。在此基础上，再深入探究其工艺技术，如独特的制坯方法、烧制技巧等，使学生对邢窑白瓷有更全面且深入的认知，构建起系统的知识体系，避免知识的混乱与跳跃。在教学内容的组织上，要充分考量知识的难易程度，由浅入深地进行编排。先从邢窑白瓷的外观特征讲起，如其洁白的色泽、简洁的造型等，这些直观的内容学生容易感知和理解。之后再深入装饰技法、文化内涵等较为复杂的知识，帮助学生逐步深化对邢窑白瓷的理解，更好地吸收知识。[1]

教学方法的选择同样需遵循教育教学规律。不同的教学内容适配不同的教学方法，邢窑白瓷文化课程既需要教师的理论讲授，帮助学生理解其艺术特色、美学价值，也需要组织学生进行实践操作，让学生亲身体验拉坯、绘制图案等环节，使学生能更深入地体会邢窑白瓷的魅力。密切关注学生的学习反馈，根据学生的接受程度灵活调整教学进度和方法，以契合学生的学习节奏，保障教学效果。

（二）契合学生身心发展特点

在认知层面，高校学生的思维能力不断提升，开始具备较强的逻辑思维和抽象思维能力。美育课程体系构建时，应考虑提供具有一定深度和复杂性的内容。对于非遗文化的讲解，不能仅仅停留在表面的现象和简单的技艺介绍，而要深入挖掘背后的文化内涵、历史渊源以及艺术价值，引导学生运用思辨性思维去分析和理解，满足他们对知识深度和广度的追求。比如，在讲解地方非遗中的传统建筑营造技艺时，教师可以引入建筑美学、历史文化等多方面的知识，让学生从不同角度去认识这一技艺，拓宽他们的认知视野。从情感角度来看，学生情感丰富且强烈，对新鲜事物充满好奇和热情。美育课程可以利用这一点，通过引入充满魅力的地方非遗项目激发学生的情感共鸣。以传统音乐类非遗为例，其独特的旋律、节奏以及背后蕴

---

[1] 邵林，赵莹，周璐．邢窑白瓷的文化内涵与弘扬发展思考 [J]. 陶瓷，2021(10): 151-152.

含的情感故事，能够触动学生的内心世界，让他们在欣赏和学习的过程中，产生对传统文化的热爱之情，培养积极向上的情感态度。

在社会性发展方面，学生渴望参与社会活动，展现自身价值，培养团队协作和沟通能力。美育课程体系可设置相关实践活动，让学生参与非遗的传承和传播。如组织学生参与非遗文化展览的策划与布置，在这个过程中，学生不仅能更深入地了解非遗文化，还能锻炼自身的组织协调能力、团队合作能力，满足他们社会性发展的需求。

（三）确保知识传授逻辑严谨

从课程的整体架构来看，知识传授需形成连贯且层次分明的脉络。当将地方非遗融入高校美育时，以某种地方非遗技艺课程为例，在课程起始阶段，应先系统阐述该非遗技艺的起源背景，涵盖地域文化、历史契机等要素，为后续知识铺陈奠定基础。紧接着，顺着历史发展轨迹，介绍其在不同时期的演变过程，使学生清晰地了解技艺发展的连贯性。在深入讲解技艺本身时，要依据从基础到复杂、从理论到实践的逻辑顺序进行。先传授基本的概念和原理，如材料特性、工具使用方法等，让学生建立初步认知；再逐步深入复杂的操作流程、技巧要点，使学生的知识体系不断深化。在知识的具体呈现上，要做到内容准确无误且逻辑紧密关联。避免出现知识前后矛盾或跳跃性过大的情况，确保每一个知识点都能自然地衔接过渡到下一个。

理论讲解和实践指导，都应遵循严密的逻辑规则。教师在教学过程中，要运用合理的教学方法来保障知识传授的逻辑性。采用归纳法帮助学生总结规律，运用演绎法引导学生从一般原理推导到具体实例，使学生能够系统地理解和掌握知识。只有确保知识传授逻辑严谨，才能让学生真正理解地方非遗的内涵与价值，有效提升学生的审美能力和文化素养，为高校美育范式转型提供坚实的知识支撑，助力地方非遗在高校教育中实现良好传承与发展。

二、文化性原则

地方非物质文化遗产作为地域文化的精髓，承载着独特的历史记忆、民俗风情和传统技艺，具有深厚的文化内涵。将地方非遗融入高校美育课程，不仅能够丰富课程内容，还能增强学生对本土文化的认同感和归属感。邢窑白瓷文化作为地方非遗的典型代表，其独特的工艺技术和美学价值为美育课程注入了鲜活的文化元素。

（一）彰显地方非遗文化特色

地方非遗文化作为特定地域人民智慧的结晶，承载着深厚的历史底蕴与独特的文化内涵，是高校美育课程独一无二的素材宝库。在构建课程体系时，要深入挖掘地方非遗文化中独特的艺术表现形式、传统技艺和民俗风情等元素。比如，在课程内容设计上，将地方非遗文化的核心要素融入不同教学模块，从理论知识传授到实践操作环节，全方位展现其特色。

在理论教学部分，系统讲解地方非遗文化的起源、发展历程、文化背景等知识，让学生了解其来龙去脉，感受其背后的历史沉淀。对于非遗文化中独特的艺术风格，如独特的色彩运用、造型特点、图案寓意等进行深入剖析，培养学生对地方非遗文化艺术美的感知能力。在实践教学环节，安排学生参与地方非遗相关的创作实践，使学生在实际操作中领悟非遗技艺的精髓，体会其中蕴含的匠心精神。彰显地方非遗文化特色还体现在教学资源的选择与利用上。充分整合本地的非遗资源，邀请当地非遗传承人走进校园，开展讲座、工作坊等活动，让学生近距离接触非遗文化，聆听传承人的亲身经历和技艺心得，感受非遗文化的真实魅力。利用地方博物馆、非遗展览馆、传统手工艺作坊等校外资源，组织学生实地参观、考察，拓宽学生的学习视野，使学生在真实的文化情境中加深对地方非遗文化的理解和认识。借助现代信息技术，如数字化采集、虚拟现实等手段，将地方非遗文化进行数字化保存和展示，丰富课程教学资源，为学生提供更加多元的学习体验。在课程评价体系中，也要充分体现对地方非遗文化特色的重视。评价标准不仅要关注学生对知识和技能的掌握程度，更要考查学生对地方非遗文化特色的理解、传承和创新能力。鼓励学生在作品创作、学习成果展示中融入地方非遗文化元素，展现对地方非遗文化的独特见解和创新应用，通过评价引导学生积极传承和弘扬地方非遗文化。

（二）融入中华优秀传统文化内涵

中华优秀传统文化内涵丰富多元，涵盖思想观念、人文精神、审美境界等多个层面，与美育课程体系的融合具有多方面重要意义。从价值层面来看，优秀传统文化所蕴含的价值观念，如儒家的“仁、义、礼、智、信”，道家的“道法自然”等，为美育课程提供了坚实的道德伦理基础。这些价值观念不仅能够引导学生树立正确的价值观和道德观，还能让学生在审美过程中体会到更深层次的精神内涵，提升审美境界。在欣赏传统绘画作品时，学生能够从画面所展现的意境以及画家传达的情感中，感悟到古人对自然、对人生的理解，进而培养自身的人文情怀和道德情操。

在知识层面，优秀传统文化包含丰富的艺术知识和文化常识。从古老的诗词歌赋到精美的传统建筑，从悠扬的民族音乐到绚丽的民间工艺，这些都是美育课程的优质素材。将其融入课程体系，能够极大地拓宽学生的知识视野，丰富课程内容。以书法艺术为例，学生学习书法，不仅能掌握书写技巧，还能了解汉字的演变历史、书法背后的文化故事以及不同书法流派的风格特点。这不仅有助于提升学生的艺术修养，还能让学生对中华文化的博大精深有更深刻的认识。在审美层面，中华优秀传统文化独特的审美观念，如“中和之美”“意境之美”等，为美育课程提供了独特的审美标准和审美视角。这些审美观念能够引导学生摆脱单一的、表面化的审美模式，培养他们对美的深度感知和理解能力。在欣赏古典诗词时，学生能够体会到诗词中通过意象组合营造出的意境之美，这种美超越了文字本身，需要学生用心去感受和领悟。通过对这种审美观念的学习和体验，学生的审美能力能够得到全方位提升。在融入中华优秀传统文化内涵的过程中，需要注重课程内容的有机整合。不能简单地将传统文化内容生硬地塞进课程，而是要根据美育课程的目标和特点，对传统文化进行筛选、提炼和改编。比如，在设计艺术鉴赏课程时，可以选取具有代表性的传统艺术作品，将其与现代艺术作品进行对比分析，让学生在比较中发现传统文化的独特魅力和价值，也能理解文化的传承与创新。在课程实施过程中，教师要注重引导学生对传统文化进行深入思考和探究，培养学生的自主学习能力和创新精神。

融入中华优秀传统文化内涵还需要营造良好的校园文化氛围。学校可以通过举办传统文化活动，如诗词朗诵比赛、传统手工艺展览等，让学生在浓厚的文化氛围中感受传统文化的魅力。利用校园环境进行文化熏陶，如在校园内设置文化长廊，展示传统艺术作品、文化名人故事等，让学生在潜移默化中受到传统文化的影响。

（三）促进多元文化交流与融合

从文化的本质来看，人类文化本身就是多元的，不同地域、民族的文化各具特色，都蕴含着独特的审美观念、价值取向与艺术表现形式。高校美育课程作为传播文化、培养学生审美能力的重要载体，有责任为学生呈现丰富多彩的文化世界。当将地方非遗融入高校美育课程体系时，促进多元文化交流与融合就显得尤为必要。地方非遗作为特定地域文化的精华，具有鲜明的本土特色，但它不应孤立存在。在全球化的大背景下，各种文化相互碰撞、相互影响，将地方非遗与其他文化元素有机结合，能够使其焕发出新的活力。[1]

在课程内容的设置上，促进多元文化交流与融合意味着打破单一文化的局限。一方面，在讲解邢窑白瓷文化等地方非遗时，不应仅仅局限于其自身的历史、工艺和艺术特色，还应将其置于更广阔的文化语境中进行探讨。如对比邢窑白瓷与其他地区白瓷的异同，分析不同地域文化背景对瓷器制作工艺和审美风格的影响。从原料的选择、烧制工艺的差异，到装饰图案所蕴含的不同寓意，都能展现出多元文化

[1] 朱君 . 非遗十年 [M]. 上海 : 上海社会科学院出版社 , 2023(12): 253.

在瓷器制作领域的体现。这种对比分析能够帮助学生更深入地理解邢窑白瓷的独特之处，同时也让他们认识到不同文化在艺术创作中的多样性。另一方面，引入世界范围内其他优秀的陶瓷文化或相关艺术形式的内容，如欧洲的陶瓷艺术、日本的陶艺等。让学生了解不同国家和地区陶瓷艺术的发展历程、风格特点以及所承载的文化内涵。通过这种跨文化的学习，学生可以汲取不同文化的精华，拓宽自己的审美视野，培养包容多元文化的胸怀。在教学过程中，促进多元文化交流与融合需要创新教学方式。教师可以采用跨文化的案例分析，引导学生对不同文化背景下的艺术作品进行解读和比较。在分析邢窑白瓷作品时，结合其他文化中类似的艺术表现形式，让学生思考不同文化如何通过艺术表达相似的情感或主题。鼓励学生在创作实践中融合多元文化元素。比如，在陶艺创作课程中，学生可以借鉴邢窑白瓷的传统工艺，融入现代艺术理念或其他文化的装饰元素，创作出具有创新性的作品。这种实践过程不仅能够激发学生的创造力，还能让他们在实际操作中体会多元文化融合的魅力。

从文化传承与发展的角度来看，促进多元文化交流与融合有助于地方非遗的传承与创新。地方非遗在与其他文化交流的过程中，能够吸收新的元素和理念，实现自身的发展和演变。高校作为知识创新和文化传承的重要场所，有责任推动地方非遗与多元文化的互动。课程体系的构建能让学生成为地方非遗传承与创新的主体，他们在学习多元文化的过程中，能够为地方非遗注入新的活力，使其在现代社会中更好地传承下去。促进多元文化交流与融合还能培养学生的全球视野和跨文化交流能力。在当今全球化的时代，具备跨文化交流能力是人才必备的素养之一。高校美育课程通过融入多元文化内容，让学生了解不同文化的差异和共性，学会尊重和欣赏不同文化，提高他们在跨文化环境中的沟通和交流能力。这种能力不仅有助于学生未来在国际舞台上的发展，更能促进不同文化之间的相互理解与合作，推动人类文明的进步。

三、系统性原则

在构建高校美育课程体系时，系统性原则是确保课程结构完整、教学环节连贯的重要基础。系统性原则强调课程设计应从整体出发，注重各模块之间的逻辑关系与内在联系，避免碎片化的知识传授。对于邢窑白瓷文化课程而言，系统性原则要求课程内容不仅涵盖历史文化、艺术特色和制作工艺等模块，还需在理论与实践之间建立有机衔接，形成从知识传授到实践操作的全链条教学体系。

（一）课程内容层次分明、循序渐进

课程内容的层次分明是构建有序学习路径的基础。对于地方非遗融入高校美育

的课程而言，需要清晰地划分出不同层次的知识板块。最基础的层次应聚焦于地方非遗的基础知识，涵盖其起源、发展历程、所处的地域文化背景等内容。这些知识是学生接触非遗文化的敲门砖，以较为直观、易懂的方式呈现，帮助学生建立起对非遗文化的初步认知框架。在涉及某一民间刺绣非遗项目的课程中，起始阶段让学生了解该刺绣起源于何时何地、最初的用途以及在当地民俗活动中的地位等，使学生对其有一个宏观的、基础性的认识。这一层次的内容强调知识的客观性和基础性，为后续深入学习奠定基石。学习的推进，课程内容应逐渐向更深层次拓展，深入非遗的艺术特色、工艺技法以及文化内涵层面。以传统木雕技艺为例，在学生对木雕的基本历史背景有了了解之后，进一步引导学生探究木雕独特的雕刻手法，如浮雕、透雕、圆雕等技法的特点与应用；分析木雕作品所蕴含的文化寓意，如不同图案所代表的吉祥含义、与当地传统文化的关联等。这一层次要求学生不仅要看到非遗的外在表现形式，更要深入挖掘其背后所承载的艺术价值和文化意义，培养学生的审美鉴赏能力和文化理解能力。这部分内容相较于基础层次，具有更强的专业性和理论深度，需要学生在掌握基础知识的前提下，通过教师的引导和自身的思考进行探索。

最高层次的课程内容则应侧重于将非遗知识与实践应用、创新创造相结合。鼓励学生运用所学的非遗知识和技能，进行自主创作或参与实际项目。比如，在传统陶艺课程中，学生在掌握了陶艺的制作工艺和艺术特色后，尝试设计并制作具有现代审美和个人风格的陶艺作品，将传统陶艺与现代生活需求相融合。这一层次注重培养学生的实践能力、创新思维和解决实际问题的能力，使学生能够将所学的非遗知识转化为实际成果，真正实现知识的内化和应用。

循序渐进原则与层次分明紧密相连，强调课程内容在深度和广度上的逐步推进。在深度方面，课程内容应从简单的描述性知识逐渐过渡到复杂的分析性和综合性知识。在广度上，从单一的非遗项目知识扩展到与之相关的多元知识领域。在讲解地方戏曲非遗课程时，教师最初让学生了解戏曲的基本唱腔、表演形式等基础内容；之后，引导学生分析戏曲剧本的文学价值、角色塑造技巧等；学习的深入，进一步拓展到戏曲与当地社会历史、民俗风情、音乐舞蹈等多个领域的关联，使学生对戏曲非遗形成全面而深入的认识。为了实现课程内容层次分明、循序渐进，教师在教学过程中需要精心设计教学环节和教学活动。在教学材料的选择上，应根据不同层次的内容需求，提供相应难度和深度的资料，如针对基础层次的内容，可以选择图文并茂、通俗易懂的科普读物；对于深层次的知识讲解，则需要引入专业的学术研究成果、经典的案例分析等。在教学方法的运用上，要根据学生的学习阶段和知识掌握程度进行调整。在基础阶段，多采用讲授法、演示法等直观教学方法，帮助学生快速获取知识；在深入学习阶段，可运用讨论法、项目式学习法等，激发学生的自主思考和探究能力，促进学生对知识的深度理解和应用。

课程内容层次分明、循序渐进的原则对地方非遗融入高校美育具有多方面的重要意义。从学生的学习角度来看，这种合理的课程设置能够帮助学生克服学习过程中的畏难情绪，以较为轻松的方式逐步进入非遗文化的学习领域，通过知识的积累和能力的提升，不断增强学生学习的自信心和兴趣。在培养学生的综合素质方面，通过逐步深入的学习，学生不仅能够掌握非遗文化的专业知识和技能，还能在学习过程中锻炼逻辑思维能力、审美能力、创新能力和实践能力，实现综合素质的全面提升。从非遗文化传承和发展的角度来看，这种课程设置有助于培养具有扎实专业素养和创新精神的人才，他们能够更好地将传统非遗文化与现代社会需求相结合，为非遗文化的传承和创新注入新的活力。

（二）理论教学与实践教学有机结合

理论教学为学生提供知识基础和认知框架，帮助他们理解地方非遗的文化内涵、艺术价值、历史渊源等；实践教学则让学生在实际操作中深化对理论知识的理解，培养动手能力、创新能力和审美感知，两者相辅相成、缺一不可。从知识传递的角度看，理论教学是基础，它为学生打开了通往地方非遗世界的大门。在地方非遗融入高校美育的课程中，理论教学要系统地传授与非遗相关的知识体系。以地方传统戏曲类非遗融入课程为例，理论教学应涵盖戏曲的起源与发展脉络，让学生了解其在不同历史时期的演变过程以及背后的社会文化因素；深入讲解戏曲的表演形式，包括唱腔、念白、做功、武打等方面的特点和技巧；剖析戏曲所蕴含的文化内涵，如其中体现的传统价值观、民俗风情等。通过这些理论知识的学习，学生能够从宏观层面把握非遗文化，形成清晰的认知结构，为后续的实践学习奠定坚实的基础。

在实践教学中，学生可以亲身体验非遗技艺的制作过程或参与表演实践，从而更深入地理解理论知识。继续以戏曲课程为例，学生可以参与戏曲社团的排练和演出，在这个过程中，他们需要运用所学的唱腔、念白等理论知识，通过反复练习和实践，不断调整自己的表演方式，以达到更好的艺术效果。在实践中，学生还能更直观地感受到戏曲表演中所蕴含的情感和艺术魅力，这种体验是单纯的理论学习无法给予的。理论教学与实践教学的有机结合，还体现在两者相互促进、相互提升。实践教学可以加深学生对理论知识的理解和记忆。当学生在实践中遇到问题时，他们会主动回顾和运用理论知识来解决问题，从而使理论知识更加牢固。比如，在学习地方传统手工艺制作时，学生在实际操作中发现色彩搭配不符合预期效果，这时他们就会去查阅理论知识中关于色彩原理和传统配色方法的内容，进而对这些理论知识有更深刻的理解。理论教学也能为实践教学提供指导和方向。在实践过程中，学生可以依据理论知识不断创新和改进实践方法，提高实践水平。在传统陶艺制作实践中，学生可以运用所学的陶瓷艺术史知识和设计理论，对传统陶艺的造型和装饰进行创新设计，使作品既保留传统特色又具有现代审美价值。在教学资源的整合方面，理论教学与实践教学的有机结合需要充分利用校内校外两种资源。在校内资源方面，学校可以建设专门的非遗工作室或实践基地，配备相应的设备和材料，为学生提供实践操作的场所。邀请非遗传承人或专家走进校园，举办讲座、开展实践指导，让学生近距离接触和学习非遗技艺。在校外资源方面，学校可以与当地的非遗保护机构、博物馆、文化企业等建立合作关系，组织学生参观学习、实习实践。组织学生参观非遗博物馆，让学生在欣赏丰富的非遗展品过程中，加深对理论知识的理解；安排学生到非遗生产性保护企业实习，参与实际的生产制作过程，提高学生的实践能力。

教师不仅要有扎实的理论知识，还要具备丰富的实践经验。学校可以通过培训、进修等方式，提高教师的实践教学能力；鼓励教师参与非遗项目的研究和实践活动，积累实践经验。引进具有非遗实践技能的专业人才，充实教师队伍，为学生提供更专业的指导。在教学评价方面，应建立一套全面、科学的评价体系，对学生的理论学习和实践表现进行综合评价。评价不仅要关注学生对理论知识的掌握程度，还要注重学生在实践过程中的表现，如动手能力、创新能力、团队协作能力等。通过多元化的评价方式，如考试、作业、实践作品展示、项目报告等，全面客观地评价学生的学习成果，激励学生积极参与理论学习和实践操作，促进两者的有机结合。

（三）课程各模块之间相互关联、协同互补

高校美育课程并非各个模块的简单堆砌，而是一个有机结合的整体，各模块之间应形成紧密的逻辑联系和功能互补，共同服务于提升学生审美素养和文化传承能力的目标。美育课程的理论知识模块为实践操作模块提供基础支撑。以地方非遗融入高校美育课程为例，关于非遗历史文化、艺术理论等知识的学习，能让学生在进行实践创作时有更深厚的文化底蕴作为依托。学生只有先深入了解非遗文化的内涵、风格特点以及背后的历史故事，才能在实践中更好地把握创作方向，避免盲目操作。在学习地方传统刺绣技艺时，对刺绣图案所蕴含的民俗寓意、历史发展演变的理论学习，能帮助学生在实际刺绣操作中，更好地选择针法、色彩搭配，使作品更具文化内涵和艺术价值。理论知识模块为学生打开认知世界的大门，让他们从宏观角度理解美育的意义和价值，为实践操作提供指导方向，引导学生在实践中不断探索和创新。

实践操作模块则是对理论知识模块的深化与检验。通过实际动手操作，学生能

将抽象的理论知识转化为具体的艺术作品，更直观地感受和理解美育知识。在实践过程中，学生能发现理论学习中的不足，进一步促使他们深入学习理论知识，从而形成理论与实践相互促进的良性循环。实践操作还能培养学生的动手能力、创新能力和解决问题的能力，这些能力是学生综合素质的重要组成部分，也是理论知识学习无法完全替代的。在实践操作中，学生将自己对美的理解融入作品创作，实现了从知识到能力、从认知到实践的转化，真正将美育知识内化为自身素养。文化传承与创新模块与理论知识、实践操作模块紧密相连且相互补充。文化传承模块强调对地方非遗文化的保护和传承，让学生了解非遗文化的独特价值，增强文化认同感和民族自豪感。而理论知识模块为文化传承提供学术支撑，让学生明白非遗文化传承的重要性和方法。实践操作模块则为文化传承提供了具体途径，学生可以通过实践作品展示和传播非遗文化。创新模块基于理论知识和实践操作，鼓励学生在传承的基础上进行创新，将现代元素与传统非遗文化相结合，为非遗文化注入新的活力。这一模块促使学生在学习过程中不断思考和探索，推动地方非遗文化在新时代的发展，同时也为学生提供了更广阔的创作空间和发展方向。

四、创新性原则

创新性原则强调在课程设计中融入新颖的教学理念、方法和内容，打破固有框架，激发学生的创造力和参与感。特别是在地方非遗融入美育的过程中，创新性原则能够帮助课程更好地结合现代技术与传统文化，推动非遗资源的活化与传承。创新性的课程设计，不仅能够提升学生的学习兴趣，还能为地方非遗注入新的生命力，使其在高校美育中焕发独特的文化魅力。

（一）教学方法与手段的创新探索

为了打破传统教学的沉闷氛围，增强学生的学习积极性，可采用情境式教学。将地方非遗所处的历史文化情境进行还原，比如，在讲授地方民间舞蹈融入的美育课程时，借助多媒体手段，播放特定历史时期的社会风貌视频、配乐，展示当时人们的生活场景，让学生仿佛置身其中，真切感受民间舞蹈诞生的背景与文化氛围，更深刻地理解其动作含义、节奏特点背后所承载的民俗文化。这种身临其境的体验，能极大地激发学生的学习兴趣，让他们主动去探索非遗文化的魅力。

项目式学习也是一种行之有效的创新方法。围绕地方非遗项目，设定具体的学习任务，让学生以小组形式合作完成。在传统手工艺类非遗融入美育课程中，布置“设计并制作具有现代创意的传统手工艺品”的项目。学生需要自行收集资料、研究传统手工艺的技法与特色，结合现代审美进行设计创作。在这个过程中，学生不仅掌握了非遗技艺，还锻炼了团队协作、问题解决以及创新实践的能力。他们在不断探索与尝试中，将传统与现代相融合，赋予地方非遗新的生命力。互联网技术的飞速发展为教学手段创新提供了广阔空间。线上课程平台的搭建，打破了时间与空间的限制，使学生可以随时随地学习地方非遗知识。丰富的线上资源，如高清图片、视频教程、虚拟展览等，为学生提供了多元化的学习素材。教师还可以利用在线讨论区、作业提交系统等功能，与学生进行及时互动，了解学生的学习情况，给予针对性的指导。虚拟现实（VR）和增强现实（AR）技术的应用，能让学生更加直观地感受地方非遗的魅力。比如，在讲解古建筑类非遗时，学生通过VR设备可以身临其境地游览古建筑，观察建筑的细节构造，仿佛穿越时空，这种沉浸式的学习体验能加深学生对非遗文化的理解与记忆。[1]

引入跨学科教学方法，能让学生从多个角度理解地方非遗。将美术、音乐、历史、文学等学科知识与地方非遗相结合，引导学生从不同维度进行思考。在研究地方戏曲类非遗时，不仅从音乐角度分析唱腔旋律，从美术角度欣赏戏曲服饰、脸谱的设计，还从历史和文学角度探究戏曲故事的背景与内涵，让学生全面深入地把握地方非遗所蕴含的丰富文化价值，培养学生的综合素养与跨学科思维能力。

（二）课程评价方式的多元化创新

评价维度的多元化是课程评价方式创新的关键，除了对学生知识掌握程度的考查，更要注重对学生能力与素养的评价。在地方非遗融入高校美育的课程中，学生对非遗文化的理解和传承能力是重要的评价内容。这包括学生是否能够准确把握非遗文化的内涵、特点，能否将所学的非遗知识运用到实际创作或问题解决中。在涉及地方传统手工艺制作的课程里，学生对传统工艺技法的掌握和创新运用能力，以及在创作过程中展现出的对非遗文化元素的理解和再诠释能力，都应成为评价的重点。

学生的审美素养也是不可或缺的评价维度。观察学生在欣赏非遗作品时对色彩、造型、意境等方面的感知和理解，以及在自己的作品或表达中所体现出的审美趣味和审美判断能力。学生在学习过程中所展现出的态度和价值观也需纳入评价范围，比如，对地方非遗文化的尊重和热爱程度，是否具有传承和弘扬非遗文化的责任感和使命感。评价主体的多元化也是创新的重要方向，以往课程评价主要由教师主导，这种单一的评价主体容易导致评价结果的片面性。在新的评价体系中，应引入学生自评、互评以及社会评价等多元主体。学生自评可以促使学生进行自我反思，培养他们的自主学习能力。在完成一个课程项目后，学生通过回顾自己的学习过程、成果和不足，能够更清晰地认识自己的优势和有待提高的地方，从而有针对

[1] 官瑶乐．非遗美育视角下的视觉传达设计教育改革 [J]. 上海服饰，2024(1): 149-151.

性地进行学习和改进。学生互评则可以让学生从同伴的视角获取不同的观点和建议，拓宽思维视野。在互评过程中，学生能够学习他人的长处，发现自己未曾注意到的问题，同时也能提高团队协作和沟通交流的能力。邀请社会人士参与评价，如非遗传承人、相关领域专家等，他们从专业的角度以及社会实际需求出发，对学生的学习成果和表现进行评价，能够为课程和学生的发展提供更具实践意义和行业导向的反馈。评价形式的多元化同样不容忽视。除了传统的书面测试，应增加多样化的评价形式。实践操作考核可以直观地检验学生对非遗技艺的掌握程度，在学习传统陶艺制作课程时，学生现场完成一件陶艺作品，通过对作品的工艺水平、创意设计等方面进行评估，能够更真实地了解学生的实践能力。课程项目评价则注重对学生在完成综合性项目过程中的表现进行全面考量，包括项目策划、实施过程、团队协作以及最终成果展示等环节。还可以采用档案袋评价，收集学生在课程学习过程中的各类作品、学习心得、反思记录等，全面反映学生的学习成长轨迹，让评价更具过程性和动态性。

（三）鼓励学生在学习过程中创新实践

对于地方非遗融入高校美育课程而言，学生在学习中实践能够加深他们对非遗文化的理解与感悟。当学生参加与地方非遗相关的实践活动时，无论是手工技艺的实际操作，还是对非遗文化背后故事的深入挖掘，都使他们突破了书本知识的局限，更真切地触摸到非遗文化的灵魂。在这个过程中，学生不再是被动的知识接收者，而是主动的探索者，他们以自己的视角去解读非遗文化，发现其中独特的美学价值和深厚的文化内涵，这种亲身体验所带来的认知深度，远非传统课堂讲授所能企及。

从创新能力培养角度来看，鼓励学生实践为他们提供了广阔的创造空间。在实践过程中，学生需要将所学的理论知识与实际操作相结合，根据面临的具体问题，运用自己的想象力和创造力去寻找解决方案。面对邢窑白瓷的制作工艺学习，学生在掌握基本技法后，会尝试融入自己的创意，对器型、纹饰进行创新设计。这种创新实践不仅有助于学生形成独特的艺术风格，更培养了他们解决实际问题的能力，使他们在未来的学习和工作中能够灵活应对各种挑战。实践还能强化学生传承地方非遗文化的责任感。当学生深入参与地方非遗的实践活动，与非遗传承人交流互动，亲身感受到非遗文化面临的传承困境时，他们的内心会自然萌生出保护和传承这些文化瑰宝的使命感。这种责任感不再是空洞的口号，而是基于真实体验产生的内在动力，驱使他们在学习结束后，依然能够积极参与地方非遗的传承与发展工作，为地方非遗文化的延续贡献自己的力量。

在课程实施过程中，学校和教师应积极为学生创造丰富多样的实践机会。构建专门的实践教学平台，配备完善的设备和专业的指导教师，确保学生在实践过程中能够得到有效的指导和帮助。组织学生参与各类非遗文化展览、比赛等活动，让学生在更广阔的舞台上展示自己的实践成果，获得更多的反馈和激励。

第二节　非遗文化融入美育课程的设计思路

将非遗文化融入美育课程，不仅能够丰富课程内容，还能增强学生对传统文化的认同感和传承意识。如何将非遗文化有机地融入高校美育课程体系，是一个需要深入思考的问题。设计思路的核心在于既要尊重非遗文化的原真性，又要结合高校美育的特点和学生的实际需求，找到非遗文化与美育课程的契合点。系统梳理非遗文化元素，筛选适合课程的内容，并采用多样化的融入方式，可以实现非遗文化与美育课程的深度融合，从而为高校美育注入新的活力。

一、建立非遗文化传承的教育机制

非物质文化遗产的传承与保护，不仅是文化延续的重要任务，也是教育领域的重要课题。高校作为文化传承与创新的重要阵地，肩负着培养具有文化自觉与传承意识的新时代人才的责任。将地方非遗融入高校美育，不仅能够丰富美育课程的内容，还能为非遗文化的传承提供新的路径。通过建立非遗文化传承的教育机制，高校可以在课程设计、教学实践、资源整合等方面形成系统化的传承模式，推动非遗文化从静态保护向活态传承转变。

（一）整合课程设计

美育课程应该具备源性的内容，即能够有效解决非遗美学知识点过于分散、教学时间和教学场所的限制等问题。高校应该将非遗文化作为美育的重要内容，纳入课程体系，设计专门的非遗课程或将非遗内容融入相关课程，筛选和整合美育教学内容，形成全面的美育体系，使学生在系统地学习非遗文化的基础上，能够深入理解和掌握非遗文化的内涵和价值。高校可以根据自身的特色和优势，选择适合自己的非遗项目，拓展课程资源和形式，提供有针对性、系统性的学习材料和教学方法，结合学生的兴趣和需求，制定合理的课程目标、内容、方法、评价等，使课程具有针对性和实效性，提高课程质量和吸引力。在整合课程设计的基础上，还需要增加非遗文化情感价值的教学内容，确保课程不仅传授知识和技能，还能通过非遗的故事、历史背景和文化内涵来触动学生的情感。高校也可以开发专门的非遗情感教育模块，通过案例研究、角色扮演、故事讲述等方式，让学生深入体验非遗文化的情感魅力，培养他们对非遗的情感认同和传承意识。

（二）创新教学方法

采用多种教学方法，将非遗元素融入不同学科的教学，将非遗与艺术、历史、社会学等学科进行跨学科的融合教学，能够更全面地展现非遗的价值和意义，增强学生对非遗的学习兴趣；探索实践性教学，通过实地考察、实践操作等方式，让学生亲身体验非遗的制作过程和技艺；设立非遗艺术创作课程或活动，鼓励学生创作与表达自己对非遗的理解与体验。强调情感互动的重要性，学生可以通过绘画、书法、摄影、舞蹈等方式表达对非遗的独特视角和情感，如体现漳浦剪纸的《剪纸谣》《剪梦》，学习剪纸传承人且歌且剪、妙手生花的精湛表演，既提升了学生的艺术创作能力，又让他们更加贴近和理解非遗，增强学生的情感体验和学习兴趣。

（三）强化传播者的创新能力

高校美育教师应不断提升自身的审美修养和专业能力，积极探索新的教学方法和媒介，以适应时代的变化和发展。注重与学生的互动和沟通，及时了解他们的审美需求和反馈，以更好地引导他们的美育实践。非遗传承人在美育中也扮演着重要的传播角色，他们可以将自己的审美经验传递给学生，介绍非遗的历史渊源、文化内涵以及艺术价值等方面的知识。教师可以通过分享自己对非遗的理解和体验，激发学生的兴趣和热情；可以展示自己的非遗作品，向学生展示传统手艺的精湛技巧和美学价值；可以通过现场绣制或其他方式演示针法等技巧，让学生亲身体验非遗传统技艺的魅力；可以通过阐释非遗作品中的纹样寓意，向学生传达非遗背后的文化、价值和哲学观念，帮助学生理解和欣赏非遗的深层内涵；通过与学生面对面交流，讲述自己的传承经历和创作故事，非遗传承人可以强化自身的榜样示范力量。鼓励非遗传承人在教学中展现个人情感与技艺的结合，他们的亲身经历和创作实践将对学生产生潜移默化的影响，激发他们的审美动机和审美灵感。充分利用高校美育教师和非遗传承人的专业资源，提供丰富多样的美育体验，为学生提供丰富的非遗美育资源，帮助他们理解、欣赏和传承非遗文化的美学价值，让学生从内心产生对非遗美育的信任和情感归属。

（四）构建“线下＋线上”的全域审美矩阵

结合现代科技手段，如虚拟现实技术、在线交互平台等，线上和线下相融合，创新非遗的教学方式。利用虚拟现实技术，可以让学生身临其境地感受非遗项目，增强学习的沉浸感；通过在线交互平台。利用数字化技术，建立视觉展示平台、开展虚拟现实体验等，重构审美环境，创造出沉浸式的非遗美育体验。可利用网络平台和多媒体技术，建立非遗文化的线上数据库和资源库，为学生提供更多的非遗文化的学习和参考资料，让学生在线上也能享受到非遗文化的服务和支持；通过在线互动平台、网络直播等形式，学生可以与非遗传承人远程互动、学习，拓宽学习资源的边界。线下则充分利用生活场景与实践体验，如校园非遗文化活动、非遗展览等美育传播教学方式，让学生亲身参与非遗传承和发展，增强对非遗美育的体验和实践。培养学生的创造性、主观能动性和动手能力。可以利用问题导向的教学方法，在实践中调动学生的创造力，培养他们的动手能力和团队合作能力。利用数字化媒体的优势，实施非遗档案资源建设，构建真实有效的“线上+线下”的全域审美矩阵，通过美学符号的使用和美学认知的强化，建构审美传播过程中的符号叙事，打造真实可信的非遗美育传播场域，增强学生对非遗美育的信任感和情感归属。

（五）开展学术研究合作

高校应该将非遗文化作为重要的学术研究领域，加强对非遗文化的理论探索和实践探索，关注非遗文化对人的情感影响，探讨情感教育在非遗传承中的作用和价值，为非遗文化的保护和传承提供科学的指导和支撑。可以组织教师和学生开展非遗文化的相关课题研究，从不同角度和层面分析和解决非遗文化面临的问题和挑战，提出有效的对策和建议，为非遗文化的发展提供理论依据和实践经验。还可促进高校与社区的互动和共融，与非遗研究机构开展学术研究合作，充分利用社会资源丰富高校的美育内容，共享非遗文化的资源和信息，开展非遗文化的联合教学、联合研究、联合服务等，共同开发情感教育项目，将研究成果转化为教学实践，增强非遗文化传承的情感教育效果，为非遗文化的创新提供平台和机会。

二、开展非遗文化传承实践活动

非遗文化传承实践活动是将地方非物质文化遗产融入高校美育的重要途径。通过实践活动，学生能够亲身参与非遗项目的制作、体验和传播，从而更直观地感受传统文化的魅力，增强文化认同感和传承意识。这种实践不仅能够弥补理论教学的不足，还能激发学生的创造力和动手能力，使他们在实践中深化对非遗文化的理解。

（一）开展非遗教育宣传，搭建“美学多维空间”

高校可利用各种媒介和形式进行教育宣传，从与课程融合的学术空间，到开展讲座沙龙分享的校园空间，再到互动渠道广泛的社会空间，提高学生和社会对非遗文化的意识和关注度。利用网络平台和社交媒体，发布非遗文化的相关新闻、文章、视频，宣传非遗文化的最新动态和发展趋势；开展非遗展览、演出、讲座等活动，向学生传授非遗的相关知识和价值；组织学生参观非物质文化遗产保护区、参与非物质文化遗产的实践活动；制作非遗文化的宣传册、海报、横幅、文创产品等，宣传非遗文化的基本信息和重要意义；通过实地调研、体验传统技艺等，提高学生对非遗的认识和理解，增强亲身体验和参与感，激发他们对非遗的兴趣和保护意识，提升审美体验和美育素养。[1]

（二）建立非遗传承团队，开展志愿者培训

高校可以建立专门的非遗传承团队，由教师和学生组成，负责开展非遗文化的相关工作，如策划、收集、整理、研究、保护、传播等。高校可以为非遗传承团队提供必要的支持和保障，如资金、设备、场地等。高校还可以开展志愿者培训，邀请非遗传承人或专家为志愿者进行理论和实践方面的培训，包括非遗传统技艺的学习和操作技巧的培训，并挖掘和传播非遗文化中的情感价值，提高志愿者在非遗文化方面的专业知识和技能，了解非遗项目的历史背景、技艺要点等，通过情感教育的力量，增强团队成员的责任感和使命感，进一步协助传承人进行非遗项目的保护与传承。

（三）结合“双创”实践，推动非遗产业发展

组织学生开展与非物质文化遗产相关的创新创业实践活动，利用自己所学所长，参与非遗文化的策划与创作，为非遗文化的保护和传承提供新的思路和方法。如参与展览与演出的策划和组织，培养他们的策展、表演和组织能力；参与非遗产业项目的设计开发，如非遗手工艺品制作、非遗文化传播、非遗文创产品设计等多个方面，通过创作、制作、推广、销售等环节，让学生亲身参与非遗项目的保护和传承工作，提高实践能力和创新意识；通过设计互动性强、情感元素丰富的非遗体验活动，让参与者能够更深刻地感受到非遗的魅力；在表演类的非遗项目中，通过传承人的精心指导，让学生深入掌握非遗的艺术技巧和表演方法，培养学生的艺术表现力和创造力，在实践中切实传承和弘扬非物质文化遗产。高校还可支持学生将自己的策划与创作成果转化为产品或服务，如出版书籍、制作纪念品、开设工作坊等，推动非遗产业的发展，也为社会提供更多的消费选择，创造了经济效益；支持学生围绕非遗文化开展社会调研，深入了解不同群体对非遗的情感需求和期待，以此为基础进行创新实践。在推动非遗产业发展的过程中，强调情感价值的实现。开发具有情感故事的非遗产品，或创建非遗情感体验馆，结合现代科技手段，如

---

[1] 鲁立 . 优秀传统文化融入地方高校美育课程的路径研究 [J]. 佳木斯职业学院学报 ,2025,41 (1): 175-177.

VR、AR等，打造沉浸式的非遗情感体验空间，让公众在体验中加深对非遗文化的理解和情感联系。

三、加强与社会组织的合作和交流

高校美育的范式转型不仅需要依托校内资源的整合与创新，还需积极拓宽校外合作渠道，尤其是与社会组织的深度合作与交流。社会组织作为连接高校与社会的重要桥梁，能够为美育课程提供丰富的实践平台和资源支持。通过与博物馆、文化企业、非遗传承机构等社会组织的合作，高校可以引入更多鲜活的地方非遗文化资源，增强美育课程的实践性与时代感。

（一）加强与非遗专家和相关机构的协同联动

共同开展非遗文化的研究、教学、服务等工作，从而互相学习、互相支持、互相促进，获得更丰富的非遗资源和专业指导，并通过审美传播的方式，将非遗中蕴含的传统价值观念和历史文化以生动有趣的方式呈现出来。高校还可以与非遗文化的相关机构，如文化部门、博物馆、基金会等建立良好的沟通渠道，共同制定非遗文化的保护和传承的规划和政策，共同落实非遗文化的保护和传承的项目和活动，共同解决非遗文化的保护和传承的问题和困难。

（二）开展非遗文化社会实践、志愿服务

高校可把非遗文化纳入社会实践与志愿服务的重点范畴，组织引导学生走出校园的“象牙塔”，迈向社会的广阔天地，深入基层的各个角落。在这个过程中，学生能深度参与非遗文化的传承与发展，结识一群同样热爱非遗文化的伙伴，在交流互动中，不断激发自身对非遗文化的热爱，加深对非遗文化的理解。这不仅有助于培养学生的创造力、解决问题的能力，还能增强他们的团队合作意识。

为进一步推动学生积极投身非遗传承志愿活动，高校可制定完善的奖励机制。比如，设立加分项，对表现优秀的学生在综合素质测评等方面予以加分；颁发荣誉证书，给予学生精神上的肯定；进行学分认定，让学生的付出得到学业上的认可。在这些激励措施下，学生将更有动力参与非遗传承志愿活动，与非遗传承人密切合作。在合作过程中，学生可以深入了解非遗技艺背后的文化背景、在现实生活中的实际应用以及复杂精细的工艺流程，从而不断提升自身的创作能力，积累丰富的实践经验。高校应注重丰富学生在非遗传承活动中的情感体验，精心设计“非遗文化日”“非遗文化之旅”等特色活动。在“非遗文化日”中，学生可以参与各类非遗技艺展示、体验活动；“非遗文化之旅”则带领学生走进非遗发源地、传承基地等地。通过这些活动，学生能亲身感受非遗文化的独特魅力，逐渐培养起对传统文化

的深厚情感依赖。鼓励学生在参与活动后分享自己的感悟，以故事化、案例化的方式，将非遗文化所蕴含的情感价值传递给更多人，让非遗文化的影响力不断扩大。

（三）促进高校产业合作与实践基地建设

高校可以将非遗文化作为产业合作和实践基地的重要内容，与社会各界开展多方位的合作，为非遗文化的创新和发展提供条件和平台。如与非遗产业相关的企业或机构合作，开展非遗产品或服务的研发、生产、销售等工作，为非遗产业提供人才培养和技术支持，而非遗产业为学校提供实践基地和实践项目的机会；可与非遗保护基地或示范区共同建立产学研合作平台，通过在平台上共同开展研究、工程实践、人才培养等合作项目，为学生提供就业创业的机会，为基地或示范区提供更多的教育服务和管理支持，同时也促进了非遗技艺的推广、传承与发展。

（四）拓展国际合作与交流，提升非遗文化情感共鸣

在全球化背景下，高校有责任也有机遇将非遗文化的传承与发展推向国际舞台。有条件的高校应积极与国际上的非遗保护组织和文化机构建立稳固的合作关系，通过国际交流项目，不仅提升非遗文化的国际影响力，而且深化不同文化背景下人们对非遗文化的情感共鸣。可建立与国外高校的非遗文化联盟，分享非遗保护与传承的经验，促进国际间的学术交流和情感联结；可邀请国际非遗传承人和艺术家参与，通过展览、演出、研讨会等多种形式，展现不同国家非遗文化的独特魅力；鼓励师生积极参与国际交流和合作项目，通过亲身体验和动手实践，加深对非遗文化的情感体验和认同，同时提升跨文化交流能力；创设相关奖学金项目，支持国际学生和学者来华学习非遗文化，以及资助中国学生和学者赴海外交流非遗文化，促进非遗文化的国际传播和情感共鸣；利用数字技术和新媒体平台，打造国际非遗文化在线交流平台，让非遗文化的情感故事和艺术表达跨越国界，触及更多人的心灵。这种国际化的视野和行动，使非遗文化连接起不同国家的文化和民族情感，在国际舞台上绽放出更加璀璨的光芒，成为人类共同珍视和传承的宝贵财富。

第三节　邢窑白瓷文化课程的目标与定位

邢窑白瓷文化课程的构建与实施，旨在通过系统化的课程设计，将地方非遗资源有机融入高校美育体系，推动美育范式的转型。课程目标的设定不仅关注学生对邢窑白瓷文化知识的掌握，更强调其审美素养的提升和文化传承意识的培养。通过理论与实践相结合的教学模式，学生不仅能够深入了解邢窑白瓷的历史渊源、工艺技术和艺术特色，还能通过实践操作体验传统技艺的魅力，增强对传统文化的认同

感。课程的定位兼顾专业学生与全校学生的需求，既为艺术类专业学生提供深入研究的平台，也为非专业学生打开一扇了解地方非遗文化的窗口，从而实现美育的普及与深化。

一、课程目标

课程目标的设定是课程设计的核心环节，既要符合美育的基本要求，又要充分体现邢窑白瓷文化的独特价值。课程应帮助学生掌握邢窑白瓷的历史渊源、工艺技术和艺术特色，提升其文化认知与审美能力。实践环节能培养学生的动手能力和创新思维，使其能够将传统文化与现代设计相结合。

（一）知识与技能目标

在知识传授方面，学生需全面了解邢窑白瓷的发展脉络。从北朝的初创，历经隋代的发展、唐代的鼎盛，再到五代之后的衰落，每一个阶段的历史背景、工艺变革以及社会影响都应清晰掌握。明白邢窑如何在特定的历史环境下，凭借独特的原料、工艺和审美，在陶瓷史上留下浓墨重彩的一笔。学生要深入学习邢窑白瓷的原料知识，知晓临城邢窑细白瓷使用红砂石，内丘邢窑细白瓷使用松质黏土，以及釉料中氧化钙、氧化镁等成分的作用，理解这些原料对邢窑白瓷品质和特色形成的重要性。掌握邢窑白瓷的分类，如化妆白瓷、隋代透影白瓷、细白瓷和青白瓷各自的特点以及它们在不同历史时期的发展状况。[1]

在技能培养上，课程致力于让学生熟练掌握邢窑白瓷的制作技能。拉坯成型是关键技能之一，学生要学会将泥料置于拉坯机上，通过双手的协调用力，塑造出规整、流畅的器型，感受泥料在手中的变化，掌握拉坯的速度、力度和节奏，使制作出的器物线条优美、比例协调。印坯成型要求学生能够制作或使用模具，将泥料精准地按压在模具内，保证器物的规格统一，了解模具制作的原理和印坯的技巧，确保坯体的质量和外观。手捏成型则注重培养学生的创造力和手工技巧，学生要能运用捏、搓、揉、塑等手法，自由地塑造出各种造型，表达自己的创意和想法。装饰技法也是技能培养的重要内容。学生要熟练掌握戳印、模印、刻花、划花、印花等装饰技法，能够根据不同的设计需求，选择合适的技法在坯体上创作出精美的纹样。学会运用工具，如刻刀、印模等，精准地控制线条和图案的形状，使装饰纹样生动、细腻。学生还应具备一定的鉴赏能力。能够从造型、装饰、釉色、质地等方面，准确判断邢窑白瓷的艺术价值和年代特征，理解不同时期邢窑白瓷的风格特点，学会欣赏其独特的艺术魅力。在实践过程中，学生要学会分析作品的优缺点，

[1] 毕立峰，石晓鹏．邢窑白瓷重放异彩 [J]. 共产党员（河北）,2018(12): 64.

不断改进自己的制作和设计，提高自身的艺术素养和审美水平。

（二）过程与方法目标

在实践操作过程中，学生将有机会亲身体验邢窑白瓷的制作流程。通过参与拉坯、印坯、手捏成型等工艺实践，学生能够掌握不同成型方法的技巧，感受泥料在手中逐渐成型的乐趣，提升动手能力和对器物形态的塑造能力。在原料选取与加工环节，学生亲自筛选、处理原料，了解邢窑白瓷独特的原料配方和加工工艺，明白原料对瓷器品质的重要影响，从而培养严谨的科学态度和实践操作能力。在装饰技法实践中，学生尝试运用戳印、刻花、印花等技法，在坯体上创造出精美的图案，锻炼手部精细动作能力和艺术表现力。这些实践操作让学生在实际动手过程中，深入理解邢窑白瓷制作工艺的复杂性和精妙之处，培养他们的工匠精神和对传统技艺的尊重。

课程注重培养学生的观察与分析能力。在学习过程中，学生通过观察邢窑白瓷的实物、图片、视频资料等，仔细分析其造型特点、装饰风格、胎质与釉色等方面的特征。他们学会从不同角度观察器物，发现其独特之处，并思考这些特征背后的历史文化背景和工艺技术原因。通过对不同时期、不同类型邢窑白瓷的对比分析，学生能够总结出其发展演变规律，提高对艺术作品的鉴赏能力和分析能力。观察唐代邢窑白瓷的造型，分析其为何呈现出雍容华贵的风格，与当时的社会文化有何关联；对比不同装饰技法的作品，理解各种技法的特点和艺术效果。[1]这种观察与分析能力的培养，不仅有助于学生更好地理解邢窑白瓷文化，也能提升他们的审美素养和艺术感知能力。课程还致力于培养学生的创新思维与实践能力。在了解邢窑白瓷传统工艺和文化内涵的基础上，鼓励学生进行创新实践。学生可以尝试将现代设计理念与邢窑白瓷的传统元素相结合，对其造型、装饰进行创新设计。比如，运用现代简约风格重新设计邢窑白瓷的器型，或者将当下流行的图案元素融入传统的印花装饰中。通过这样的创新实践，学生能够打破传统的思维定式，培养创新思维和实践能力，为邢窑白瓷文化的传承与发展注入新的活力。在创新过程中，学生还需要解决遇到的各种问题，如工艺实现难度、设计与传统的平衡等，这进一步锻炼了他们解决问题的能力。

在课程学习过程中，学生以小组形式参与课程项目，如共同完成一件邢窑白瓷作品的创作、合作开展关于邢窑白瓷文化的调研等。在团队合作中，学生分工协作，发挥各自的优势，共同完成任务。通过与小组成员的交流、讨论和协作，学生学会倾听群众的意见和建议，提高沟通能力和团队协作能力，培养团队精神

---

[1] 王彦 . 简论邢窑白瓷的产生及衰落 [J]. 收藏 ,2023,(12): 116-121.

和责任感。

（三）情感态度与价值观目标

通过对邢窑白瓷文化的学习，要让学生在内心深处建立起对这一古老文化的认同感和自豪感。邢窑白瓷作为我国陶瓷史上的璀璨明珠，创烧于北朝，历经多个朝代发展，在唐代达到鼎盛，其精湛工艺和独特艺术风格承载着中华民族的智慧与精神。学生在了解邢窑白瓷的发展历程、工艺特点和文化内涵过程中，会深刻感受到它的魅力，进而对这一地方非遗文化产生强烈的认同感，为中华民族拥有如此优秀的文化遗产而自豪。这种情感认同是传承和保护非遗文化的基础，能促使学生主动去了解和传播邢窑白瓷文化。培养学生对传统文化的尊重和热爱也是课程重要的情感态度目标。邢窑白瓷文化是传统文化的重要组成部分，它与当时的社会、经济、文化紧密相连。从其造型、装饰以及用途等方面，都能反映出不同时代的审美观念、生活方式和价值取向。学生在学习过程中，会接触到丰富的文化元素，如体现唐代盛世气象的造型、蕴含宗教文化和民俗文化的装饰图案等。这些元素能让学生体会到传统文化的博大精深，从而学会尊重不同时期、不同形式的文化表达，激发他们对传统文化的热爱之情。

课程还要激发学生传承和创新邢窑白瓷文化的责任感。在当今时代，非遗文化面临着诸多挑战，传承和创新非遗文化是每个中华儿女的责任。通过课程学习，学生了解到邢窑白瓷文化的历史价值和现实意义，明白其传承和发展需要新一代的努力。他们会意识到自己在保护和传承这一文化中的角色，进而激发责任感，积极探索将邢窑白瓷文化与现代生活相结合的方式，在传承中创新，让古老的邢窑白瓷文化在新时代焕发出新的生机与活力。

二、课程定位

邢窑白瓷文化课程的定位不仅需要考虑其作为美育课程的功能，还需兼顾其在文化传承与创新中的独特作用。对于专业学生而言，课程应侧重于深入挖掘邢窑白瓷的工艺技术与艺术特色，培养其专业技能与文化研究能力；而对于全校学生，课程则应以普及邢窑白瓷文化为核心，通过多样化的教学形式提升学生的审美素养与文化认同感。

（一）在高校美育课程体系中的地位

从文化传承角度看，邢窑白瓷是中国陶瓷文化的重要代表，其创烧于北朝，历经隋、唐等朝代的发展，在陶瓷史上留下了浓墨重彩的一笔。将邢窑白瓷文化纳入高校美育课程体系，为学生打开了一扇了解古代陶瓷文化发展脉络的窗户。学生通过学习这门课程，能够深入探究邢窑白瓷从原料选取、成型工艺到装饰技法的独特之处，体会到古代工匠的智慧和创造力，进而传承和保护这一珍贵的非物质文化遗产，使邢窑白瓷文化在新时代焕发出新的生机与活力。[1]

在审美教育方面，邢窑白瓷的造型庄重大方、线条流畅，釉色洁白莹润、质感细腻，装饰纹样丰富多样、精美绝伦。这些艺术特质能够极大地提升学生的审美能力，培养他们对美的感知和鉴赏力。学生在欣赏和学习邢窑白瓷的过程中，能够领略到传统艺术的独特魅力，提升自身的审美境界，形成正确的审美观念，为未来的艺术创作和生活审美奠定坚实的基础。从学科融合角度来说，邢窑白瓷文化涉及历史、艺术、工艺、化学等多个学科领域。在课程学习中，学生不仅可以了解邢窑白瓷产生的历史背景、文化内涵，还能接触陶瓷制作过程中的工艺技术，以及原料化学组成对瓷器品质的影响等知识。这有助于打破学科界限，培养学生的跨学科思维能力，促进学生综合素质的全面提升。邢窑白瓷文化课程还能够增强学生的文化自信和民族自豪感。通过学习这门课程，学生能够深刻认识我国传统文化的博大精深，感受到中华民族深厚的文化底蕴，从而更加坚定对本民族文化的认同和自信。

（二）面向的学生群体

对于艺术设计类专业的学生而言，邢窑白瓷丰富的造型与装饰艺术是绝佳的学习素材。他们可以从邢窑白瓷的器型设计中汲取灵感，如白瓷束腰盖罐的独特轮廓、玉璧底碗的优美线条，学习古代工匠在比例把握、形态塑造上的技巧，应用到现代设计中，提高自己的造型能力和审美水平。在装饰技法方面，无论是戳印、刻花还是印花工艺，都能为他们的设计作品增加传统艺术元素，使其作品更具文化底蕴。通过学习这门课程，艺术设计类学生能拓宽设计思路，将传统与现代相结合，创作出更具特色的作品。

历史文化相关专业的学生，能在课程中深入探究邢窑白瓷背后的历史脉络和文化内涵。邢窑历经北朝、隋、唐等多个朝代，其发展与当时的政治、经济、文化紧密相连。学生可以通过研究邢窑白瓷，了解不同时期的社会风貌、工艺发展水平以及文化交流情况。唐代邢窑白瓷的繁荣与当时的经济繁荣、文化昌盛息息相关，学生能从中窥见唐代社会的开放与包容。这有助于他们深化对历史文化的理解，丰富研究视角，提升专业素养。而对于广大非专业学生来说，邢窑白瓷文化课程是一扇了解地方非遗文化的窗户。在课程学习过程中，他们可以通过参与制作实践、参观展览等活动，亲身体验邢窑白瓷的魅力，感受传统手工艺的独特价值。这不仅能培

---

[1] 许静，周宗宇．融合育人视域下美育创新路径探索 [J]. 创新人才教育，2025(1): 15-20.

养他们对传统文化的兴趣和热爱，还能提升其审美情趣，增强文化自信。比如，在制作邢窑白瓷的过程中，学生能体会手工创作的乐趣，锻炼动手能力，同时更加珍惜和保护非遗文化。

（三）与其他课程的关系

与艺术设计类课程相结合，邢窑白瓷的造型、装饰艺术能为艺术设计提供源源不断的灵感。其独特的器型，如白瓷束腰盖罐、玉璧底碗等，蕴含着和谐的比例与优美的线条，为产品设计、陶瓷设计等课程提供了经典的造型范例，启发学生在现代设计中融入传统元素，创造出既具现代感又富有文化底蕴的作品。在装饰方面，邢窑白瓷的戳印、刻花、印花等技法以及丰富的纹样，能为平面设计课程提供独特的图案素材和装饰手法，帮助学生拓宽设计思路，提升设计作品的文化内涵与艺术价值。与历史文化类课程存在着内在的关联。邢窑白瓷的发展历程与各个历史时期的政治、经济、文化背景息息相关，它是历史文化的实物见证。通过对邢窑白瓷的研究，学生能更直观地了解北朝至唐代等时期的社会风貌、工艺水平以及文化交流情况。这使历史文化类课程不再局限于文字描述，而是借助“邢窑白瓷”这一实物载体变得更加生动、具体。在学习历史课程中有关唐代经济繁荣、文化昌盛的内容时，邢窑白瓷在唐代的鼎盛发展就是很好的例证，学生可以从其精湛的工艺、广泛的贸易出口等方面，深入理解唐代的社会状况。

在与手工技艺类课程的互动中，邢窑白瓷文化课程有着独特的价值。邢窑白瓷的拉坯、印坯、手捏成型等工艺以及原料处理、烧制等流程，都是传统手工技艺的精华。手工技艺类课程侧重于培养学生的动手能力，在邢窑白瓷文化课程中的实践部分正好与之契合。学生在学习手工技艺类课程的基础上，进一步学习邢窑白瓷的制作技艺，能够掌握更为精湛的手工技巧，感受传统手工艺的魅力与匠心。邢窑白瓷在制作过程中的严谨态度和对细节的追求，也有助于培养学生在手工技艺学习中的专注精神和精益求精的品质。

·第四章·

邢窑白瓷文化课程的内容设计

邢窑白瓷文化作为中国陶瓷艺术的重要代表，承载着深厚的历史底蕴和独特的艺术魅力。将这一地方非遗资源融入高校美育课程体系，不仅是对传统文化的传承与弘扬，更是对高校美育内容与形式的创新探索。邢窑白瓷文化课程的内容设计，既要注重理论知识的系统性，又要强调实践操作的体验性，力求通过多元化的模块设计，将历史文化、艺术特色与制作工艺有机结合，为学生提供全面而深入的学习体验。通过理论与实践相结合的教学模式，学生不仅能够了解邢窑白瓷的历史渊源和艺术价值，还能亲身参与制作过程，感受传统工艺的精髓。

第一节　课程内容的模块化设计

在高校美育课程体系的构建中，课程内容的模块化设计是实现教学目标、增强教学效果的重要手段。模块化设计不仅能够使课程结构更加清晰，还能根据学生的不同需求和兴趣，灵活调整教学内容，增强课程的针对性和实用性。邢窑白瓷文化作为地方非物质文化遗产的代表，其丰富的历史、艺术和工艺内涵为课程内容的模块化设计提供了坚实的基础。通过将邢窑白瓷文化的核心元素分解为不同的模块，教师可以系统地呈现其历史文化背景、艺术特色以及制作工艺，帮助学生从多角度、多层次理解和掌握这一传统文化的精髓。模块化设计也为理论与实践相结合提供了便利，使学生在学习理论知识的同时能够通过实践环节深入体验和感受邢窑白瓷文化的独特魅力。

一、模块化设计的理论基础

模块化设计作为一种现代课程设计理念，强调将课程内容分解为相对独立且有机联系的模块，每个模块具有明确的目标和功能，能够灵活组合以适应不同的教学需求。这种设计方式不仅有助于提升课程的系统性和逻辑性，还能增强教学的针对性和灵活性。在地方非遗融入高校美育的课程设计中，模块化设计尤为重要。邢窑白瓷文化作为一门兼具历史、艺术和工艺特色的课程，其内容丰富且层次多样，采用模块化设计能够有效整合这些内容，使其更加符合学生的学习规律和认知特点。

（一）模块化设计的概念与特点

邢窑白瓷文化课程体系中，模块化设计作为一种系统设计方法，能将复杂系统分解为多个独立且可互换的模块或组件。[1]每个模块可以独立开发、测试和维护，并且可以通过标准接口进行集成，从而具有以下特点和优势。

模块化设计可将复杂的产品或系统拆分为相互独立的模块或单元，每个模块有特定功能和属性，能根据需要组合搭配，形成不同产品配置和功能组合。模块化设计灵活性和可扩展性较高，能快速响应用户需求变化和产品功能升级，通过增减或更换模块实现功能扩展和升级，满足不同用户群体需求。且模块化设计可实现模块复用和标准化，降低产品开发和生产成本，缩短设计周期，提高设计和生产效率。模块化设计让产品维护和服务更便利，可将产品拆分为独立模块，便于检修和维修，减少维护成本和维修时间，提高产品可靠性和可维护性。基于模块化设计在灵活性、可维护性和可扩展性等方面的优势，其在学术界被视为一种灵活性设计方法，在制造业、产品设计、建筑设计、家具设计等领域广泛应用。室外空间复杂，每个场地具有唯一性、功能和尺度会变化，模块化设计在室外空间结构层面应用不常见，但在室外公共设施中有一些应用。社区公共空间虽属室外公共空间，但通常尺度较小、相似度高、功能相对固定，非常适合进行空间模块化设计尝试，这种创新设计方法在提升社区共享设施的灵活性和可持续性方面具有巨大潜力。

（二）模块化设计在美育课程中的应用价值

模块化设计能让邢窑白瓷文化课程内容更为清晰、系统。邢窑白瓷文化底蕴深厚，涵盖历史、艺术、工艺等多个方面。将其划分为历史文化、艺术特色、制作工艺等模块后，各部分知识得以条理化呈现。学生可以循序渐进地深入了解邢窑白瓷从北朝初创到唐代鼎盛，再到后世发展演变的历史脉络，知晓不同时期政治、经济、文化等因素对其产生的影响。通过艺术特色模块，学生能细致品味邢窑白瓷造型的优美线条、独特比例以及装饰纹样的丰富内涵和精湛技法。制作工艺模块则可让学生掌握从原料选取、加工到成型、烧制的全过程。学生对邢窑白瓷文化的认知

---

[1] 陈娟，刘彦红．模块化设计在社区“微更新”中的应用研究 [J]. 包装工程，2025, 46(4):398-406.

不再是零散模糊的，而是构建起一个完整且清晰的知识体系，提升他们的文化素养和审美能力。

从教学实施角度看，模块化设计赋予了课程极大的灵活性。高校学生来自不同专业，知识基础和兴趣偏好各异。模块化的课程设置能够根据学生的实际情况进行灵活调整。对于艺术设计专业的学生，可以强化艺术特色和制作工艺模块的深度与广度，增加创意设计、工艺创新等实践内容，助力他们将邢窑白瓷文化元素更好地融入现代设计中；对于非艺术专业的学生，则可侧重于历史文化模块，通过深入浅出的讲解和丰富的案例展示，拓宽他们的文化视野，激发对传统文化的热爱，提升审美感知能力。此外，教师也能依据教学进度和实际需求，灵活安排各模块的教学顺序和时长，使教学过程更加贴合学生的学习节奏。在促进学生实践能力培养方面，模块化设计同样功不可没。每个模块都可以设计相应的实践项目，如历史文化模块可安排实地考察邢窑遗址、博物馆等文化场所，让学生亲身感受历史氛围；艺术特色模块可组织开展造型设计、装饰纹样绘制等创意实践活动；制作工艺模块则能提供原料制备、成型烧制等实际操作机会。学生在不同模块的实践中，不仅能加深对理论知识的理解，还能锻炼动手能力、创新思维和团队协作能力。模块化的实践设计便于对学生的学习成果进行有针对性的评价，及时发现问题并给予指导，从而更有效地提高学生的实践水平。

模块化设计还有利于整合各类教学资源。不同模块可以对接不同的资源渠道，如历史文化模块可与当地的文化研究机构、博物馆合作，获取权威的历史资料和专家指导；艺术特色模块能借助艺术工作室、设计公司等资源，拓宽学生的艺术视野；制作工艺模块可与陶瓷企业、工坊等建立联系，让学生接触先进的制作设备和工艺技术。

（三）模块化设计与地方非遗文化的契合点

地方非遗文化的知识体系常错综复杂，涉及众多领域和层面。就如邢窑白瓷文化，其不仅包含从北朝起源历经各朝代变迁的发展历程，还涉及原料配方、烧制工艺等专业知识，以及造型、装饰所承载的艺术与文化内涵，内容极为丰富。模块化设计能够对这些繁杂的内容进行系统性拆解。以邢窑白瓷文化为例，历史文化模块可以梳理其起源、发展的脉络，以及在不同历史时期受当地社会、经济、文化影响的变迁历程；艺术特色模块聚焦于其独特的造型与装饰艺术，包括经典器型的线条美感、装饰纹样的寓意解读；制作工艺模块则深入讲解从原料开采、加工到成型、烧制等一系列技艺的传承要点。如此一来，原本混沌交织的非遗知识变得条理清晰，学生或研究者可以依据自身需求，有针对性地深入学习不同模块，极大地提高了对地方非遗文化的认知效率。

在高校环境中，文科专业学生更倾向于从历史文化和艺术鉴赏的角度去探寻非遗文化的内涵；理工科专业学生或许对非遗技艺背后的科学原理、工艺创新更感兴趣。以邢窑白瓷文化为例，对于文科学生，可以在历史文化和艺术特色模块增加深度，引入更多关于邢窑白瓷在不同历史时期与文学、艺术相互影响的研究内容，以及从美学角度对其造型、装饰的深入分析；对于理工科学生，则强化制作工艺模块中的原料化学原理、烧制过程中的物理变化等技术原理讲解，以及引导他们思考如何运用现代科技对传统白瓷工艺进行创新实践。[1]这种个性化的调整方式，能够让不同背景的人群更好地汲取地方非遗文化的养分，从而促进非遗文化在更广泛群体中的传播与传承。时代的不断前行，地方非遗文化也需要与时俱进，实现创新发展。模块化设计的可扩展性为此提供了有力支撑。当有新的研究成果揭示了某地方非遗文化的新历史线索，或者出现了与该非遗相关的创新艺术表现形式、传承技艺时，能够及时将这些新内容补充到对应的模块中。不同模块之间的相互关联，也促使人们在学习过程中打破知识界限，实现跨领域的融合与创新。例如，将现代科技元素融入邢窑白瓷的制作工艺或展示方式中，就是艺术特色模块与制作工艺模块相互启发的成果。这不仅有助于地方非遗文化保持活力，还能使其更好地适应现代社会的发展需求。

模块化设计有助于高校整合校内外各种资源来开展地方非遗文化教育。校内的图书馆、博物馆、专业实验室等资源可以与不同模块的教学需求相匹配，如利用图书馆资源辅助历史文化模块的研究，借助实验室开展制作工艺模块的实践操作。校外的非遗传承基地、民俗博物馆、相关企业等也能与相应模块进行有效对接，为学生提供丰富的实践和学习机会，从而构建起全方位、多层次的地方非遗文化教育体系。[2]

二、模块化课程的实施策略

模块化课程设计是地方非遗融入高校美育的重要实施策略之一，旨在通过系统化的课程结构，将邢窑白瓷文化的丰富内涵与高校美育目标有机结合。模块化设计不仅能够有效整合理论知识与实践技能，还能根据学生的学习需求和兴趣，灵活调整课程内容与教学进度。在实施过程中，模块化课程强调理论与实践相结合，通过历史文化、艺术特色和制作工艺三大模块的有机衔接，帮助学生全面理解邢窑白瓷文化的独特价值。模块化设计也为教师提供了清晰的教学框架，便于根据学生的反

[1] “白瓷的诞生”：邢窑白瓷艺术文献展 [J]. 艺术品鉴，2018 (25):14.

[2] 陈菊，许朝晖，顾俊锋．“技术接受模型”视角下职业院校虚拟仿真实训基地建设：以非遗代表型紫砂陶雕刻为例 [J]. 职教论坛，2024, 40 (12): 59-66.

馈和课程进展进行动态调整，确保教学效果的最大化。

（一）模块之间的逻辑衔接与递进关系

在邢窑白瓷文化课程体系中，历史文化、艺术特色和制作工艺这三大模块并非孤立存在，而是有着紧密的逻辑衔接与清晰的递进关系，它们相互关联、层层深入，共同构建起一个完整且系统的知识体系，历史文化模块作为课程的基石，为其他模块提供了坚实的背景支撑和发展脉络。邢窑白瓷的发展历程深受不同历史时期政治、经济、文化等因素的影响。从北朝初创，到隋唐鼎盛，再到后期的逐渐衰落，每个阶段的变化都与当时的社会背景息息相关。这些历史变迁不仅塑造了邢窑白瓷的发展轨迹，也在其身上留下了深深的文化烙印。唐代的繁荣昌盛促进了邢窑白瓷工艺的成熟和风格的形成，其产品不仅满足国内需求，还远销海外，成为文化交流的重要载体。了解这些历史背景知识，能让学生明白邢窑白瓷为何会呈现出特定的艺术特色和制作工艺。如唐代崇尚丰满大气的审美风格，这在邢窑白瓷的造型上体现为饱满圆润的器型设计；而当时发达的商业贸易，促使邢窑白瓷在装饰上更加注重精美和多样化，以满足不同消费者的需求。因此，历史文化模块是理解邢窑白瓷艺术特色和制作工艺的基础，为后续模块的学习提供了时间和空间上的坐标。

艺术特色模块承接历史文化模块，是邢窑白瓷文化在艺术层面的具体呈现。邢窑白瓷的造型和装饰艺术特色，是其在历史发展过程中逐渐形成的独特风格。在造型艺术上，经典的器型设计既体现了实用性，又蕴含着审美价值，是当时社会生活和文化观念的反映。在装饰艺术中，戳印、模印、刻花、印花等技法的运用以及丰富多样的纹样，不仅展现了工匠的高超技艺，还与当时的文化、宗教、民俗等紧密相连。这些艺术特色的形成，离不开历史文化的滋养，同时也是对历史文化的生动诠释。一些装饰纹样源于当时的宗教故事或民间传说，通过在瓷器上的呈现，传承和传播了这些文化元素。艺术特色模块以历史文化为背景，将抽象的文化内涵具象化，使学生能够从艺术的角度感受邢窑白瓷的魅力，为进一步学习制作工艺奠定了审美基础。制作工艺模块则是对邢窑白瓷文化的深度挖掘和实践探索，它以历史文化为依据，以艺术特色为导向，将前两个模块的知识转化为实际的制作技能。原料制备工艺是制作出优质邢窑白瓷的基础，不同历史时期的原料选择和加工方法，受到当时技术水平和资源条件的限制，也影响着瓷器的品质和特点。成型与烧制工艺则是将原料转化为具有艺术特色器物的关键环节，拉坯、印坯、手捏成型等工艺决定了器物的形状，而烧制过程中的温度、气氛控制等因素，直接影响着瓷器的釉色和质地。传统与现代融合的烧制工艺创新探索，更是在传承历史工艺的基础上，结合现代技术和审美需求进行的发展。例如，现代技术可以更精准地控制烧制温度和气氛，使邢窑白瓷的品质更加稳定，同时也为创新器型和装饰提供了可能。制作工艺模块的学习，让学生在掌握理论知识的基础上，通过实践操作，亲身体验邢窑白瓷的制作过程，加深对历史文化和艺术特色的理解，实现从理论到实践的升华。

三大模块之间的逻辑衔接与递进关系，使邢窑白瓷文化课程体系形成了一个有机整体。学生在学习过程中，先从历史文化模块了解邢窑白瓷的发展脉络和文化背景，再通过艺术特色模块欣赏其独特的艺术魅力，最后在制作工艺模块将所学知识应用于实践，掌握制作技能。这种层层递进的关系，不仅有助于学生系统地学习邢窑白瓷文化，还能培养学生的综合素养和创新能力，让学生在传承地方非遗文化方面实现自身在知识、技能和审美等方面的全面发展，推动地方非遗在高校美育中实现创新性传承与发展。

（二）模块化课程的教学组织与管理

鉴于邢窑白瓷文化课程的跨学科特性，需要会聚多领域专业教师。历史文化模块教学，邀请历史专业中对古代陶瓷史有深入研究的教师，他们凭借扎实的史学知识，为学生讲述邢窑白瓷的发展脉络，剖析各时期政治、经济、文化对邢窑白瓷产生的影响。艺术设计领域的教师则负责艺术与美学模块，引导学生赏析邢窑白瓷的造型、装饰艺术，培养学生的审美能力和创新设计思维。而制作工艺模块，可聘请具备陶瓷制作实践经验的工艺师或专业教师，他们能传授从原料制备到成型烧制的实操技巧，让学生掌握传统技艺。教师团队还应定期开展教学研讨活动，分享教学心得，交流最新研究成果，不断优化教学内容与方法，提高整体教学水平。

依据模块化课程的特点，不同模块设置差异化教学进度。历史文化模块作为基础，在课程初期系统讲解邢窑白瓷的历史，让学生建立起时间线和文化背景认知。艺术与美学模块紧跟其后，引导学生运用历史知识，深入理解邢窑白瓷的艺术特色和美学价值，实现知识的递进。制作工艺模块侧重实践，安排在学生对理论知识有一定掌握之后，让学生将所学知识应用于实践操作中。教学方法也需根据模块内容灵活选择，历史文化模块采用课堂讲授、专题讲座等方式，保证知识传授的系统性；艺术与美学模块通过作品赏析、小组讨论激发学生的审美感知和创新思维；制作工艺模块以实践操作、现场指导为主，让学生在实际动手过程中掌握技艺。在校内资源方面，充分发挥图书馆的作用，购置大量与邢窑白瓷相关的书籍、期刊、研究报告等资料，为学生自主学习和教师备课提供丰富的文献支持。实验室配备先进的陶瓷制作设备和工具，满足学生实践操作需求，让学生亲身体验邢窑白瓷的制作过程。艺术场馆可举办邢窑白瓷专题展览，展示实物、图片、模型等，营造浓厚的学习氛围。[1]校外资源同样不可忽视，高校可与邢窑遗址博物馆建立合作关系，组

[1] 刘晴 .邢窑白瓷发展述略 [J].邢台学院学报 , 2017, 32(4):8-10,17.

织学生实地参观，让学生近距离感受历史遗迹和文物的魅力，增强学习的直观体验；邀请非遗传承人走进校园，举办讲座、开展工作坊，传授传统技艺和经验，让学生与传承人面对面交流，感受非遗文化的传承精神。

建立完善的教学质量管理制度，明确教师教学职责和教学规范，要求教师严格按照教学大纲授课，确保教学内容的完整性和准确性。定期对教师教学进行检查和评估，通过听课、评课、学生评教等方式，及时发现教学中存在的问题并加以改进。对学生学习效果的评估采用多元化方式，摒弃单一考试模式。除理论知识考核外，注重实践操作考核，考查学生对邢窑白瓷制作工艺的掌握程度。还可通过学生的课程作业、小组项目、学习心得等多维度评价学生的学习成果，全面了解学生对知识的理解、应用和创新能力。根据评估结果，为学生提供有针对性的反馈和指导，帮助学生增强学习效果。鼓励学生积极参与课程设计和教学评价，收集学生的意见和建议，及时调整教学内容和方法，使教学更贴合学生实际情况。支持学生开展与邢窑白瓷相关的社团活动、学术研究项目等，为学生提供更多自主学习和实践的机会，培养学生的自主学习能力和团队协作精神。

（三）模块化课程的评价与反馈机制

评价机制聚焦于学生学习成果的考核，针对历史文化模块，着重考查学生对邢窑白瓷发展脉络、历史背景知识的理解深度与记忆准确性。可通过撰写历史小论文，让学生梳理邢窑在不同历史时期的发展特点及背后的影响因素，以检验其对历史知识的综合运用能力；或是进行历史知识问答测试，考查学生对关键历史节点和事件的熟悉程度。对于艺术特色模块，评价重点在于学生对邢窑白瓷造型、装饰艺术的鉴赏与分析能力，以及是否能将所学艺术元素运用到简单的创意设计中。可以让学生提交艺术作品分析报告，从专业角度解读邢窑白瓷器物的艺术价值；也可以布置设计作业，要求学生借鉴邢窑艺术特色进行创新设计，根据作品的创新性、对传统元素的运用以及设计的合理性进行评分。在制作工艺模块，学生的实践操作技能和对工艺原理的理解是评价的核心。通过观察学生在实际制作过程中的表现，如原料处理的规范程度、成型工艺的熟练运用、烧制环节对温度和气氛的把控等，结合最终作品的质量，综合评估学生的学习效果。

教师作为主要评价者，凭借专业知识和教学经验，对学生的学习过程和成果进行全面、深入的评价。他们不仅关注学生的知识掌握和技能提升，还注重学生在学习过程中展现出的学习态度、创新思维和团队协作能力。学生自评也是评价体系的重要组成部分。学生通过自我反思，对自己在各模块学习中的表现进行总结，发现自身的优点和不足，明确努力方向。比如，在完成一个邢窑白瓷制作项目后，学生可以对照学习目标，评估自己在工艺操作、创意设计等方面的完成情况。同学互评则为学生提供了不同视角的反馈。在小组学习或作品展示活动中，学生相互评价，分享看法和建议，促进学生之间的交流与学习，培养思辨性思维和团队合作精神。引入校外专家、非遗传承人的评价，能为课程带来更专业、更具实践导向的意见。他们丰富的行业经验和深厚的专业素养，有助于发现学生作品中存在的问题，并提供针对性的改进建议，提升学生对邢窑白瓷文化的理解和实践能力。教师在评价学生学习成果后，应及时给予具体、有建设性的反馈。对于学生在历史文化模块学习中存在的知识理解偏差，教师详细指出错误之处，并提供相关的参考资料和学习建议，帮助学生加深对历史知识的理解。在艺术特色模块，针对学生作品的创意、构图、色彩搭配等方面的问题，教师给出具体的改进方向，鼓励学生尝试不同的表现手法和设计思路。在制作工艺模块，教师根据学生在实践操作中的表现，如原料配比不准确、烧制温度控制不当等问题，进行现场指导，演示正确的操作方法，帮助学生提高实践技能。通过课堂讨论、问卷调查、学习心得分享等方式，收集学生对课程内容、教学方法、教学资源等方面的意见和建议。如果学生反映历史文化模块的教学内容过于理论化，缺乏趣味性，课程团队可考虑增加更多生动的历史故事、图片、视频等资料，丰富教学内容的呈现形式；若学生认为制作工艺模块的实践设备不足或陈旧，影响学习效果，学校应及时更新和补充设备，为学生提供更好的实践条件。

定期对课程目标进行评估，分析学生在各模块学习后是否达到了预期的知识、技能和素养目标。若发现部分课程目标未能有效达成，课程团队需深入分析原因，是教学内容设置不合理、教学方法选择不当，或是学生的学习基础和学习需求未得到充分考虑。根据分析结果，及时调整课程内容、优化教学方法，确保课程始终朝着预期目标前进。

三、邢窑白瓷文化课程模块的划分

通过对邢窑白瓷文化的深入挖掘，课程可以划分为多个模块，每个模块聚焦于不同的文化维度，既能够系统呈现邢窑白瓷的全貌，又能满足不同学生的学习需求。模块化设计不仅有助于学生循序渐进地掌握相关知识，还能通过理论与实践相结合，增强学生的文化理解力和实践能力。

（一）知识传承导向的课程模块设置

“邢窑历史文化溯源”模块。学生将沿着历史的长河，探寻邢窑白瓷的起源与发展轨迹。从北朝晚期邢窑白瓷的萌芽，了解北方工匠如何突破技术瓶颈，开启白瓷烧造的新篇章；到隋唐时期邢窑白瓷的鼎盛，感受其作为“大唐官窑”的辉煌，探究当时繁荣的经济、昌盛的文化如何推动邢窑白瓷工艺达到顶峰，使其成为“天下无贵贱而通用之”的名瓷。学生还将学习邢窑白瓷在历史演进中的文化价值变迁，理解它如何从单纯的生活用品，逐渐演变为承载丰富的文化内涵与审美追求的艺术品，深刻认识其在中国陶瓷史上不可替代的地位。

“邢窑白瓷工艺解析”模块则聚焦于邢窑白瓷独特的制作工艺。学生将深入学习邢窑白瓷从原料选取到成品烧制的每一个环节。了解邢窑白瓷原料的特殊之处，为何能烧制出质地细腻、色泽温润的瓷器；掌握拉坯、印坯、注浆等多种成型工艺的技巧与特点，明白不同工艺对瓷器造型的影响；探索刻花、划花、印花等装饰工艺，体会这些工艺如何为白瓷增添独特的艺术魅力；研究邢窑白瓷烧制过程中的火候控制、窑炉气氛调节等关键技术，知晓它们对瓷器品质的决定性作用。通过对工艺的系统学习，学生能够理解邢窑白瓷工艺的科学性与艺术性，感受古代工匠的智慧与匠心。[1]“邢窑白瓷艺术审美鉴赏”模块旨在提升学生对邢窑白瓷艺术的审美鉴赏能力。学生将学习从造型、釉色、装饰等多个角度赏析邢窑白瓷的艺术之美。分析邢窑白瓷造型的简约与饱满，如何体现“大唐气象、中国精神”；品味其釉色的温润如玉、白中泛青，感受这种独特色调所营造的宁静、高雅氛围；解读装饰图案背后的文化寓意，如植物纹、动物纹所传达的美好愿望。同时，引导学生将邢窑白瓷的艺术审美与当代审美需求相结合，思考如何在传承的基础上进行创新，使邢窑白瓷在现代社会中焕发新的生机与活力。

（二）实践创新驱动的课程模块构建

高校着力打造“创意设计实践”课程模块。该模块聚焦于引导学生运用现代设计思维对邢窑白瓷进行创新表达。课程伊始，教师系统传授现代设计理念，涵盖简约主义、功能主义、情感化设计等，帮助学生打破传统思维定式。在教学过程中，鼓励学生从邢窑白瓷的造型、装饰、色彩等元素中挖掘灵感。引导学生重新诠释邢窑白瓷经典的梅瓶造型，简化线条并融入现代几何元素，使其更符合当代审美与生活需求；或者提取白瓷上的传统刻花图案，运用数字化设计手段进行变形、重组，应用于现代平面设计作品中。提供丰富的实践项目，让学生参与文创产品设计、室内装饰设计、数字媒体艺术创作等，使学生在实践中提升创新设计能力，将传统白瓷文化与现代设计巧妙融合。

“创新工艺探索”课程模块，高校积极整合资源，为学生创造探索邢窑白瓷新工艺的环境。引入先进的陶瓷制作技术与材料，如3D打印陶瓷技术、新型环保陶瓷颜料等，让学生了解并尝试运用新技术进行创作。学生可以借助3D打印技术，快速实现复杂的白瓷造型设计，突破传统手工制作的限制；利用新型颜料，为白瓷增添

[1] 丁邵一. 邢窑白瓷：承古韵匠心 展文化新姿 [N]. 邢台日报，2024-5-3 (001).

更多元的色彩表现。鼓励学生对传统邢窑白瓷工艺进行改良创新。例如，在烧制环节，探索不同的窑炉气氛、烧制温度曲线对产品的影响，尝试开发新的烧制方法，以提高产品质量或创造独特的艺术效果。在原料处理方面，研究新的原料配方，在保持邢窑白瓷特色的基础上，改善其物理性能或降低生产成本。“文化创意产业对接”课程模块紧密连接课程与市场需求。高校与当地文化创意产业建立深度合作关系，邀请行业专家走进校园举办讲座、开展工作坊，分享行业动态、市场趋势以及成功案例，让学生了解文化创意产业的运作模式和市场需求。组织学生参与企业实际项目，从创意构思、设计开发到市场推广全程参与。通过与企业合作，学生能够接触真实的市场需求，明确自身创意设计的商业价值，提升实践能力和职业素养。高校还积极搭建文化创意产业对接平台，举办创意成果展、项目路演等活动，为学生提供展示创意成果、与企业洽谈合作的机会，促进邢窑白瓷文化创意成果的转化，推动邢窑白瓷文化产业的发展。

四、“邢窑白瓷”文化传承基地建设中课程建设的探索

为了在高校中传承中华优秀传统文化提高传承水平和质量实现“活态传承”，使中华优秀传统文化多方位、全因素融入高校的教育，使传统文化中的优良成分得以在传承方式与方法、形式与内容、传承理念等方面有突破性的发展，教育部从2018年开始建设“中华优秀传统文化传承基地”（以下简称“传承基地”），计划在全国范围内确定100所高校作为传承基地。邢台学院是教育部2020年认定的26个传承基地之一，传承内容为“邢窑白瓷”。

（一）邢窑白瓷传承基地课程建设模块

将邢窑白瓷文化融入高校课程体系，能够为学生提供直观的文化体验与实践平台，增强其对传统文化的认知与认同感。基地课程的建设也为地方非遗的活态传承提供了新的路径，推动传统文化与现代教育的深度融合，助力高校美育从理论走向实践，从单一走向多元。

1.推动邢窑白瓷文化传承基地建设

邢窑白瓷传承基地在建设过程中，需要开展社团建设、工作坊建设、辐射交流等活动，这些活动无一不需要课程的支持。根据建设要求，需要在高校内进行选修课的设置，要求设置为2个学分、36个学时，在邢窑白瓷课程建设中，需要组织邢窑白瓷“非遗”传承人、工艺美术大师、民间艺人等向基地高校大学生授课。课程是教学内容、教学计划、教学进程与安排的总和，是为实现教学目标而进行的有计划、有目的的教学活动。邢窑白瓷课程是知识与经验的汇总，是方案和实施的结合。通过实施邢窑白瓷课程，通过课程形式组织课堂，向学生传递白瓷文化，推动

邢窑白瓷文化传承基地建设。

2. 促进基地高校应用转型发展

当前，地方本科院校正在实施应用型转型发展的改革，其中重要的一个转型方向是文化传承与创新。中华优秀传统文化、社会主义先进文化以及红色革命文化要在应用本科高校的校园文化和课程中得以呈现，使人文素质教育融于高校课程。作为高校，最有特色的办学模式是具有文化的独特性，邢窑白瓷作为享誉中外的文化形式，同时也作为邢台学院的文化名片，可以在邢台学院应用型转型发展的过程中，为学校增强文化内涵，助力转型发展。

3. 弘扬邢窑白瓷文化，传承邢窑白瓷精神

邢窑白瓷是中国陶瓷史上一项划时代的技术革新，其中蕴含丰富的人文理念和卓越的工匠精神。从器型上看，邢窑白瓷雍容大度，多为丰肩短颈，圆唇鼓腹，如白瓷梅瓶，瓶口小而饱满，瓶腹饱满大度，体现了一种健康蓬勃的精神，犹如一个健硕的彪形大汉，更像一位将军。邢窑白瓷胎体白色，釉色透明，自内而外泛出温润如玉的白，白中泛青，是一种近乎中性的、宁静的冷色调，其釉色和形体互为一体，相得益彰，使邢窑白瓷显得既丰满安定，又华贵典雅。邢窑白瓷这种健康、温润、宁静的文化审美特征，也是我们这个时代的精神指向。在当下文化复兴的背景下，通过课程建设，弘扬邢窑白瓷文化内涵，传承其精神内蕴，尤其是在大学生中传递这种文化符号，具有深远意义，也是我们倡导的“活态传承”。[1]

4. 促进相关课程创新发展

邢窑白瓷文化课程的构建，对邢台学院相关课程的创新发展具有推动作用。目前，在邢台学院，与邢窑白瓷相关的课程大都集中在工艺美术专业，其所开设的工艺美术史、拉坯、釉上彩、制模等课程在高校转型发展的背景下，也都需要改革发展。邢窑白瓷传承基地课程的构建，一方面为相关课程提供了更广阔的展示空间，因为基地课程需要到社区、到中小学去普及；另一方面，对相关课程应用型转型发展提供了实训的机遇，可以使这些课程与社会实践相联系，达到转型发展的要求。

（二）课程体系的构建

邢窑白瓷课程要立足传承基地建设的需要，兼顾高校文化建设及区域文化推广的需求，构建多维度、有弹性的课程体系，在这个体系中，既包含高校选修课的课程，也包含社区和中小学普及的课程以及网络课程，最大限度满足邢窑白瓷传承基地建设的需求。课程内容是课程的主体，课程目标都是通过课程内容得以实现，邢

[1] 耿辉敏 . 弘扬邢窑文化大力发展邢窑白瓷 [J]. 陶瓷 , 2017 (12):63-64.

窑白瓷课程内容应包含的内容是邢窑文脉、邢窑白瓷类型、邢窑白瓷制备工艺、邢窑白瓷传承发展、邢窑白瓷创作实践、邢窑白瓷作品欣赏，这几部分内容循序渐进，由远及近，涵盖了理论与实践、文化与工艺。

邢窑文脉部分属于概述和引导，主要内容包括邢窑发生、发展的脉络，邢窑历史地位和文化价值取向，邢窑的艺术风格及其文化审美内涵。邢窑白瓷最早见于北朝晚期，北方的工匠们选用含铁量较少的原料制坯，提高胎体的白度，从而开启了白瓷烧造的历史。隋唐时期经济繁荣、文化昌隆，邢窑白瓷也迎来了黄金时期，这时期的邢窑白瓷制瓷工艺达到了顶峰，其工艺水平在当时独步天下，无论从烧成温度，还是器形釉色，都具有独特性，因而被奉为“大唐官窑”，“天下无贵贱而通用之”，烧制出“类玉”“类冰”的白瓷产品，与南方的越窑形成“南青北白”的制瓷格局。邢窑形成的白瓷体系，直接影响了后来的定窑、磁州窑等，并为后代出现的有色瓷奠定了基础。邢窑白瓷的类型部分，对在较长的发展时期内邢窑白瓷所涌现的品种进行讲解；对不同类型白瓷的艺术特点、烧制工艺及其成型的时代因素进行较为详细的介绍和阐释。邢窑白瓷品种的发展经历了早期的粗白瓷到化妆白瓷，再到成熟时期的细白瓷、青白瓷等，特别是邢窑白瓷的珍品“透影白瓷”。隋代透影白瓷，其胎薄如纸，釉润如玉质，置物其中，其形清晰可辨，究其工艺特点，形成的因素一是原料中氧化钾的含量高，呈现出温润的白色。原料中钾长石的黏度高，才能做成薄如纸的胎体；其烧造温度1280摄氏度左右，一次烧成。从历史角度看，隋的统一使生产力得到进一步的解放，各种手工艺得到了长足的进步，客观上为邢窑白瓷的发展提供了稳定的原料、技术支撑，加之稳定的社会环境，也为邢窑白瓷工艺水平持续提高提供了外部保障。邢窑白瓷制备工艺部分，主要介绍分析邢窑白瓷与其他窑口的不同之处，包括拉坯、装饰、吹釉等工艺方面的独特之处。邢窑白瓷的成型工艺主要有手捏成型、拉坯成型、印坯成型三种。

在装饰方面，大家对邢窑白瓷的印象是“色白、素无装饰”，其实很大一部分邢窑白瓷是有装饰的，其装饰方法主要有堆纹刻画、刻画、压印等，此外还有点彩装饰。邢窑白瓷的传承发展部分，要介绍邢窑白瓷的发现、发掘以及研究的过程，介绍邢窑遗址的位置和发掘的现状，阐述邢窑白瓷在当代的研究成果和仿制的过程以及邢窑白瓷在产业化的过程中取得的突破。[1]当前，邢窑白瓷仿制已取得成功，并且涌现了邢定瓷业、弘传陶瓷等一批邢窑白瓷企业，且有所创新发展，如邢窑白瓷刮痧器的研制成功。在邢窑白瓷课程内容中，需要有包括邢窑白瓷制作各个环节的实践体验方面的内容，实践是为了加深对邢窑白瓷文化的理解，对邢窑白瓷工艺流程的进一步认识。到社区、中小学进行邢窑白瓷文化的宣传普及，可以进行简单

[1] 赵鸿声 . 类银似雪的邢窑白瓷 [J]. 山东陶瓷 , 1995(3): 43-45.

的体验活动，如拉坯、画瓷等。通过体验增强活动的吸引力，体验也是理解邢窑白瓷文化的过程。邢窑白瓷作品欣赏要选择具有代表性的、典型性的器物在课程中展现，也是抽象转化为形象的过程，即理论性的知识都要通过物化的瓷器来呈现。

在作品的选择上，既要有出土的典型器物，也要有当代仿制的作品。工艺美术大师、非遗传承人的作品，也要在课程中得以体现。另外，最新的相关研究成果也要能够在课堂上呈现。

第二节 理论与实践相结合的教学模式

邢窑白瓷文化作为地方非物质文化遗产的代表，不仅具有深厚的历史文化底蕴，还蕴含着丰富的实践操作价值。单纯的理论讲授难以让学生充分感受到其独特的艺术魅力与文化内涵，而实践环节的引入则能够帮助学生将理论知识转化为实际体验，增强学习的深度与广度。通过理论与实践相结合的教学模式，学生不仅能够系统掌握邢窑白瓷的历史渊源、艺术特色和工艺技术，还能通过亲手参与制作、实地考察等活动，深化对非遗文化的理解与认同。这种教学模式不仅能够激发学生的学习兴趣，还能培养其动手能力、创新思维和文化传承意识，为地方非遗融入高校美育提供有效的实施路径。

一、理论教学

理论教学是通过系统的知识传授，帮助学生深入理解邢窑白瓷的历史渊源、艺术特色及其文化内涵。在理论教学中，教师不仅需要传递基础的历史知识和工艺技术，还应注重引导学生从美学、文化学等多维度思考邢窑白瓷的价值与意义。通过知识讲授与案例分析相结合的方式，学生能够更好地掌握邢窑白瓷的核心内容，并在此基础上形成对传统文化的深刻认知。理论教学不仅是实践教学的基础，也为学生提供了分析与解决问题的理论工具。

（一）知识讲授方法

故事导入式讲授能有效激发学生兴趣。从邢窑白瓷的起源故事讲起，比如，北朝时期工匠们在不断尝试改进青瓷工艺的过程中偶然发现白瓷烧制方法的传说，将学生带入那个充满探索精神的时代，让他们对邢窑白瓷的诞生充满好奇。讲述唐代邢窑白瓷成为宫廷贡品背后的故事，如梅妃与邢窑白瓷的传说，使学生感受到邢窑白瓷在当时社会的地位和影响力。通过这些故事，把原本枯燥的历史知识变得鲜活有趣，吸引学生的注意力，为后续知识的讲解奠定良好的基础。

运用多媒体资源进行讲授能让知识更加直观形象。借助图片、视频等资料，展示邢窑白瓷的精美器物、窑址风貌以及制作工艺过程。展示不同时期邢窑白瓷的典型器物图片，让学生直观感受其造型和装饰的变化；播放制作工艺的视频，使学生清晰地看到从原料制备到成型烧制的全过程，了解每一个步骤的细节和要点。还可以利用3D建模等技术，对邢窑的窑炉结构进行虚拟展示，让学生从不同角度观察窑炉的内部构造和工作原理，帮助他们更好地理解烧制工艺。对比分析式讲授有助于学生加深对知识的理解和记忆。将邢窑白瓷与其他窑口的瓷器进行对比，如与同时期的越窑青瓷对比，分析两者在胎质、釉色、造型和装饰上的差异，让学生明确邢窑白瓷的独特之处；与后世的定窑白瓷对比，探讨邢窑白瓷对定窑的影响以及两者的传承关系。还可以对邢窑白瓷不同时期的作品进行对比，如唐代早期和晚期的器物，分析其在工艺和艺术风格上的演变，让学生了解邢窑白瓷的发展脉络。启发式讲授能引导学生主动思考。在讲解邢窑白瓷的艺术特色时，提出问题引导学生思考，如“邢窑白瓷的造型设计是如何体现实用性与美观性相结合的？”“从邢窑白瓷的装饰纹样中能反映出当时怎样的社会文化？”让学生在思考中深入理解知识，培养他们的思维能力和分析问题的能力。鼓励学生提出自己的见解和疑问，组织课堂讨论，营造活跃的学习氛围。整合跨学科知识进行讲授，能拓宽学生的知识面和视野，从历史学科的角度，讲解邢窑白瓷发展与当时政治、经济、文化背景的关系，让学生明白社会环境对陶瓷发展的影响；从艺术学的角度，分析邢窑白瓷的造型艺术、装饰艺术与当时艺术潮流的联系，提升学生的艺术鉴赏能力；从化学学科的角度，介绍原料的成分和烧制过程中的化学反应，帮助学生理解制作工艺的科学原理。通过跨学科知识的融合，使学生对邢窑白瓷文化有更全面、深入的认识。

案例式讲授能让学生更好地将理论知识与实际应用相结合，选取典型的邢窑白瓷案例，如“黑石号”沉船上出土的邢窑白瓷，详细分析其特点、价值以及在中外文化交流中的作用。通过案例分析，学生学会了运用所学知识解读实际的文物案例，提高了知识运用能力和实践能力。在知识讲授过程中，教师还应注重语言表达的生动性和趣味性，避免照本宣科，结合手势、表情等肢体语言，增强讲授的感染力。合理安排讲授节奏，重点内容详细讲解，难点部分耐心引导，让学生能够跟上教学进度，消化吸收知识。

（二）案例分析运用

以邢窑白瓷中的经典器物作为案例，从造型、装饰、工艺等多个维度进行剖析，能帮助学生全面掌握相关知识。选取唐代邢窑白瓷中的玉璧底碗，它的造型简约而不失优雅，玉璧底的设计不仅体现了当时的审美风尚，还具有一定的实用性，便于放置且稳定。通过分析其造型特点，学生能了解唐代器物造型注重实用与美观相结合的设计理念。从装饰方面来看，若选取带有印花装饰的邢窑白瓷盘，观察其印花纹样的布局、线条以及所蕴含的寓意，学生可以感受邢窑白瓷装饰艺术的精美与独特，以及当时工匠们高超的技艺水平。在工艺层面，以隋代透影白瓷杯为例，分析其胎釉原料的选择、烧制工艺的特点，学生能够深入理解邢窑白瓷在工艺上的创新与突破。将邢窑白瓷的发展历程作为案例进行分析，从北朝初创时的探索，到隋唐鼎盛时期的辉煌，再到五代以后的逐渐衰落，这一过程与当时的政治、经济、文化背景紧密相连。分析唐代邢窑白瓷鼎盛的原因，学生可以了解唐代繁荣的经济、开放的文化以及发达的贸易对邢窑白瓷发展的推动作用。而探讨邢窑白瓷衰落的因素，如战乱破坏、原料枯竭等，能让学生明白外部环境对文化传承与发展的影响。这有助于学生从宏观角度把握邢窑白瓷文化的发展脉络，培养学生综合分析问题的能力。

教师还可以引入当代对邢窑白瓷的传承与创新案例，比如，一些陶瓷艺术家在继承邢窑传统工艺的基础上，进行创新设计，将现代设计理念与邢窑白瓷特色相结合，创作出既具有传统韵味又符合现代审美的作品。分析这些案例，学生能够看到邢窑白瓷文化在当代的生命力与发展潜力，激发学生的创新意识和对传统文化传承的责任感。通过对这些案例的分析讨论，引导学生思考如何在现代社会中更好地传承和发展邢窑白瓷文化，培养学生解决实际问题的能力。

（三）多媒体资源在理论教学中的创新应用

借助虚拟现实和增强现实技术，学生可以身临其境地感受邢窑白瓷的魅力。通过虚拟现实技术，学生仿佛穿越时空，置身于古代的邢窑窑厂，亲眼看见工匠们在窑炉边忙碌的身影，观察他们如何精心挑选原料、熟练地拉坯成型、细致的装饰器物以及严谨地把控烧制过程。这种沉浸式的体验让学生对邢窑白瓷的制作工艺有了更为直观、深刻的理解，远比传统的文字描述和图片展示更加生动形象。增强现实技术则可以将虚拟的邢窑白瓷文物叠加到现实场景中，比如，在校园的某个角落，学生通过手机等设备就能看到精美的邢窑白瓷碗、瓶等器物，仿佛它们真实地存在于眼前。学生还可以通过操作手机，从不同角度观察器物，查看其细节，如装饰纹样、釉色质感等，增强了学习的趣味性和互动性。

制作精良的纪录片能够系统地介绍邢窑白瓷的发展历程，从北朝的初创时期，展现工匠们如何在艰苦的条件下探索白瓷烧制技术；到隋唐的鼎盛阶段，呈现邢窑白瓷凭借精湛工艺和独特品质，与越窑青瓷形成“南青北白”格局的辉煌；再到五代及以后的衰落与传承，让学生全面了解邢窑白瓷在历史长河中的起伏变迁。教学视频则聚焦于具体的知识点，如详细讲解邢窑白瓷的某种装饰技法，从工具的使用、操作的步骤到最终呈现的效果，一步一步地展示给学生，使学生能够更清晰地掌握复杂的工艺过程。还可以收集一些关于邢窑白瓷的文化讲座、专家访谈等视频资料，让学生聆听专业人士的见解，深入了解邢窑白瓷的文化内涵、艺术价值以及在当代的传承意义。在线学习平台为学生提供了便捷、丰富的学习资源和互动交流的空间，教师可以将精心制作的课件、相关的学术论文、图片资料等上传到平台上，方便学生随时随地进行学习。学生不仅可以根据自己的学习进度和需求自主选择学习内容，还能通过平台上的讨论区与教师、同学进行交流互动。在学习邢窑白瓷的某一历史时期特点时，学生可以在讨论区分享自己的理解和感悟，提出疑问，教师和其他同学则可以及时给予解答和回应，形成良好的学习氛围。在线学习平台还可以设置一些测试和作业环节，帮助学生巩固所学知识，检验学习效果。在平台上的学习数据可以被记录和分析，教师可以根据这些数据了解学生的学习情况，调整教学策略，实现个性化教学。

动画演示在讲解邢窑白瓷的一些抽象概念和复杂工艺时具有独特的优势。比如，在介绍邢窑白瓷的烧制原理时，动画可以生动地展示窑炉内部的结构，火焰的流动方向以及在不同温度下瓷器发生的物理和化学变化。通过动画的演示，学生能够轻松理解这些抽象的知识，不再觉得晦涩难懂。在讲解邢窑白瓷的造型设计理念时，动画可以展示器物从最初的设计草图到最终成型的过程，以及在这个过程中设计师是如何考虑实用性与美观性的结合的，让学生更好地理解艺术与功能的统一。对于网络课程来说，学生具有选择性和主动性有利于更好地发挥学生的主体作用。对于邢窑白瓷课程资源来说，不同类型和形式的教学内容会被利用得更充分和个性化。网络课程可以实现异步交流，不同时空的学生都可以与老师互动交流。[1]

二、实践教学

通过实践教学，学生不仅能够加深对理论知识的理解，还能在动手操作中感受传统工艺的魅力，培养审美感知能力和艺术表现力。实践教学的设计应注重与邢窑白瓷文化的深度融合，模拟制作、实地考察、工艺体验等多种形式，让学生亲身参与白瓷的制作过程，体会其工艺技术的复杂性与艺术价值。实践教学还应注重培养学生的创新思维，鼓励他们在传统技艺的基础上进行现代转化与创新表达。

（一）实践项目设计

基础实践项目注重让学生掌握邢窑白瓷制作的基本技能，例如设计简单器物制作项目，学生从揉泥开始，学习感受泥料特性，通过拉坯、印坯或手捏成型等方法，制作如白瓷杯、小罐等基础器物，熟悉各种成型工艺的操作流程，掌握控制泥

[1] 李关亮，李婷花．“邢窑白瓷”文化传承基地建设中课程建设的探索 [J]. 邢台学院学报，2022,37(3): 28-32.

料形状和厚度的技巧。在这个过程中，学生了解邢窑白瓷传统的制作手法，为后续深入学习奠定基础。设置传统装饰技法练习项目，让学生尝试运用戳印、刻花、划花等邢窑白瓷的经典装饰技法，在坯体上进行简单纹样的创作，体会不同装饰技法的特点和艺术效果，感受传统装饰艺术的魅力。

创意实践项目则鼓励学生在掌握基础技能的基础上，进行创新设计，以现代生活需求为导向，开展文创产品设计项目，引导学生将邢窑白瓷的造型、装饰元素与现代生活相结合，设计出既具有邢窑文化特色又符合现代审美和实用功能的产品，如创意灯具、文具等。这不仅能让学生发挥创意，还能让邢窑白瓷文化以新颖的形式融入现代生活。开展主题创作项目，给定如“邢窑印象”“古韵新声”等主题，让学生围绕主题进行创作，通过对邢窑白瓷文化的理解和个人感悟，创作出独特的作品，培养学生的文化表达能力和艺术创作能力。组织大型作品创作项目，让学生分组合作完成一件大型的邢窑白瓷作品，如大型摆件或系列餐具等。在项目实施过程中，学生需要分工协作，有人负责设计构思，有人负责原料准备，有人负责制作成型，有人负责装饰绘制，通过团队成员的共同努力，完成一件完整且高质量的作品，锻炼团队协作能力和沟通能力。还可以开展项目式调研实践，让学生以团队形式对邢窑白瓷文化进行调研，如考察本地的陶瓷市场，了解邢窑白瓷在当代的市场需求和发展现状；或者研究邢窑白瓷传统制作工艺在现代技术冲击下的传承困境与创新机遇。学生通过调研、分析和总结，提出自己的见解和建议，培养研究能力和解决实际问题的能力，同时加深对邢窑白瓷文化的全面理解。

（二）实践操作指导

在原料制备阶段，指导学生细致了解邢窑白瓷所用原料的特性，如红砂岩、高岭土等，让他们明白这些原料的产地、成分差异对瓷器品质的影响。教导学生如何对原料进行筛选、淘洗、粉碎和陈腐等操作，确保原料质地均匀、细腻，符合制作要求。这不仅培养了学生对原材料的认知，也让他们体会到传统工艺对原料处理的严谨性。进入成型工艺环节，指导内容更为丰富多样。对于拉坯成型，引导学生感受泥料在手中拉坯机旋转而逐渐成型的过程，掌握拉坯的力度、速度和节奏。让学生学会控制泥料的厚度和形状，制作出规整、流畅的器形。印坯成型则要求学生熟练掌握模具的使用方法，学会将泥料均匀地按压在模具内，确保坯体的规格统一和细节完整。[1]手捏成型注重培养学生的创造力和手工技巧，指导学生通过捏、搓、揉等手法，塑造出富有个性的器物或装饰部件，感受手工制作的温度和魅力。在烧制工艺方面，实践操作指导学生了解窑炉的结构和原理，明白不同窑炉的特点以及

[1] 杨文山，朱爱茹．邢窑白瓷分类与工艺研究 [J]. 中国历史文物，2007 (4):56-65.

对烧制效果的影响。教导学生如何控制烧制温度和气氛，根据不同的器物和釉料，合理设置升温曲线和还原气氛。让学生参与装窑过程，学会合理摆放坯体，确保热量均匀分布，避免出现烧制缺陷。强调烧制过程中的安全问题，培养学生的安全意识。实践操作指导并非单纯的技能传授，还注重引导学生在实践中体会邢窑白瓷的文化内涵，鼓励学生在制作过程中，融入对邢窑白瓷历史文化、艺术特色的理解，使作品不仅是技艺的展现，更是文化的传承。比如，在装饰环节，引导学生借鉴邢窑传统的戳印、刻花、印花等技法，创作出具有现代审美又不失传统韵味的作品。

每个学生的学习能力、动手能力和艺术感悟力都有所不同，教师需密切关注学生的学习进度和制作过程，及时发现问题并给予针对性的指导。对于基础薄弱的学生，耐心地从基础技能开始辅导，逐步提高他们的操作水平；对于有一定基础的学生，鼓励他们进行创新尝试，突破传统的制作模式。组织学生以小组形式开展实践项目，让他们在合作中相互学习、相互交流。在团队中，学生可以分工协作，共同完成一件复杂的作品，培养沟通能力和团队协作能力。

（三）实践成果的展示与评价体系构建

校内展示可充分利用校园的各类场所，如艺术展厅、教学楼走廊等。在艺术展厅举办邢窑白瓷制作成果展，能集中展示学生创作的各类作品，包括形态各异的白瓷器具、独具创意的装饰设计等。这些作品不仅是学生实践技能的体现，更融入了他们对邢窑白瓷文化的理解与创新。教学楼走廊则可以展示学生制作过程的照片、心得感悟等，让更多师生了解邢窑白瓷制作的流程和背后的文化内涵。此外，学校还可以借助互联网平台进行线上展示，能突破空间限制，扩大影响力；通过学校官网、社交媒体账号等渠道发布学生作品，吸引社会各界关注，让更多人领略到邢窑白瓷的魅力，同时也为学生提供了更广阔的交流空间，接受来自不同方面的反馈。

在作品质量方面，考量学生对邢窑白瓷传统工艺的掌握程度，如原料处理是否得当、成型工艺是否规范、烧制效果是否良好等；关注作品的艺术表现力，包括造型设计是否美观、装饰是否富有创意、整体风格是否体现邢窑白瓷特色等。在实践过程方面，评估学生在制作过程中的参与度，如是否积极投入实践、遇到问题时的解决态度；考查实践操作技能，包括拉坯、印坯、装饰等环节的熟练程度；还要评价学生在团队合作项目中的协作能力，如与小组成员的沟通交流、任务分工与配合情况。创新能力也是重要的评价维度，观察学生是否能在作品中融入现代设计理念，对传统工艺进行创新尝试，以及创新成果是否具有可行性和独特性。教师评价具有专业性和权威性，教师凭借丰富的教学经验和专业知识，从专业角度对学生作品和实践过程进行点评，指出优点与不足，为学生提供有针对性的建议。学生自评能促使学生进行自我反思，回顾实践过程，总结经验教训，发现自己的成长与不足，培养自我认知和自我提升能力。学生互评则能让学生从他人的作品中获取灵感，学会欣赏和学习他人的优点，同时在评价过程中锻炼思辨性思维和沟通能力。

评价标准应细化到各个评价指标，明确不同等级的具体要求，使评价过程有章可循。评价流程要规范有序，例如，在作品提交阶段，规定明确的提交时间和格式；在评价阶段，合理安排教师评价、学生自评和互评的顺序和时间；在反馈阶段，及时将评价结果反馈给学生，并组织学生进行交流和总结。

第三节　课程资源的开发与整合

地方非遗资源的丰富性与多样性为高校美育提供了广阔的空间，但如何将这些资源有效转化为教学资源，并实现校内外的有机整合，是课程实施的关键。邢窑白瓷文化不仅包含深厚的历史底蕴和独特的艺术特色，还涉及复杂的工艺技术和地域文化背景。课程资源的开发需要兼顾理论与实践，既要挖掘历史文献、艺术作品的学术价值，也要结合现代技术手段，如数字化展示、虚拟仿真等，增强学生的直观体验。校内资源的充分利用与校外资源的深度整合也至关重要。通过与企业、博物馆、文化遗址等社会机构的合作，学校可以为学生提供更为丰富的实践机会，拓宽课程的广度和深度。

一、校内资源开发

校内资源不仅包括硬件设施，如实验室、艺术场馆等，还涵盖师资力量、学术氛围等软性条件。学校充分利用这些资源，可以为学生提供丰富的学习环境和实践机会，增强课程的实效性与吸引力。邢窑白瓷文化课程的开展，尤其需要依托校内资源，将理论知识与实践操作紧密结合。学校通过合理规划与整合校内资源，能够为学生创造沉浸式的学习体验，帮助他们更好地理解邢窑白瓷的历史、工艺与美学价值。

（一）实验室资源利用

高校的陶艺实验室配备了一系列先进设备与工具，为学生参与邢窑白瓷制作实践创造了良好条件。拉坯机是学生学习拉坯成型工艺的核心设备，学生可通过操作拉坯机，感受泥料在手中逐渐成型的过程，体会拉坯时对力度、速度和角度的精准把握，从而掌握拉坯成型的技巧，亲手制作出如碗、盘、瓶等各类器形。印坯模具则能让学生体验印坯成型工艺，了解模具在批量生产中的应用，学会将泥料精准地按压在模具内，制作出规格统一、造型规整的器物。除此之外，还有各类陶艺刀具、塑形工具等，这些工具如同学生手中的画笔，帮助他们在泥料上进行雕刻、装饰，实现创意构思。

实验室的空间布局也充分考虑到教学需求，划分出原料处理区、成型制作区、烧制区等不同功能区域。在原料处理区，学生可以接触邢窑白瓷制作的各类原料，如红砂石、高岭土等，了解它们的特性和来源。通过对原料的筛选、淘洗、揉炼等操作，学生能直观地感受原料对瓷器品质的影响，明白优质原料是制作精美邢窑白瓷的基础。在成型制作区，学生可以自由地运用各种成型工艺进行创作，将自己的设计想法转化为实际的作品。而烧制区则配备了不同类型的窑炉，如电窑、气窑等，学生可以学习不同窑炉的特点和使用方法，掌握烧制过程中的温度控制、气氛调节等关键技术，见证自己的作品在窑炉中经过高温烧制后发生的神奇变化。实验室还为学生提供了探索创新的空间，在传统邢窑白瓷制作工艺的基础上，学生可以利用实验室的资源进行创新实践。尝试对原料配方进行改良，探索新的原料组合对瓷器质地、颜色和性能的影响；或者结合现代科技手段，如3D打印技术，对邢窑白瓷的造型进行创新设计，赋予古老的邢窑白瓷新的生命力。这种创新实践不仅能够培养学生的创新能力和实践能力，还能为邢窑白瓷文化的传承与发展注入新的活力。在实践教学过程中，实验室的资源利用与理论教学紧密结合。教师可以根据课程内容，在实验室中进行现场教学，将理论知识直观地展示给学生。在讲解邢窑白瓷的装饰技法时，教师可以在实验室中现场示范戳印、模印、刻花等技法，让学生亲眼观察每种技法的操作过程和效果，然后学生在自己的作品上进行实践操作，加深对理论知识的理解和掌握。实验室还可以作为学生展示和交流作品的平台。学生可以将自己制作的作品在实验室中展示，相互欣赏、评价，分享制作过程中的经验和心得，促进学生之间的学习和交流。[1]

实验室还可以与科研项目相结合，为学生提供参与科研的机会。教师可以带领学生开展与邢窑白瓷相关的科研课题，如研究邢窑白瓷的烧制工艺优化、原料的可持续利用等。通过参与科研项目，学生不仅能够深入了解邢窑白瓷的制作工艺和文化内涵，还能培养自己的科研能力和团队协作精神。

（二）校内艺术场馆资源

校内艺术场馆可以通过举办主题展览的形式，将邢窑白瓷的魅力全方位地展现在学生面前，这些展览不仅是简单地陈列邢窑白瓷作品，而是经过精心策划与设计。展览可以按照邢窑白瓷的发展脉络，从北朝初创时期的质朴雏形，到隋唐鼎盛阶段的精美绝伦，再到宋元时期的传承与演变，系统地呈现其工艺、造型和装饰风格的变化。在展品选择上，涵盖各类典型器物，有造型简洁大方的白瓷碗，展现拉

---

[1] 刘芳 . 设计赋能 多方协同 : 共建非遗美学联合实验室 [J]. 文化月刊 ,2024(S1): 10-11.

坯工艺的精湛；有装饰精美的印花盘，体现模印、印花等装饰技法的高超。通过这样的展览，学生能够直观地感受邢窑白瓷在不同历史时期的艺术特色，深入理解其文化内涵。为了让学生更好地理解邢窑白瓷，艺术场馆可以开展配套的讲解活动。专业的讲解员或教师，用生动易懂的语言，向学生介绍每件展品的特点、背后的历史故事以及所蕴含的文化意义。在讲解过程中，引导学生观察白瓷的胎质、釉色、造型和装饰细节，帮助学生提升审美能力。在讲解邢窑白瓷独特的釉色时，让学生了解其釉色白中泛青的形成原因，以及这种釉色所传达的宁静、典雅的审美意境。还可以邀请专家举办专题讲座，深入剖析邢窑白瓷的艺术成就、制作工艺的科学原理，以及在陶瓷史上的重要地位，拓宽学生的知识面，加深他们对邢窑白瓷文化的认识。

艺术场馆还具备开展实践工作坊的优势。在工作坊中，学生可以在专业教师的指导下，亲身体验邢窑白瓷的制作过程。虽然受条件限制无法完全还原古代的烧制工艺，但学生可以尝试拉坯、印坯等成型方法，感受泥土在手中逐渐成型的乐趣，体会传统手工艺的魅力。在实践过程中，学生能更深刻地理解邢窑白瓷制作的复杂性和精细性，培养动手能力和创新精神。在拉坯实践中，学生通过不断尝试和调整，掌握拉坯的技巧，理解器形与工艺之间的关系，从而对邢窑白瓷的造型艺术有更深入的认识。

除了展览、讲解和实践活动，校内艺术场馆还可以作为学生作品展示的平台。在学习邢窑白瓷文化课程后，学生可以创作与邢窑白瓷相关的作品，如模仿传统器形的陶瓷作品、运用邢窑白瓷装饰元素的绘画作品等。将这些作品在艺术场馆展示，不仅能让学生获得成就感，激发他们的学习积极性，还能在校园内营造浓厚的邢窑白瓷文化氛围，吸引更多学生关注和了解这一地方非遗文化。通过展示和交流，学生之间可以相互学习、相互启发，促进艺术创作水平的提高。艺术场馆的空间和设施也为跨学科教学提供了便利。在邢窑白瓷文化课程中，涉及历史、艺术、化学等多个学科的知识。艺术场馆可以作为跨学科教学的场所，开展综合性的教学活动。结合历史学科，在艺术场馆内举办关于邢窑白瓷历史背景的主题展览，展示相关的历史文献、图片等资料，让学生在欣赏白瓷作品的了解其所处的历史时代；结合化学学科，利用场馆的空间进行简单的实验演示，讲解邢窑白瓷原料的化学组成、烧制过程中的化学反应等知识，帮助学生更好地理解制作工艺的科学原理。

（三）校园文化活动中的邢窑白瓷文化推广

在文化节期间，可围绕邢窑白瓷设置系列活动。开展邢窑白瓷艺术展览，精心挑选各类邢窑白瓷展品，包括不同历史时期的经典器物复制品、现代仿制品以及学生的创意作品等，通过展示这些展品，让学生直观感受邢窑白瓷的造型、装饰和釉色之美。搭配详细的文字介绍和讲解，阐述每件作品的特点、历史背景以及文化内涵，帮助学生更好地理解邢窑白瓷文化。组织邢窑白瓷制作体验活动，邀请专业的陶艺师或对邢窑白瓷制作有深入研究的教师现场指导，让学生亲自参与制作环节。在实践过程中，学生能切实体会到邢窑白瓷制作工艺的精妙，感受到传统手工艺的魅力，激发他们对非遗文化的兴趣。还可以举办相关的讲座和研讨会，邀请专家学者分享邢窑白瓷的历史渊源、艺术特色、制作工艺以及在当代的发展现状等内容，拓宽学生的知识面，加深他们对邢窑白瓷文化的认知。

高校可支持学生成立邢窑白瓷文化社团，为社团提供活动场地、资金支持以及专业指导教师等资源。社团可以定期组织成员开展邢窑白瓷文化的学习与交流活动，如举办读书分享会，共同研读与邢窑白瓷相关的书籍、论文，分享各自的学习心得和体会。组织社团成员参观博物馆、邢窑遗址等地，让学生亲身感受邢窑白瓷的历史氛围和文化底蕴，增强对非遗文化的感性认识。社团还可以与其他社团或组织合作，举办跨文化交流活动，将邢窑白瓷文化与其他文化元素相结合，如将邢窑白瓷的造型和装饰元素融入服装设计、舞台表演等艺术形式中，创造出具有创新性的作品，扩大邢窑白瓷文化的影响力。在校园公共区域，如教学楼、图书馆、校园广场等地设置邢窑白瓷主题的雕塑、壁画等景观作品。这些作品可以展现邢窑白瓷的经典器形、制作工艺场景或装饰纹样，成为校园中的文化标志。在校园环境布置中，运用邢窑白瓷的色彩和图案元素，设计校园文化海报、指示牌、文化长廊等。[1]在校园文化海报中融入邢窑白瓷的釉色和装饰图案，使其既具有宣传功能，又能传播邢窑白瓷文化；在指示牌上运用邢窑白瓷的造型元素进行设计，增添校园的文化气息。还可以在校园的陶艺工作室、艺术展厅等场所，展示邢窑白瓷作品和制作工具，让学生在日常学习和生活中就能接触到邢窑白瓷文化，加深对其的印象。

开展与邢窑白瓷文化相关的竞赛活动，能够激发学生的参与热情和创新精神。举办邢窑白瓷创意设计大赛，鼓励学生发挥想象力和创造力，将邢窑白瓷的文化元素与现代设计理念相结合，设计出具有创新性的产品，如文创产品、家居用品、饰品等。竞赛不仅可以挖掘学生的设计潜力，还能推动邢窑白瓷文化在当代的创新发展。组织邢窑白瓷知识竞赛，以趣味性的竞赛形式，考查学生对邢窑白瓷历史、文化、工艺等方面的知识掌握程度，激发学生主动学习邢窑白瓷文化的积极性。在竞赛过程中，学生通过查阅资料、学习研究，能更深入地了解邢窑白瓷文化，同时竞赛的互动性也能增强学生之间的交流与合作。

[1] 何蕾．“双高”院校传承非遗传统文化的现实困境与实践探索 [J]. 杨凌职业技术学院学报 , 2025, 24 (1): 82-86.

二、校外资源整合

校外资源的整合可以丰富教学内容、拓宽学生视野，邢窑白瓷文化作为地方非物质文化遗产，其传承与发展离不开社会各界的支持与参与。通过整合校外资源，高校可以与博物馆、文化遗址、企业等建立合作关系，为学生提供更为真实、生动的学习场景。邢窑遗址作为重要的文化场所，能够为学生提供直观的历史文化体验；与陶瓷企业的合作则有助于学生了解现代工艺与传统技艺的结合。校外资源的有效整合不仅能够弥补校内资源的不足，还能增强课程的实践性与应用性。

（一）邢窑遗址等文化场所资源

邢窑遗址作为邢窑白瓷文化的重要发源地，承载着历史的厚重记忆。这里留存着古代窑炉的遗迹、大量的瓷器碎片以及制瓷工具等，它们是邢窑白瓷发展历程的实物见证。学生走进邢窑遗址，能直观地看到古代窑炉的结构，感受其规模与布局，了解当时的烧制环境和技术条件。通过观察出土的瓷器碎片，学生可以近距离研究不同时期邢窑白瓷的胎质、釉色和装饰特点，触摸历史的脉络，仿佛穿越时空，亲眼看见邢窑昔日的辉煌。这些珍贵的遗址资源，为学生理解邢窑白瓷的制作工艺演变和艺术风格形成提供了第一手资料，让他们对邢窑白瓷的认知从书本知识上升到实际的历史场景中，极大地丰富了学习体验。

各类博物馆则是邢窑白瓷文化的集中展示窗口。馆内收藏的邢窑白瓷精品，涵盖了不同历史时期、不同类型的器物。从早期古朴的白瓷雏形，到唐代精美绝伦的细白瓷，再到后世各具特色的作品，应有尽有。这些瓷器不仅制作精良，而且背后常有着独特的历史故事和文化内涵。博物馆专业的陈列布局和讲解服务，能引导学生系统地了解邢窑白瓷的发展脉络和艺术成就。博物馆还会不定期举办专题展览、学术讲座等活动，邀请专家学者进行深入解读和研究分享。学生参与这些活动，可以接触最新的研究成果，拓宽学术视野，加深对邢窑白瓷文化的理解。文化场所的专业研究人员拥有深厚的学术背景和丰富的实践经验，在邢窑白瓷的考古发掘、文物修复、历史研究等方面有着深入的见解。高校可以邀请这些专业人员走进校园，举办讲座、开展工作坊，与学生进行面对面的交流和指导。他们能够为学生答疑解惑，分享自己在研究过程中的心得体会，让学生了解邢窑白瓷研究的前沿动态和方法。学生还可以在专业人员的带领下参与考古调查、文物修复等实践活动，亲身体验考古和研究工作的流程，培养实践能力和科学精神。

（二）与企业合作资源

在邢窑白瓷的制作方面，企业的工匠们在长期生产过程中积累了大量实用技巧，从原料的精细筛选，到成型时对力度和手法的精准把握，再到烧制过程中对火候和气氛的微妙控制，这些经验都是在反复实践中总结而来。高校学生通过与企业合作，能够深入生产一线，近距离观察和学习这些宝贵经验，弥补课堂实践教学的不足，将理论知识与实际操作紧密结合，更快地掌握邢窑白瓷制作的精髓。

现代化的陶瓷生产企业配备了先进的制瓷设备，如高精度的原料加工设备、智能化的烧制窑炉等。这些设备不仅能提高生产效率，还能保证产品质量的稳定性。高校借助企业的这些设备，可以让学生接触到行业前沿的技术，了解现代陶瓷制作的发展趋势；也为开展创新型的实践教学项目提供了条件。学生可以在企业技术人员的指导下，利用这些设备进行实验和创作，探索传统邢窑白瓷工艺与现代技术的结合点，培养创新能力。企业活跃于市场前沿，对市场需求有着敏锐的洞察力。高校与企业合作，能够依据市场反馈调整课程内容。当市场对邢窑白瓷文创产品需求增加时，课程可以相应增加文创设计相关的教学内容，培养学生的市场意识和设计能力。企业的销售渠道还能为学生的作品提供展示和销售平台。学生创作的邢窑白瓷作品可以通过企业的线上线下渠道推向市场，这不仅能增强学生的自信心和成就感，还能让学生了解市场对产品的评价，进一步改进自己的创作。此外，企业在品牌推广方面的经验和资源也能助力高校提升邢窑白瓷文化课程的影响力，吸引更多学生和社会关注，为邢窑白瓷文化的传承和发展营造良好的氛围。

（三）产学研合作下邢窑白瓷产业的协同发展

高校拥有丰富的人才资源和浓厚的学术氛围，是知识创新和人才培养的重要阵地。在产学研合作中，高校可为邢窑白瓷产业输送具备专业知识和创新思维的人才。通过开设邢窑白瓷文化相关课程，培养学生在历史文化、艺术设计、制作工艺等方面的能力，让他们深入了解邢窑白瓷的工艺精髓和文化内涵。这些学生毕业后，能够为产业发展提供新鲜血液，无论是从事产品设计、技术研发，还是文化传播，都能发挥重要作用。高校的科研力量还能针对邢窑白瓷产业面临的技术难题展开研究，如原料配方优化、烧制工艺改进等，为产业发展提供技术支持。科研机构在产学研合作中则侧重于对邢窑白瓷工艺技术的深入研究和创新。凭借先进的实验设备和专业的科研团队，科研机构可以对邢窑白瓷的原料、烧制过程等进行科学分析，揭示其中的物理、化学原理，为工艺的改进和创新提供理论依据。通过研究原料的成分和特性，研发出更优质的原料配方，提高白瓷的品质；探索新的烧制技术，提高生产效率，降低生产成本。科研机构的研究成果能够直接应用于企业的生产实践，推动邢窑白瓷产业的技术升级。

企业作为市场主体，具有敏锐的市场洞察力和强大的生产、营销能力。在产学研合作中，企业能将高校和科研机构的研究成果转化为实际产品，推向市场。企业根据市场需求，结合邢窑白瓷的传统特色和现代设计理念，开发出具有市场竞争力的产品。企业还能利用自身的营销渠道，将邢窑白瓷产品推广出去，提高其市场知名度和影响力。企业在生产过程中积累的实践经验，也能反馈给高校和科研机构，为进一步的研究和教学提供参考。

（四）非遗传承人与行业专家的引入

非遗传承人们熟练掌握从原料选取、加工到成型、烧制等一系列传统工艺的精髓，其对邢窑白瓷制作工艺的理解和把握是书本知识难以替代的。在高校课堂上，他们亲自示范拉坯、印坯等成型技法，学生能够近距离观察到匠人如何将一块普通的陶泥，通过细腻的手法逐渐塑造出精美的器物雏形。在装饰环节，传承人展示戳印、刻花、印花等技法，让学生直观感受到这些传统装饰技艺的独特魅力，明白如何通过简单的工具在器物表面创造出富有艺术感的纹样。他们的言传身教，能让学生更深入地理解邢窑白瓷制作工艺的复杂性和精妙之处，掌握传统技艺的核心要点，避免学生在实践过程中走弯路。

他们对邢窑白瓷的历史渊源、文化内涵、艺术特色等进行了系统的研究，能够为学生提供全面且深入的理论知识。专家们凭借其专业的研究成果，解读邢窑白瓷在不同历史时期的发展脉络，分析其与当时社会文化、经济环境的紧密联系，帮助学生构建起完整的知识体系。行业专家熟悉邢窑白瓷在当代的发展现状和面临的挑战，他们能引导学生思考如何在传承传统技艺的基础上进行创新，以适应现代社会的需求。在教学过程中，专家可以分享行业内的最新动态和创新案例，激发学生的创新思维，培养学生解决实际问题的能力。将非遗传承人与行业专家引入高校课程，也为学生提供了与行业接轨的机会。学生通过与他们的交流互动，了解行业的实际需求和发展趋势，有助于明确自己的学习目标和职业方向。这不仅能提高学生的实践能力和创新能力，还能为邢窑白瓷文化的传承与发展培养出更多优秀的后备人才。

三、资源开发与整合的保障机制

邢窑白瓷文化作为地方非遗的典型代表，其课程体系的构建不仅需要依托丰富的文化资源，还需要通过有效的机制将这些资源转化为教学实践的有力支撑。资源开发与整合的保障机制涉及校内外的多方协作，既包括对校内实验室、艺术场馆等硬件设施的充分利用，也涵盖对校外文化遗址、企业合作等资源的深度挖掘。通过建立科学的资源管理机制，能够确保课程资源的合理配置与高效利用，为邢窑白瓷文化课程的可持续发展提供基础。

（一）政策支持与资金保障

政府出台的一系列鼓励非遗传承与高校教育融合的政策，促使高校将邢窑白瓷文化纳入教学体系。教育部门明确要求高校加强对地方文化的教育传承，为高校设置相关课程提供了政策依据，使邢窑白瓷文化课程能够在高校教学计划中占据一席之地。这些政策规定了课程的目标与定位，确保其紧密围绕非遗传承与美育提升的双重任务。在课程设置上，引导高校合理安排理论与实践教学比例，保证学生既能深入学习邢窑白瓷的历史文化、艺术特色等理论知识，又能充分参与制作工艺等实践环节。

政策还鼓励高校与地方政府、非遗保护机构合作，共同开展邢窑白瓷文化研究与教学活动，整合各方资源，形成强大的教育合力。例如，推动高校与邢窑遗址所在地政府合作，组织学生实地考察遗址，让学生亲身感受邢窑白瓷的历史氛围，增强对其文化价值的认知。资金投入用于课程资源开发，包括收集整理邢窑白瓷相关的历史文献、图片、影像资料等，建立丰富的教学资源库，为教师教学和学生学习提供充足素材。购置先进的教学设备也是资金的重要用途之一，在制作工艺教学中，购买专业的陶艺制作设备、烧制窑炉等，让学生能够在良好的实践条件下学习和掌握邢窑白瓷制作技术。资金还支持教师队伍建设，高校可以利用资金邀请非遗传承人和行业专家到校讲学、授课，提高教师的专业水平和教学能力。设立专项奖学金也是资金的合理运用方向，对在邢窑白瓷文化课程学习中表现优秀的学生给予奖励，激发学生的学习积极性和创造力。在资金筹集方面，政府发挥主导作用，设立专项非遗教育资金，直接投入高校邢窑白瓷文化课程建设中。鼓励社会资本参与，通过政策优惠引导企业、基金会等社会力量捐赠资金。高校自身也积极拓宽资金渠道，利用科研项目经费，开展与邢窑白瓷相关的研究，将研究成果转化为教学内容，通过多方努力，确保资金的稳定供应，满足课程建设与实施的各项需求。[1]

（二）资源开发的长效机制

建立稳固的资金保障机制，资金是资源开发的基础，高校可设立专项基金，用于支持邢窑白瓷文化资源的挖掘、整理与研究。部分资金可用于实地考察邢窑遗

---

[1] 张颖，刘成军，吴昊，等．数字经济背景下非遗创新发展与人才培养模式研究 [J]. 现代职业教育，2025(5): 49-52.

址，组织专业团队对遗址进行详细勘查，获取第一手资料，深入了解邢窑白瓷的历史生产环境、工艺痕迹等。还可投入资金用于收集散落民间的邢窑白瓷器物与文献资料，丰富研究素材。

吸引社会资本参与，通过与企业合作，以赞助、投资等形式，为资源开发提供更充足的资金，企业则可借助高校平台，提升品牌文化内涵，实现互利共赢。高校要培养一批既懂邢窑白瓷文化，又熟悉教育教学的专业人才。在相关专业开设专门课程，系统传授邢窑白瓷的历史文化、制作工艺、艺术特色等知识，培养学生对邢窑白瓷的深入理解与研究能力。邀请非遗传承人与行业专家进校开展讲座、工作坊，以实践经验指导学生，提升学生的实践操作技能。这些方式，为资源开发源源不断地输送专业人才。鼓励教师开展邢窑白瓷相关的科研项目，提高教师的研究水平，进而为资源开发提供更专业的智力支持。高校应设立专门机构或团队，负责收集、整理新的研究成果、工艺创新以及市场动态等信息，及时将其融入课程资源中。当有新的邢窑遗址被发现，或者研究出更节能环保的烧制工艺时，高校应迅速将这些信息纳入教学内容。搭建资源共享平台，促进高校之间、高校与社会机构之间的资源交流。各高校可在平台上分享各自开发的课程资源、教学案例、研究论文等，实现资源的最大化利用，避免重复开发，提高资源开发效率。

高校要制定一系列有利于邢窑白瓷文化资源开发的政策，如在职称评定、绩效考核等方面，对积极参与资源开发的教师给予倾斜，提高教师的积极性。政府部门也应出台相关政策，鼓励高校开展地方非遗文化课程建设，给予一定的政策优惠和资金扶持，营造良好的政策环境，推动邢窑白瓷文化资源开发工作持续稳定开展。

（三）资源整合的协同机制

校内拥有丰富的教学资源，如专业的艺术与历史教师团队，他们具备深厚的理论知识，能够从学术角度剖析邢窑白瓷的历史文化背景、艺术特色以及相关美学原理。实验室则为学生提供了实践操作的场地，可用于开展邢窑白瓷制作工艺的模拟实验，让学生亲身体验原料加工、成型与烧制等流程。校内艺术场馆能够举办邢窑白瓷专题展览，展示珍贵藏品与学生优秀作品，营造浓厚的文化氛围。校外的邢窑遗址、博物馆等地，保存着大量邢窑白瓷的实物资料与历史遗迹，是开展实地教学的绝佳场所。非遗传承人与行业专家掌握着一手的实践经验和前沿行业信息，他们的加入能为教学注入鲜活内容。企业则拥有成熟的生产工艺、市场渠道以及创新研发能力。

与邢窑遗址、博物馆合作，定期组织学生实地参观学习，安排专业讲解员结合实物与遗迹，详细讲解邢窑白瓷的发展历程和工艺特点。邀请非遗传承人与行业专家走进校园，举办讲座、开展工作坊，与校内教师共同指导学生实践，促进理论与实践的深度融合。高校教师也可前往校外机构交流学习，提升自身实践能力，更新教学内容。高校与企业的合作同样重要，企业为学生提供实习岗位，让学生在真实的生产环境中锻炼实践能力，了解市场需求。高校则利用自身科研与人才优势，为企业提供创意设计、技术研发等支持，助力企业创新发展。比如，针对企业在邢窑白瓷新产品研发中遇到的技术难题，高校组织相关专业教师与学生团队进行联合攻关，将研究成果应用于企业生产，实现产学研的协同创新。校内教师可在平台上分享教学经验与研究心得，校外机构发布最新考古发现、行业发展趋势等信息。学生也能通过平台获取学习资料、了解实习与实践机会。各方通过信息平台及时沟通交流，根据实际需求调整合作策略与教学内容，确保资源整合的协同始终围绕地方非遗传承与高校美育目标有序推进。

·第五章·

邢窑白瓷文化课程的教学方法创新

在高校美育课程中，教学方法的创新可以提升学生学习兴趣，增强文化传承效果。邢窑白瓷文化作为地方非物质文化遗产的重要组成部分，其独特的工艺技术和深厚的文化底蕴为教学方法的创新提供了丰富的素材和广阔的空间。如何通过多样化的教学方法，将邢窑白瓷文化的技艺传承与文化理解有机结合，成为课程设计中的重要课题。通过引入体验式教学、项目驱动式教学以及跨学科融合教学等创新方法，教师不仅能够让学生在实践中感受非遗文化的魅力，还能培养他们的动手能力、团队协作能力以及跨学科思维能力。

第一节　体验式教学法的应用

体验式教学法作为一种以学生为中心的教学方式，强调通过实践与体验来促进知识的理解和内化。在地方非遗融入高校美育的过程中，体验式教学法能够为学生提供直观、生动的文化体验，使其在亲身参与中感受非遗文化的独特魅力。邢窑白瓷文化作为地方非遗的重要组成部分，其工艺技术与艺术特色具有极强的实践性，非常适合通过体验式教学法进行传授。通过模拟邢窑生产场景、参与白瓷制作流程等实践活动，学生不仅能够加深对邢窑白瓷文化的理解，还能在实践中培养动手能力与创新思维。

一、情境创设

情境创设可以帮助学生更好地理解和感受邢窑白瓷文化的独特魅力，在邢窑白瓷文化课程中，情境创设可以通过多种方式实现。例如，利用多媒体技术还原古代邢窑的生产场景，或通过实物展示和互动体验让学生近距离接触白瓷的制作工艺。这种沉浸式的学习环境不仅能够激发学生的学习兴趣，还能增强他们对传统文化的感性认知。

（一）模拟邢窑生产场景

通过还原古代窑炉、工具和工艺流程，学生能够在仿真的环境中亲身体验白瓷的制作过程，从而增强对传统技艺的感性认知。这种沉浸式的学习方式不仅能够激发学生的学习兴趣，还能培养他们的动手能力和文化传承意识。

1. 生产场景的布局与设施还原

模拟的邢窑生产场景布局遵循古代窑场规制，在窑场入口处，设置一处展示区，摆放着不同时期邢窑白瓷的代表性器物复制品，旁边立有详细介绍其特点与历史背景的展板，学生踏入窑场便能对邢窑白瓷有初步的感性认识。往里走，是原料加工区，依据历史记载，此处布局有序。原料堆放区将红砂岩、高岭土等不同原料分类存放，地面采用防潮设计，确保原料品质不受影响。粉碎区域配备石碾等传统粉碎工具，还原古代工匠将原料碾碎成粉末的场景，旁边设有小型水槽，用于淘洗原料，去除杂质，沉淀出细腻的泥料。成型区紧邻原料加工区，便于泥料运输，这里摆放着多个陶轮，每个陶轮旁配备拉坯工具，如修坯刀、割线等。成型区的一侧设有印坯模具存放架，陈列着各类用于印坯的模具，模具上的花纹清晰可见，均参考出土文物复制而成。为了让学生更好地理解成型工艺，在该区域还设置了一个示范台，台上摆放着已成型的坯体，展示从简单碗碟到复杂瓶罐的不同器型，旁边有文字说明成型过程中的关键步骤与技巧。还原古代的馒头窑，窑体以青砖砌成，外观呈半圆形，顶部微微隆起，形似馒头。窑门大小适中，方便装窑与出窑操作。窑内空间按照功能划分为不同区域，靠近窑门处为预热区，往里是高温烧制区，再到后端为保温区。窑顶设有多个观火孔，学生可通过观火孔观察窑内火候与状态。

在窑的旁边，配备了柴薪堆放区，堆放着适合烧制邢窑白瓷的优质木材，让学生了解古代以柴薪为燃料的烧制方式。在场景中还设有工具存放区，整齐摆放着各类工具，如搅拌泥料的木棒、绘制装饰图案的毛笔等，工具表面的磨损痕迹，仿佛在诉说着曾经的故事。休息区则布置在相对安静的角落，摆放着古朴的桌椅，供“工匠们”在劳作间隙稍作休息。

2. 角色设定与任务分配细节

学生可分别扮演邢窑生产中的不同角色，涵盖从原料开采到成品烧制的各个环节。部分学生充当“原料采集工”，其任务聚焦于模拟原料的获取。他们需“前往”设定的原料采集区域，依据对邢窑白瓷原料特性的了解，“挑选”合适的黏土、矿石等原料。在这一过程中，要思考古代原料采集的地点选择、采集工具的使用，以及如何判断原料质量优劣，为后续制作环节提供优质材料。

这些学生要将采集来的原料进行加工处理，模拟筛选、粉碎、淘洗、陈腐等工序。通过亲手操作简单工具，学生感受古代工匠在原料加工时的艰辛与技艺。他们需严格把控加工流程，因为原料加工的精细程度直接影响后续白瓷制作的质量。比如，黏土的淘洗要去除杂质，保证其细腻度，为成型工艺奠定基础。学生可选择拉坯、印坯、注浆等不同成型方式。拉坯者需在陶轮转动时，凭借双手的力量与技巧，将坯料逐渐拉成所需形状，如碗、盘、瓶等。这要求他们集中精力，控制好力度和速度，体会成型工艺对器物形态塑造的重要性。印坯的学生则要利用模具，将坯料印制成特定形状，注重模具的使用方法和坯体脱模的技巧。“装饰工匠”角色运用刻花、划花、印花、彩绘等装饰技法，在坯体表面创作图案。刻花者手持刻刀，小心翼翼地在坯体上刻出线条和图案，需掌握刻刀的力度和角度，使图案清晰、美观。印花的学生则要挑选合适的印花模具，精准地将图案印制在坯体上，保证图案的完整性和清晰度。彩绘的学生需调配颜料，根据邢窑白瓷的传统装饰风格，在坯体上绘制精美的图案，考虑色彩搭配与图案布局。

“烧制工匠”是整个生产流程的最后把关者，他们要模拟装窑、烧制、出窑的过程。在装窑时，需依据器物的大小、形状合理摆放，确保烧制过程中受热均匀。烧制过程中，要密切关注火候和窑温变化，根据邢窑白瓷的烧制要求，适时调整火候。在出窑时，要小心谨慎，避免器物受损。原料采集工要为原料加工工匠提供优质原料，成型工匠需根据装饰工匠的设计需求制作坯体，烧制工匠则要保证之前工序的成果在烧制过程中完美呈现。

3. 场景互动环节的设计与实施

进入模拟场景，学生面临角色分配，一部分学生扮演经验丰富的工匠师傅，他们负责指导其他“学徒”进行生产操作。角色分配完毕，随即开启原料开采互动环节。模拟的原料场地中，学生手持简单工具，模拟挖掘制作邢窑白瓷所需的黏土原料。在挖掘过程中，“工匠师傅”会向“学徒”讲解原料的特征、适宜开采的地点及开采技巧，让学生了解原料获取的不易与关键要点。[1]

原料开采结束，进入运输与筛选阶段，学生分组合作，利用简易运输工具将“开采”来的原料搬运至筛选区域。在这里，通过互动演示，“工匠师傅”向“学徒”传授传统的筛选方法，如利用筛网分离杂质、凭借手感判断原料细腻。“工匠师傅”现场示范拉坯、印坯等成型技法，学生围聚四周，仔细观察每一个动作细节。随后，“学徒”们亲自动手尝试，在实践中掌握拉坯时手部力度的控制、印坯时模具的使用技巧等。“工匠师傅”穿梭其中，及时给予指导与纠正，帮助学生逐步提升成型技能。学生可选择刻花、划花、印花等装饰技法进行尝试。现场提供各类装饰工具，“工匠师傅”讲解不同技法的操作要领与艺术效果后，学生开始在坯

[1] 范亦萍，杭玥．传统文化与学科融合主题实践活动：艺影古韵传“非遗”[J]. 少儿国学，2025 (4): 46-48.

体上施展创意。在创作过程中，学生相互交流、借鉴，分享自己的设计思路与装饰技巧，共同营造出浓厚的艺术创作氛围。烧制环节虽然无法在模拟场景中完整呈现实际烧制过程，但通过互动讲解，学生能了解烧制的基本原理、窑炉结构以及火候控制的重要性，“工匠师傅”会展示古代烧制工具的模型，讲解如何根据火焰颜色判断火候，让学生对烧制环节有直观认识。在整个场景互动过程中，教师作为引导者与协调者参与其中，教师适时提出问题，引导学生思考每个生产环节背后的文化内涵与工艺原理，如为什么某种装饰技法在特定时期流行、不同成型方法对瓷器造型有何影响等。教师及时协调解决学生在互动中遇到的问题，确保互动活动顺利进行。

（二）运用多媒体资源营造氛围

通过影像资料的筛选与剪辑、音效设计、虚拟现实技术的融入等多种形式的结合，学生可以更加直观地感受邢窑白瓷的制作工艺、艺术特色及其背后的文化内涵。

1.影像资料的筛选与剪辑要点

为契合邢窑白瓷文化课程，影像资料筛选需紧密围绕教学目标，让学生了解邢窑白瓷的历史，就应挑选能清晰呈现从北朝起源至后世发展历程的影像，如记录古窑址考古发掘过程的资料，能直观展示不同时期邢窑白瓷的出土器物及地层关系，帮助学生构建起邢窑白瓷发展的时间脉络。若聚焦于制作工艺教学，就要筛选详细展现原料采集、加工，成型、装饰到烧制全过程的影像。例如，展示匠人熟练拉坯动作、精准刻花操作的片段，能让学生对工艺细节有清晰认知。要注重影像资料的权威性与准确性，优先选择来自专业考古团队、博物馆或资深研究机构发布的内容，避免传播错误信息。

对于展现邢窑白瓷历史的影像，可采用舒缓节奏，在呈现重要历史节点和文物时适当停顿，给予学生思考与观察时间。比如，在介绍唐代邢窑白瓷鼎盛时期的代表器物时，画面停留几秒，让学生充分感受其造型与装饰之美。而在制作工艺展示部分，可根据工艺操作的复杂程度调整节奏。如原料加工等相对基础且耗时较长的环节，可适当加快剪辑速度，去除冗余画面；对于拉坯、烧制等关键且需学生仔细观察的环节，则放慢节奏，完整呈现每一个动作与变化。将不同来源、不同片段的影像合理拼接，使学生能顺畅理解知识。比如，在讲解邢窑白瓷装饰工艺时，先剪辑一段介绍装饰技法分类的影像，接着依次拼接刻花、划花、印花等具体操作的片段，每个片段之间过渡自然，通过添加简洁字幕或淡入淡出效果，引导学生从整体认知过渡到细节学习。并且，要突出重点内容，对于邢窑白瓷独特的艺术特色，如细腻的白瓷质感、精美的装饰纹样，通过特写镜头和慢放效果进行强调，让学生能捕捉到这些关键元素。

解说词要简洁明了、专业准确，对画面内容进行补充说明，帮助学生理解。背景音乐的选择要契合氛围，在展现邢窑白瓷历史沧桑感时，可选用古朴悠扬的古典音乐；在工艺制作环节，选择节奏明快的音乐，增强学生的代入感。

2. 音效设计对氛围营造的作用

在历史文化的呈现中，音效能够精准地还原时代氛围，当展示邢窑白瓷起源于北朝时期的影像资料时，搭配古朴而略带沧桑感的音效。比如，悠远的编钟声，能将学生带回到那个动荡却充满变革的时代，让他们深切感受到邢窑初创时的艰辛与探索。到了唐代，邢窑白瓷迎来鼎盛，此时欢快、洪大的宫廷雅乐般音效响起，象征着大唐盛世的繁荣昌盛，也暗示着邢窑白瓷在这一时期的辉煌成就，使学生更好地理解邢窑白瓷与时代背景的紧密联系。在原料加工阶段，捣泥的沉闷声响、研磨的沙沙声，让学生仿佛置身于古代窑厂的作坊之中，真切体会到工匠们为获取优质原料所付出的努力。在成型工艺中，拉坯时陶轮飞速转动的呼吁声，配合工匠双手与陶土摩挲的细微声响，生动地展现出拉坯工艺的技巧与节奏感。而在烧制环节，窑火熊熊燃烧的猎猎声，以及瓷器在高温下发生微妙变化时偶尔传出的清脆声响，都能紧紧抓住学生的注意力，使他们对烧制过程的神奇与关键有更深刻的认识。当呈现白瓷那温润如玉的质感时，轻柔、空灵的音效，恰似山间清泉流淌，突出其纯净、高雅的特质。在展示精美的装饰纹样时，若纹样线条流畅灵动，可搭配节奏明快、富有韵律的音效，增强视觉与听觉的双重美感；若纹样风格古朴厚重，则选择沉稳、低沉的音效与之呼应，进一步凸显其文化底蕴。[1]

在课程讲解过程中，适时加入一些提示音效，如清脆的鸟鸣声表示重要知识点的出现，可吸引学生的注意力，强化他们的记忆。当学生参与虚拟体验或模拟场景时，周围环境音效的加入，如窑厂嘈杂的劳作声、集市上人们对邢窑白瓷的夸赞声等，能够让学生更好地融入其中，全身心地感受邢窑白瓷文化在不同场景下的魅力。

3. 虚拟现实技术的融入与应用

通过虚拟现实技术，可打造高度还原的邢窑历史场景，学生戴上虚拟现实设备，瞬间便能穿越时空，置身于古代邢窑窑厂。他们能看到窑工们忙碌的身影，有的在精心挑选原料，有的在熟练地拉坯成型，还有的在把控火候烧制瓷器。窑厂内热气腾腾，熊熊的炉火照亮了整个空间，空气中弥漫着泥土和烟火的气息。这种逼真的场景让学生仿佛亲身经历邢窑白瓷的生产过程，对其制作流程有了直观且深刻的认识。学生可以通过 VR 设备，360 度全方位观察精美的邢窑白瓷器物。从洁白

[1]　王媛 . 非物质文化遗产的文化认同问题研究 [M]. 上海 : 上海交通大学出版社 , 2021(3): 170.

细腻的胎质，到温润如玉的釉色，再到精致繁复的装饰纹样，每一处细节都能清晰呈现。学生能够近距离欣赏瓷器上的刻花工艺，观察刻刀留下的细腻线条，感受工匠们的精湛技艺。还能从不同角度欣赏白瓷的造型，体会其设计的精妙之处，无论是简洁大方的实用器形，还是造型独特的艺术珍品，都能给学生带来强烈的视觉冲击。在讲解邢窑白瓷发展历史时，VR技术可以构建动态的历史演进场景，学生能够看到邢窑从北朝初创时期的简陋窑厂，逐步发展壮大，到唐代成为名满天下的制瓷中心的过程。不同历史时期的邢窑窑厂规模、生产工艺、产品特点等都一一呈现，让学生清晰地了解邢窑白瓷在历史长河中的发展脉络。结合相关的历史故事和文化背景介绍，以语音或文字的形式在VR场景中展示，使学生在沉浸式体验中加深对邢窑白瓷文化内涵的理解。

VR技术还能用于模拟一些难以实地参观的场景，如邢窑遗址的地下发掘现场。学生通过VR设备，仿佛置身于考古发掘现场，亲眼看见考古工作者小心翼翼地清理文物，了解邢窑白瓷文物出土的过程，以及遗址对于研究邢窑历史的重要意义。这种独特的体验方式，激发了学生对邢窑白瓷文化的探索兴趣和研究热情。在课程实践环节，学生可以利用VR技术进行虚拟的邢窑白瓷制作尝试，在虚拟环境中，学生按照制作流程，从原料的处理开始，一步步进行拉坯、装饰、烧制等操作。系统会根据学生的操作给出实时反馈和指导，帮助学生纠正错误，掌握制作技巧。这不仅提高了学生的参与度和学习积极性，还降低了实际操作的成本和风险。

（三）打造沉浸式文化空间

通过营造具有浓厚文化氛围的学习环境，学生能够身临其境地感受邢窑白瓷文化的独特魅力。沉浸式文化空间包括空间的主题设计与装饰元素、互动装置的设置与体验引导、空间使用的时间安排与管理。

1.空间的主题设计与装饰元素

踏入该空间，首先映入眼帘的是以邢窑白瓷发展历程为线索的主题分区。从北朝初创时期，以简单质朴的场景布置展现早期白瓷诞生的雏形，粗糙但充满原始创造力的坯体模型，搭配简洁的文字介绍当时的社会背景与制瓷技术萌芽，让学生仿佛置身于那个探索白瓷烧制的古老年代。脚步深入隋唐鼎盛区域，空间氛围瞬间变得华丽而大气。以唐代宫廷风格为蓝本设计的展示架，摆放着精美的仿唐邢窑白瓷，再现其“类银似雪”的卓越风姿。展示架旁设置多媒体展示区，循环播放关于唐代邢窑白瓷生产规模、对外贸易等方面的影像资料，从多个角度诠释这一时期邢窑白瓷的辉煌成就。而在宋元及后世传承区，主题设计侧重于展现邢窑白瓷技艺在不同时代的传承与演变，展示柜中陈列着具有时代特色的白瓷制品，或在工艺上有所创新，或在造型上融入新元素，搭配传承故事的介绍，让学生深刻体会邢窑白瓷文化的延续性。地面采用仿邢窑白瓷质地的瓷砖铺设，其洁白的色泽与细腻的质感，给人以纯净高雅的视觉感受，仿佛行走在一片白瓷的世界中。墙壁上，大幅的壁画描绘着古代邢窑窑厂的生产场景，工匠们忙碌的身影、熊熊燃烧的窑火以及堆积如山的白瓷半成品，生动地还原了当年的生产盛况。壁画之间，穿插着以邢窑白瓷装饰纹样为灵感设计的装饰板，如花鸟纹、几何纹等，通过现代工艺进行放大与艺术化处理，既保留了传统纹样的韵味，又增添了空间的艺术氛围。

在天花板上，悬挂着以邢窑白瓷造型为原型设计的灯具，如玉璧底碗造型的吊灯、执壶造型的壁灯等，灯光透过半透明的灯罩散发出来，柔和而明亮，为整个空间营造出温馨而富有文化气息的照明效果。在空间中还摆放着一些大型的邢窑白瓷艺术装置，如用白瓷碎片拼接而成的艺术雕塑，以独特的形式展现邢窑白瓷的艺术魅力，成为空间中的视觉焦点。

2.互动装置的设置与体验引导

我们可从邢窑白瓷的制作工艺出发，构建一套虚拟制作工艺互动装置，学生能通过触摸屏幕或操作手柄，模拟完成从原料开采、粉碎、淘洗，到拉坯、装饰、烧制等一系列流程。在模拟拉坯环节，学生可凭借操作杆控制虚拟陶轮的转速，通过调整力度和角度塑造不同器型，屏幕实时反馈操作效果，呈现出逼真的拉坯动态过程。

这种互动方式让学生直观感受拉坯工艺的难度与技巧，明白工匠在实际操作中对力度、速度的精准把控。在装饰环节，学生可选择不同的虚拟装饰工具，如刻刀、印花模具等，在虚拟坯体上进行装饰创作，装置能即时展示装饰效果，使学生体会邢窑白瓷装饰艺术的多样性与精妙之处。为引导学生深入体验，可在互动装置旁设置详细的文字说明与语音讲解，文字说明涵盖工艺原理、历史演变以及相关文化背景知识，帮助学生在操作过程中理解每个步骤背后的意义。语音讲解则由专业人员录制，以生动的语言介绍工艺要点、文化典故等内容，增强学生的代入感。安排现场指导人员，在学生操作时给予实时反馈与建议。当学生在模拟烧制环节因温度、气氛设置不当导致“烧制失败”时，指导人员能及时指出问题所在，讲解正确的烧制参数设置以及温度、气氛对瓷器品质的影响，加深学生对烧制工艺的理解。[1]互动装置还可围绕邢窑白瓷的历史文化知识设计，开发一款知识问答互动游戏装置，题目涉及邢窑白瓷的发展历程、代表器物、文化价值等方面。学生通过操作装置选择答案，若回答正确，装置会展示相关知识点的详细解读以及对应的邢窑白瓷图片或视频资料，进一步丰富学生的知识储备；若回答错误，装置则会给出正确答案并解释原因，强化学生记忆。

[1] 杨翠碧. 非物质文化遗产透视与数字化保护研究 [M]. 昆明：云南人民出版社, 2023(10): 174.

3.空间使用的时间安排与管理

在时间安排上，要充分考虑高校教学日程与学生的学习节奏。可将空间开放时间与相关课程教学时段紧密配合。例如，在开设邢窑白瓷文化课程期间，确保空间在课程前后及课余时间开放，方便学生在理论学习后能及时进入空间，深化对知识的理解与体验。如上午有邢窑白瓷艺术特色的理论课程，下午空间便开放，学生可在此对照实物，进一步感悟课堂上所讲的造型、装饰等艺术特点。

设置分层使用时间。对于低年级通识教育学生，在固定时段集中开放，组织集体参观与基础体验活动，如简单的白瓷手工制作体验，让他们初步了解邢窑文化魅力；而对于艺术设计、考古等相关专业高年级学生，则提供灵活的预约使用时间，方便他们开展深入研究与创作实践。他们需要长时间在此进行白瓷造型的创新设计，或是对文化空间内的文物资料进行细致研究，灵活的时间安排能满足其个性化需求。明确进入空间的行为规范，如保持安静、禁止触摸展品等，确保空间内的文化氛围与文物安全。安排专业的引导人员，在空间开放时间内值守，为学生提供讲解服务，解答学生疑问，引导学生正确体验空间内的各项内容。利用信息化手段，如线上预约系统，方便学生提前规划使用时间，也便于管理人员统计空间使用情况，根据学生预约热度，合理调整开放时间与资源配置。定期对空间进行维护与更新，在闭馆时段开展展品清洁、设备维护等工作，根据教学反馈与研究进展，适时更新展示内容，如增加新发现的邢窑白瓷研究成果展示，使文化空间始终保持吸引力与新鲜感，让学生在每一次进入空间时，都能获得全新且优质的沉浸式体验。

二、实践体验活动设计

通过实践体验，学生不仅能够直观感受非遗文化的独特魅力，还能在动手操作中深化对传统技艺的理解与掌握，设计科学合理的实践体验活动，能够有效激发学习兴趣，培养动手能力和创新思维。在实践活动中，学生可以亲身参与白瓷的制作流程，从原料选取到成型烧制，逐步体验传统工艺的每一个环节。结合实地考察与调研活动，学生能够更深入地了解邢窑白瓷的历史背景与文化意义，从而在实践过程中实现知识与情感的深度融合。这种以实践为导向的教学方式，有助于提升学生的审美素养，还能传承与弘扬地方非遗文化。

（一）参与邢窑白瓷制作流程

通过让学生亲身参与白瓷的制作过程，从原料选取到成型、烧制，再到最后的装饰，学生能够在动手实践中感受传统工艺的精妙，领悟其中蕴含的审美价值与文化精神。

1.原料准备阶段的实践操作

学生首先接触的是邢窑白瓷制作所需的各类原料，邢窑白瓷的原料主要取自当地特定的黏土矿，其质地细腻、含铁量低，是烧制出洁白瓷器的关键。学生在专业人员的指导下，亲手挑选这些黏土原料，通过观察和触摸，感受不同质地黏土的差异。他们学习如何辨别黏土的优劣，了解优质黏土应具备的色泽、手感等特征，这不仅锻炼了学生的感知能力，还让他们对原料的选择有了直观认识。

挑选好黏土后，便进入原料加工环节，传统的原料加工方法蕴含着古人的智慧，学生亲身参与其中，体验传统工艺的魅力。他们将黏土放入石臼中，挥动杵棒反复舂捣，这个过程不仅考验学生的体力，更需要掌握一定的力度和节奏。舂捣的进行，黏土逐渐变得更加细腻均匀。在舂捣过程中，学生能真切感受黏土质地的变化，体会传统工艺对原料精细度的严格要求。舂捣后的黏土还需经过筛选，去除其中的杂质和颗粒较大的部分。学生使用不同目数的筛网，将黏土进行多次筛选，确保最终得到的黏土细腻度符合制作要求。这一过程让学生明白，即使是看似简单的筛选环节，对邢窑白瓷的品质也有着至关重要的影响。每一次筛选，都是为了让原料更加纯净，为后续制作奠定良好基础。筛选后的黏土要进行陈腐处理。学生将黏土放入特定的容器中，密封保存一段时间。在陈腐过程中，黏土中的水分会更加均匀分布，其可塑性和黏性也会得到提升。学生通过观察陈腐前后黏土的变化，了解陈腐对原料性能的改善作用。这一环节虽然看似简单，但是传统工艺中不可或缺的一部分，它让学生认识到时间在邢窑白瓷制作中的独特价值。

2.成型工艺的分步实践指导

拉坯环节，在专业教师的指导下，学生坐在拉坯机前，双手微微蘸水，保持坯料的湿润度。教师会细致讲解拉坯机的操作要点，让学生缓慢启动机器，使坯料转盘平稳转动。接着，学生需将双手的大拇指并拢，轻轻按压在坯料中心，通过均匀用力，将坯料向下压出一个凹坑，它决定了器物底部的深度与形状。转盘的持续转动，学生的双手逐渐向外侧移动，同时微微向上提拉，通过控制手部的力度与角度，使坯料在旋转中慢慢升高，器壁也随之逐渐变薄。在这个过程中，教师会不断提醒学生保持注意力集中，时刻观察坯体的形状与厚度，确保坯体各部分均匀一致。

教师会提前准备好各类邢窑白瓷经典器型的模具，引导学生挑选心仪的模具。学生先在模具内均匀涂抹一层脱模剂，以方便成型后的坯体顺利脱出。将经过处理的坯料揉成合适大小的泥团，用力按压进模具内，确保坯料填满模具的每一处细节。在按压过程中，教师会教导学生注意感受坯料与模具的贴合程度，通过轻轻拍打模具外壁，使坯料更加紧实，同时也能让模具内的纹饰清晰地印刻在坯体上。待坯料完全填满模具且压实后，学生需小心地将模具放置一旁，等待坯体初步干燥、定型。教师会向学生展示手捏成型的基本手法，如搓、揉、捏、压等。学生从一小块坯料开始，运用这些手法，逐步塑造出想要的形状。可以先从简单的几何形状入手，如圆柱体、球体，熟练掌握后，再尝试组合不同形状，创造出独特的造型。在这个过程中，教师会在旁观察，适时给予学生鼓励与建议，帮助学生解决遇到的问题，如坯体开裂、形状不对称等。教师还会引导学生从邢窑白瓷的传统造型中汲取灵感，将古朴的韵味融入自己的手捏作品。

在整个成型工艺的分步实践过程中，教师不仅关注学生对操作技巧的掌握，还注重培养学生对邢窑白瓷文化的理解与感悟。每一个步骤，教师都会讲解其背后的历史渊源与文化内涵，让学生明白这些成型工艺是邢窑工匠们智慧的结晶，历经千年传承至今。

3.烧制环节的观摩与辅助参与

窑炉结构复杂且蕴含着古人的智慧，学生在专业人员或非遗传承人的带领下，仔细观察窑炉的构造，了解不同部位在烧制过程中的作用。从窑门的开合方式，到内部空间的布局，每一个细节都关乎着烧制的成败。他们会看到窑炉内摆放坯体的讲究，坯体之间的间距、层次，都需要精准把控，以确保在烧制过程中热量能够均匀传递，避免坯体因受热不均而出现变形或开裂等问题。点火仪式的进行，学生亲眼看见熊熊烈火在窑炉内燃烧，温度逐渐升高。在这个过程中，他们能直观感受到烧制过程的复杂性和不确定性。温度的变化对邢窑白瓷的最终效果起着决定性作用，过高或过低的温度都导致产品质量出现问题。学生认真聆听专业人员讲解烧制过程中的温度曲线，了解何时需要升温、何时需要保温、何时需要降温，以及这些温度变化对坯体的物理和化学变化产生的影响。他们会明白，邢窑白瓷独特的釉色和质地，正是在这一系列精准的温度控制下形成的。在烧制过程中，学生还可以参与一些力所能及的辅助工作。比如，协助观察窑炉的通风情况，通过调节通风口的大小，控制氧气的进入量，从而影响燃烧的速度和温度。[1]

学生也可以参与记录烧制过程中的各项数据，如时间、温度等，当经过漫长的烧制过程，窑炉逐渐冷却后，学生怀着紧张又兴奋的心情等待开窑。开窑的那一刻，仿佛是一场充满惊喜的仪式。他们看到自己的作品经过高温烧制后，发生了神奇的变化，有的坯体变成了洁白如玉的白瓷，有的则呈现出独特的色泽和纹理。这种亲眼见证作品蜕变的过程，让学生深刻体会邢窑白瓷制作工艺的魅力和不易。

（二）开展实地考察与调研活动

学生前往邢窑遗址，站在历经岁月沧桑的窑址之上，能直观看到窑炉的残垣断

[1] 鲁晓珂，李伟东，罗宏杰，等．邢窑的科学研究 [J]. 中国科学：技术科学，2012, 42 (10): 1204-1221.

壁、堆积如山的瓷片，触摸古老的窑具，真切感受邢窑昔日的繁盛。遗址现场，专业考古人员或研究学者的讲解，让学生知晓不同窑炉的功能差异，明白其在不同历史时期的改进与创新，理解邢窑白瓷制作工艺时代变迁的发展脉络。在邢窑博物馆，丰富的馆藏白瓷精品有序陈列，从早期质朴的白瓷雏形，到唐代精美绝伦的巅峰之作，学生能近距离观察白瓷的造型、装饰细节，通过博物馆内的多媒体展示与文字介绍，深入了解每一件器物背后的历史文化背景、制作工艺特点，以及它们在当时社会生活中的角色与意义。教师提前布置预习任务，引导学生查阅邢窑相关资料，了解考察地点的基本信息，明确考察目的与重点，让学生带着问题去观察、去思考。在活动过程中，教师适时引导学生进行记录，鼓励他们通过拍照、绘图、笔记等方式，收集有价值的信息。在观察窑址时，记录窑炉结构的关键特征；在博物馆参观时，记录白瓷独特的装饰纹样与造型特点。组织学生分组讨论，分享各自的观察发现与疑惑，促进思维碰撞，激发探索欲望。

考察与调研结束后，学生需要对收集到的资料进行整理与分析，撰写考察报告。在报告中，学生运用所学知识，结合实地所见所闻，深入探讨邢窑白瓷文化的某一主题，如工艺传承与演变、艺术特色形成原因等，将感性认识上升为理性认知。教师对学生的报告进行点评与指导，帮助学生完善观点，提升研究能力。

（三）举办文化体验主题活动

活动选址在校园内的展示空间，这里空间开阔，便于进行多样化的展示与互动设置。进入场地，映入眼帘的是精心布置的邢窑白瓷历史长廊。长廊两侧展板以时间为轴，从北朝邢窑初创讲起，详细介绍各时期邢窑白瓷的发展特点，搭配上复刻的珍贵邢窑白瓷器物以及古窑址照片，让学生仿佛穿越时空，直观感受到邢窑白瓷的历史变迁。在制作工艺体验区，邀请到当地资深的邢窑白瓷非遗传承人现场指导。传承人亲自示范拉坯技巧，双手熟练地在陶轮上操作，将一块普通的陶泥逐渐塑造成精美的器形，引得学生纷纷上手尝试。在装饰技艺体验区，学生可以使用刻刀、印模等工具，在坯体上尝试戳印、刻花等传统装饰技法，体验将简单坯体变为艺术作品的奇妙过程。通过设置趣味问答环节，题目涵盖邢窑白瓷的历史典故、工艺知识、艺术特色等方面，激发学生主动学习的热情。答对问题的学生可获得带有邢窑白瓷元素的精美纪念品，如定制书签、钥匙扣等。还安排了专家讲座，专家深入剖析邢窑白瓷在古代社会的文化地位、与当时社会生活的紧密联系以及其蕴含的独特美学价值，从理论层面加深学生对邢窑白瓷文化的认知。

为了增强活动的吸引力与参与度，在活动宣传推广方面，提前通过校园广播、校内宣传栏、班级群等渠道发布活动信息，展示活动亮点与预告部分体验项目，引发学生的好奇心与参与欲望。活动当天，安排学生志愿者在校园内引导，确保活动有序进行。活动结束后，组织学生填写反馈问卷，收集他们对活动内容、组织形式等方面的意见与建议，以便后续改进与优化。

三、体验反馈与评价

体验式教学法能够有效激发学生的学习兴趣与参与感。通过情境创设和实践体验活动，学生能够深入感受邢窑白瓷文化的独特魅力，并在实际操作中提升审美感知与艺术表现能力。体验式教学的效果不仅依赖活动的设计与实施，更需要对学生的体验反馈进行科学评价与总结。体验反馈与评价环节能够帮助教师了解学生的学习效果，还能为课程的优化提供依据。通过学生的体验心得分享、学习成果评估等方式，教师可以及时调整教学策略，确保学生在体验中获得深刻的文化认知与技能提升。

（一）学生体验心得分享

有的学生谈及在模拟邢窑生产场景中，扮演工匠角色时，深刻体会到古代匠人在艰苦条件下对工艺精益求精的执着精神。在一次次尝试拉坯成型的过程中，双手与陶泥的每一次触碰，都让他们感受到传统工艺的温度与魅力，也明白了一件精美邢窑白瓷背后凝聚着匠人们无数的心血与汗水。还有学生分享在实地考察邢窑遗址和博物馆时的震撼。站在古老的窑址前，望着那历经岁月沧桑的遗迹，仿佛能看到当年窑火熊熊、匠人们忙碌的身影。博物馆中陈列的一件件珍贵邢窑白瓷，或造型古朴典雅，或装饰精美绝伦，近距离观赏这些器物，使学生对邢窑白瓷的艺术特色有了更为真切的认识。他们惊叹于古人高超的技艺，也为家乡拥有如此灿烂的文化遗产而深感自豪。

在参与邢窑白瓷制作流程的实践中，学生更是积累了诸多宝贵经验。从最初对原料特性的陌生，到逐渐掌握如何筛选优质黏土、调配合适的釉料；从面对成型工艺时的手足无措，到能够熟练运用拉坯、印坯等技法塑造出基本器形，再到烧制环节，亲眼见证泥土在高温中蜕变成为洁白如玉的瓷器，这一系列过程让学生深刻理解了邢窑白瓷制作工艺的复杂性与科学性。他们在分享中表示，每一次成功的制作都让自己充满成就感，而每一次失败也促使自己不断反思与改进，这种实践带来的成长是课堂理论学习无法给予的。通过学生的体验心得分享，教师能够精准洞察学生在学习过程中的收获与困惑，从而及时调整教学策略。学生的感悟也相互启发，激发彼此对邢窑白瓷文化更深入的思考与探索。这种分享不仅强化了学生对课程内容的理解，更在交流中培养了他们的表达能力与团队协作精神。

（二）基于体验的学习成果评估

在知识掌握层面，考查学生对邢窑白瓷文化知识的理解与记忆。学生参与模拟邢窑生产场景，了解从原料开采到成品烧制的一系列工序，评估时可设置关于工序流程、原料特性、烧制温度控制等知识问答，判断学生是否清晰掌握关键知识点。在运用多媒体资源营造氛围的体验中，学生接触大量邢窑白瓷的历史文化背景信息，可通过撰写小论文、进行文化知识竞赛等方式，检验学生对邢窑发展脉络、文化内涵等知识的吸收情况，看其能否准确阐述并深入分析。

在技能提升方面，着重评估学生在邢窑白瓷制作工艺实践中的表现。学生参与制作流程，从原料处理的筛选、粉碎、淘洗，到成型工艺的拉坯、印坯、修坯，再到装饰环节的刻花、划花、印花等，评估人员观察学生在各环节操作的熟练程度、手法准确性与创新性。比如，在拉坯过程中，看学生能否控制好力度与速度，使坯体形状规整、壁厚均匀；在装饰时，考查学生对图案设计、线条表现的能力。对于实地考察与调研活动，评估学生调研问题设计的合理性、调研数据收集的完整性以及分析总结的逻辑性，判断其调研技能是否得到锻炼提升。通过学生在体验活动中的参与度、兴趣表现，判断其对邢窑白瓷文化的热爱程度是否提升。在体验反馈与评价环节，学生分享心得时，关注其是否流露出对邢窑白瓷文化传承的责任感与使命感。观察学生在团队合作体验活动中的表现，评估其团队协作意识、沟通能力以及对不同观点的包容度。若学生在体验后，能主动查阅更多邢窑白瓷资料，积极参与相关社团活动，或在后续学习生活中运用所学文化知识，都可视为在情感态度价值观方面取得积极成果。

（三）体验教学效果的跟踪与改进

通过定期组织学生填写详细的体验反馈问卷，了解他们在模拟邢窑生产场景、参与制作流程等活动中的感受，包括对实践环节难易程度的看法、对多媒体营造氛围的评价等。在实地考察与调研活动后，要求学生提交书面报告，阐述观察到的现象、思考的问题以及自身的收获，从中分析学生对邢窑白瓷文化知识与技能的掌握情况。教师在课堂上以及实践操作过程中，要密切观察学生的表现，记录他们在各个环节的参与度、操作熟练度以及创新思维的展现。还可运用在线学习平台，跟踪学生参与线上体验活动的频率、时长以及完成相关任务的情况。

对收集到的数据进行深入分析，若大量学生在问卷中反馈模拟生产场景的互动环节不够丰富，难以完全融入角色，教师就可对场景互动设计进行优化，增加角色间的协作任务，让学生更好地体会邢窑生产的团队协作模式。若在学生的实地考察报告中发现对邢窑白瓷历史文化背景的理解存在偏差，教师可在后续教学中强化相关理论知识的讲解，并结合更多实地案例进行剖析。若观察到学生在制作流程实践中对某一工艺环节频繁出错，教师则应调整实践指导方式，增加示范次数，或者制作详细的操作视频供学生反复观看学习。教学改进措施需注重时效性与针对性，在体验教学的间隙，教师要及时根据数据分析结果调整教学计划。若发现学生对原料处理实践操作理解困难，可立即增加原料特性讲解的课时，并引入更多直观的实验演示，让学生更清晰地了解原料对邢窑白瓷品质的影响。对于体验教学效果的长期跟踪，高校可建立教学效果档案，记录每一届学生在体验教学中的表现与成果，对比不同时期的教学效果，总结经验教训，不断完善体验教学方案。

第二节　项目驱动式教学的实践探索

为了激发学生的学习兴趣，培养其创新能力和实践能力，项目驱动式教学作为一种以学生为中心的教学方法，逐渐受到重视。项目驱动式教学通过设计与课程内容相关的实际项目，引导学生在完成项目的过程中主动探索、合作学习，从而深化对知识的理解，提升综合素养。在邢窑白瓷文化课程中，项目驱动式教学能够将理论知识与实践操作紧密结合，使学生在真实的情境中体验非遗文化的魅力。通过设计与邢窑白瓷相关的项目任务，如白瓷制作工艺的复原、文化创意产品的开发等，学生不仅能够掌握传统技艺，还能在实践过程中培养团队协作能力和创新思维。

一、项目选择与设计

项目选择与设计是项目驱动式教学的核心环节，既要结合邢窑白瓷文化的历史与艺术特征，又要考虑学生的兴趣与能力，确保项目既具有文化深度，又能激发学生的创造力与实践热情。通过精心设计的项目，学生能够在动手实践中深化对非遗文化的理解，同时提升艺术表现与创新能力。

（一）结合邢窑文化的项目主题确定

可围绕其发展历程，设定如“邢窑白瓷兴衰背后的社会变迁探究”主题，引导学生深入历史资料，探寻政治、经济、文化等因素对邢窑白瓷发展的影响，从时代更迭视角理解这一非遗文化的起伏。其造型设计独具匠心，线条简洁流畅又具韵律，无论是日常器具还是艺术摆件，都展现出独特美感；装饰技法丰富多样，戳印、刻花、印花等，纹样题材广泛且寓意深刻。基于此“邢窑白瓷艺术特色在现代文创产品中的创新应用”主题颇具价值。[1]学生可深入研究传统特色，结合现代审美与市场需求，尝试设计开发融入邢窑白瓷元素的文创产品，在实践中实现传统文化与现代创意的碰撞融合，提升对艺术特色的理解与运用能力。考虑到邢窑白瓷在

[1]　常虹，张慧茹，于楠，等．基于校园文化元素的文创产品建设路径探究 [J]. 中国中医药现代远程教育，2025, 23 (4): 178-181.

当代社会的传承与发展，“邢窑白瓷文化在地方旅游产业中的推广策略研究”主题具有现实意义。邢窑作为地方重要的非遗文化，与旅游产业结合，既能推动文化传承，又能促进地方经济发展。学生通过调研地方旅游现状、分析市场需求，探索如何将邢窑白瓷文化融入旅游线路规划、景点打造、旅游商品开发等方面，提出切实可行的推广策略，为地方文旅融合贡献智慧，也增强对非遗文化传承责任的认知。

（二）项目任务的分解与规划

通过对邢窑白瓷文化相关项目进行科学合理的任务分解，能够帮助学生明确目标、厘清思路，并在实践中逐步掌握非遗文化的核心内容。

1.任务分解的原则与方法

任务分解要遵循系统性原则，邢窑白瓷文化涵盖历史、艺术、工艺等多个维度，项目任务需全面覆盖这些领域，以构建完整的知识体系。从探寻邢窑起源、发展脉络，到解析其独特艺术特色，再到深入学习制作工艺，各个任务紧密相连。如研究邢窑白瓷历史发展的任务，不能孤立看待，要考虑其与艺术风格演变、工艺革新的相互影响，将相关知识系统整合，使学生通过完成系列任务，对邢窑白瓷文化有全面、深入的理解。可行性原则，在分解任务时，需充分考量学生知识储备、技能水平及教学资源。例如，涉及邢窑白瓷制作工艺的实践任务，不能过于复杂，超出学生现有操作能力，要从基础的原料准备、简单器形制作等任务入手，逐步提升难度。

任务要与学校实验室设备、校外实践场地等资源匹配，确保学生在现有条件下能够完成。明确性原则要求每个任务目标清晰、任务内容具体。以创作邢窑白瓷主题文创产品的项目为例，任务可细化为市场调研，明确目标消费群体对邢窑文化产品的需求；设计草图，要求学生结合邢窑艺术特色进行创意构思；制作样品，详细规定制作工艺与材料使用等。这样学生清楚地知道每个阶段需要达成的成果，避免任务执行的盲目性。

在方法上，可采用按流程分解法。对于制作邢窑白瓷作品的项目，按照制作流程，依次分解为原料选取与加工、成型工艺操作、装饰设计与实施、烧制环节把控等任务。学生按顺序完成各任务，逐步推进项目，清晰了解制作全过程。也可依据知识模块分解。将邢窑白瓷文化课程知识分为历史文化、艺术特色、制作工艺等模块，每个模块对应相关任务。如历史文化模块任务为梳理邢窑发展重大事件及影响；艺术特色模块任务是分析经典器型与装饰纹样特点。通过这种方式，学生可深入钻研各知识领域，加深对邢窑白瓷文化的理解。此外，还能运用团队协作分解法。根据学生特长与兴趣，将团队成员分为不同小组，分别负责不同任务。如擅长设计的小组负责文创产品外观设计，熟悉工艺的小组专注产品制作工艺实现。各小组明确职责，协同合作，提高项目执行效率，培养学生团队协作能力。

2. 任务时间节点的设置与监控

任务时间节点的设置需依据项目整体目标与任务难易程度精细规划。以“设计并制作具有现代创意的邢窑白瓷文创产品”项目为例，项目初期，设定一周时间用于资料收集与创意构思。这期间，学生需广泛查阅邢窑白瓷历史文化、艺术特色等资料，同时调研当下文创市场需求，为创意生成积累素材。接下来两周安排在设计方案拟定阶段，学生将前期积累转化为具体设计草图，不断研讨、修改，确定最终设计方案。方案确定后，进入为期四周的制作环节，涵盖原料准备、成型、装饰、烧制等工序，各工序依工艺特点分配合理时间，确保学生有足够时间实践操作，又能保证整体进度。最后的一周半时间用于产品包装设计与项目总结汇报，学生精心设计产品包装，使其契合邢窑文化特色与现代审美，同时梳理项目过程，准备汇报材料。为确保时间节点有效执行，需建立全面监控机制。教师定期检查学生进度，可通过课堂汇报、小组讨论等形式，让学生展示阶段性成果，及时发现问题并给予指导。利用项目管理软件，学生实时更新任务进展，教师能直观掌握每个学生、每个任务的完成情况，一旦发现进度滞后，及时与学生沟通，共同分析原因，调整后续计划。还可设立阶段性奖励机制，对按时或提前完成任务的学生给予表扬与奖励，激励学生保持良好进度。例如，在设计方案拟订阶段，对按时提交且方案创意新颖、可行性高的小组，给予额外的创意加分或优先选择制作材料的权利。

3. 各任务间的逻辑关联与整合

从文化研究任务出发，对邢窑白瓷历史发展、工艺演变及艺术特色进行深入剖析，其成果为后续任务提供理论根基。工艺实践任务承接文化研究，依据对传统工艺的理解，开展原料加工、成型、装饰及烧制等操作，将理论转化为实际技能，是对文化内涵的具象呈现。创意设计任务在文化研究和工艺实践基础上展开，既要汲取邢窑白瓷的文化精髓，又要结合现代审美与市场需求进行创新构思。设计方案需考虑工艺可行性，确保创意能通过实际工艺实现，这使创意设计与工艺实践相互制约、相互促进。[1]市场推广任务同样依赖前期成果，基于文化研究塑造产品文化价值，借助工艺实践与创意设计打造具有吸引力的产品，以此制定营销策略，拓展市场。教学评估任务则贯穿项目全过程，从文化研究阶段评估学生对知识的掌握，到工艺实践环节考核技能水平，再到创意设计和市场推广阶段评价创新与实践能力，全面考量学生表现。其反馈结果用于优化各阶段任务，促进任务间衔接更紧密。

（三）项目资源的筹备与调配

在图书馆中有关邢窑白瓷历史、艺术、工艺等方面的书籍与文献资料，为项目

[1] 谢小琴 . 浅谈传统工艺美术在现代文创产品设计中的应用 [J]. 天工 , 2025 (4): 85-87.

成员开展文化研究提供理论依据。通过检索、整理，这些资料能助力成员深入了解邢窑白瓷的发展脉络、文化内涵，为创意设计和工艺实践提供灵感源泉。校内艺术工作室配备的专业陶艺设备，如拉坯机、窑炉等，为工艺实践环节提供硬件支撑。校内艺术与历史专业教师组成的指导团队，凭借深厚的专业知识与丰富的教学经验，在项目推进各阶段给予理论指导、技术支持与创意启发，成为项目开展的智力保障。

邢窑遗址、博物馆等地保存着大量邢窑白瓷实物与历史遗迹，是项目成员实地考察、获取一手资料的重要场所。实地观察能让成员直观感受邢窑白瓷的艺术魅力，了解其制作工艺在实际场景中的应用，为项目注入真实感与历史厚重感。非遗传承人与行业专家拥有珍贵的实践经验与前沿行业信息。邀请他们举办讲座、成立工作坊，能为项目成员带来传统工艺的精髓与行业最新动态，拓宽成员视野，提高项目实践水平。企业资源也不可或缺，企业先进的生产设备、成熟的市场渠道以及对产品的实际需求，为项目成果的转化与应用提供方向。与企业合作开展实践项目，能让成员在真实商业环境中检验创意与作品，增强项目的实用性与市场导向性。在项目初期的文化研究阶段，优先调配图书馆资源与校外专家资源，满足成员对知识获取与专业指导的需求。项目推进到工艺实践环节，将更多资源倾向于校内工作室设备以及与非遗传承人的交流学习，确保成员能熟练掌握制作工艺。当进入创意设计阶段时，整合各方资源为成员提供灵感，如利用博物馆藏品资源激发设计灵感，借助教师与专家指导完善设计方案。在市场推广阶段，着重调配企业资源，借助企业市场渠道推广项目成果。

二、项目实施过程

项目实施过程是学生将理论知识转化为实践能力的关键阶段，也是培养学生团队协作与问题解决能力的重要途径。在这一过程中，学生通过组建团队、分工合作，逐步完成从项目规划到成果展示的全流程。教师的角色从传统的知识传授者转变为引导者与支持者，帮助学生在实践中深化对邢窑白瓷文化的理解，提升其艺术表现与创新能力。

（一）学生团队组建与分工

在组建学生团队时，应充分考虑学生的专业背景、兴趣特长及个人能力。鉴于邢窑白瓷文化课程涉及历史文化研究、艺术设计、工艺制作等多方面内容，团队成员来源应多元化。有历史、考古专业背景的学生，他们具备扎实的历史知识和文献研究能力，能深入挖掘邢窑白瓷的历史渊源、发展脉络以及背后的文化故事，为项目提供深厚的文化底蕴支撑。艺术设计专业的学生，凭借其对美学的敏锐感知和创意设计能力，可负责邢窑白瓷相关产品的造型设计、装饰图案构思等工作，将传统元素与现代审美相结合，赋予作品新的生命力。而陶瓷工艺、材料科学等专业的学生，则在原料制备、成型工艺、烧制技术等实践操作方面发挥专长，确保设计方案能够通过实际工艺得以实现。对传统文化满怀热忱的学生，更有动力深入研究邢窑白瓷文化，积极参与资料收集、文化调研等工作。具有较强组织协调能力的学生，可担任团队负责人，负责团队日常管理、与教师及外部资源沟通协调等事务，保障项目有序进行。沟通能力强的学生，能在团队内部促进成员间的信息交流，也便于在对外调研、合作时获取有效信息。依据项目任务，将工作细化为多个模块。文化研究模块，由历史、考古专业及对文化研究感兴趣的学生负责，他们通过查阅文献、实地考察邢窑遗址、与非遗传承人交流等方式，整理邢窑白瓷的历史发展、工艺传承、文化内涵等资料。艺术设计模块，教给艺术设计专业学生，他们依据文化研究成果，进行产品的外观设计、装饰设计，绘制设计草图、制作效果图。工艺实践模块，则由陶瓷工艺等相关专业学生主导，按照设计方案，进行原料选择与处理、坯体成型、装饰工艺实施以及烧制操作等工作。此外，设立项目管理与推广模块，由组织协调能力强的学生负责项目进度把控、资源调配，沟通能力突出的学生负责项目宣传、成果推广等事宜。不同模块的任务并非孤立，而是相互关联的。文化研究成果为艺术设计提供灵感和文化元素，艺术设计方案决定工艺实践的方向和要求，工艺实践又反过来检验设计方案的可行性。

（二）项目推进的步骤与指导

在项目启动时，先由教师介绍项目背景，详细阐述邢窑白瓷文化在地方非遗中的重要地位以及本次项目对于传承与创新该文化的意义，让学生明确项目价值与目标。接着引导学生进行资料收集，鼓励他们通过图书馆查阅专业书籍、期刊，利用网络搜索权威学术论文、研究报告，还可组织学生前往当地博物馆、文化研究机构获取一手资料，涵盖邢窑白瓷的历史发展、工艺特点、艺术风格等内容。在此过程中，教师要指导学生筛选有效信息，辨别资料真伪与价值高低。

进入项目规划阶段，学生依据收集的资料，结合项目主题，构思项目方案。例如，若项目是设计邢窑白瓷文创产品，学生需思考产品类型、目标受众、设计理念等。教师此时应从专业角度给予建议，如提醒学生关注产品实用性与艺术性的平衡，考量目标受众审美偏好与市场需求。方案确定后，学生进行任务分工，依据各自特长，明确在项目中承担的角色，如擅长设计的负责产品外观设计，熟悉工艺的专注制作工艺环节，沟通能力强的负责市场调研与推广部分。教师要协助学生合理分工，确保每个环节都有合适人员负责，且分工明确无重叠与遗漏。在项目执行阶段，学生按照分工开展工作。负责市场调研的学生通过问卷调查、访谈等方式，收集消费者对邢窑白瓷文创产品的需求与期望，分析市场竞争态势。教师指导学生设计科学合理的调研方案，正确运用调研方法，对调研数据进行有效分析。设计人员依据调研结果，结合邢窑白瓷文化元素，进行创意设计，绘制草图、制作模型。教师从艺术设计原理出发，指导学生优化设计方案，如调整产品造型比例、改进装饰纹样设计，使其既具现代美感又保留邢窑文化特色。负责制作工艺的学生依据设计方案，进行原料准备、成型、装饰、烧制等操作。教师现场指导工艺实践，确保学生掌握传统制作工艺要点，提醒学生注意安全操作，及时纠正工艺错误，保障产品质量。

在项目收尾阶段，学生整合成果，准备项目展示材料，如制作演示文稿、撰写项目报告、布置成果展示区等。教师指导学生突出项目重点，清晰呈现项目过程、成果及创新点。组织学生进行项目总结反思，回顾项目推进中的问题与解决方法，总结经验教训，为后续项目积累经验。

（三）项目进度的动态调整与监控

课程项目伊始，教师依据项目任务的复杂程度、学生能力水平及教学时间，精心规划进度计划，为项目开展设定清晰的时间节点。但项目执行过程充满变数，随时需要调整进度。学生在邢窑白瓷制作工艺实践中，对拉坯、烧制等环节掌握较慢，导致进度滞后。教师需迅速响应，及时增加实践课时，邀请非遗传承人进行额外指导，助力学生提升技能，跟上整体进度。若在创意设计环节，学生因对邢窑白瓷文化理解不够深入，难以将传统元素与现代设计理念融合，致使设计方案难产，影响进度。教师则要立即组织文化研讨活动，引导学生深入探究邢窑白瓷的历史文化、艺术特色，激发创意灵感。根据实际情况，适当延长设计阶段时间，保证学生有充足时间完善方案，而非强行推进，导致成果质量欠佳。为有效监控项目进度，教师可运用多种手段。定期开展项目汇报会，让学生展示阶段性成果，阐述遇到的问题及解决方案。通过这一方式，教师能直观了解项目进展，及时发现潜在风险。还可建立项目进度跟踪表，详细记录各任务实际完成时间与计划时间的对比，清晰呈现进度偏差。借助线上教学平台，实时更新项目动态，方便学生随时查阅，确保全员对项目进度心中有数。

在监控基础上，依据实际情况灵活调整进度。当发现某个任务提前完成时，可适当增加拓展性任务，深化学生对该部分内容的理解；若多个任务均出现延迟，教师则需重新评估项目整体安排，合理压缩部分环节时间，或删减一些非关键任务，优先保障核心任务推进，确保项目最终能在有限时间内，以较高质量完成。

三、项目成果展示与评价

项目成果展示与评价不仅是对学生学习成果的总结，更是对其综合能力的全面检验。在邢窑白瓷文化课程中，项目成果的展示为学生提供了一个表达创意、分享实践经验的平台。通过多样化的展示形式，如作品展览、研究报告、多媒体演示等，学生能够将理论与实践相结合，充分展现其在文化理解、艺术表现和创新能力等方面的提升。

（一）项目成果的呈现形式

实物作品是最直观的呈现方式，学生精心制作的邢窑白瓷仿制品或创新设计瓷器，从传统经典器形到融入现代审美的创意之作，每一件都凝聚着学生对邢窑白瓷制作工艺的钻研。这些作品无论是细腻洁白的胎质、温润如玉的釉色，还是精美独特的装饰，都能让观者近距离感受邢窑白瓷的魅力。实物展示，不仅能彰显学生的实践能力，还能让更多人领略邢窑白瓷的工艺之美。

演示文稿（PPT）汇报为成果阐释提供了系统性平台。学生围绕项目主题，在PPT中梳理邢窑白瓷文化研究过程，从历史溯源、工艺探究到艺术特色分析，条理清晰地呈现知识脉络。结合项目实践，详细介绍创意构思、制作流程及遇到的问题与解决方法。PPT内搭配高清图片、图表及视频资料，使汇报内容更生动形象，帮助听众深入理解项目内涵，展现学生对邢窑白瓷文化的深度思考与项目执行的逻辑思维。学生利用摄影、摄像技术，记录邢窑白瓷制作全过程，制作成精美的纪录片。从原料开采、加工，到成型、烧制，完整呈现传统工艺的魅力，让无法亲临现场的人也能感受制作的奇妙。还可通过动画形式，演绎邢窑白瓷的历史故事，将抽象文化具象化，增强趣味性与传播力。此外，借助虚拟现实、增强现实技术，打造沉浸式体验作品，让用户仿佛置身于邢窑生产现场，全方位、多角度观察白瓷制作，深化对邢窑文化的感知。[1]

（二）项目成果的评价标准与方式

在评价标准方面，学生对邢窑白瓷文化内涵、历史发展、工艺特色等的掌握程度是重要考量。比如，在作品中能否准确运用邢窑传统元素，从造型、装饰到工艺，是否展现对传统的尊重与理解，将传统元素与现代创意巧妙融合，体现对邢窑文化的传承与创新。若学生设计的白瓷作品，既保留了邢窑经典的玉璧底、刻花装饰等元素，又融入现代简约设计理念，便可认定在文化传承方面表现突出。

实践技能水平，包括原料处理、成型工艺、装饰技法、烧制技巧等实际操作能力。观察学生在项目中对各种工艺的熟练运用程度，能否精准控制工艺参数，制

---

[1] 刘亮亮，代红兵，顾芳，等. 多元化教学模式在非遗项目教学中的实践运用 [J]. 现代职业教育，2025 (8): 85-88.

作出质量上乘的作品。如在烧制环节，能否根据不同器形、原料和装饰，合理控制窑温与气氛，使作品达到理想的色泽与质地，这直接反映其实践技能高低。创新与创意能力，评价学生是否突破传统，提出新颖的设计理念、制作方法或文化呈现方式。有的学生利用现代数字技术，将邢窑白瓷文化以虚拟现实体验的形式展现，或者开发出全新的白瓷与其他材料结合的工艺，这种创新性思维与实践值得肯定。项目成果的完整性与质量，作品完成度的高纸，有无明显瑕疵，在设计、制作过程中是否考虑周全，从方案策划到最终成品，各个环节是否紧密衔接、执行到位。

在评价方式上，采用教师评价、学生自评与互评以及校外专家评价相结合。教师凭借专业知识与教学经验，从课程目标、教学要求出发，对学生成果进行全面评价，指出优点与不足。学生自评能促使其反思项目过程，总结经验教训，提升自我认知能力。互评则让学生相互学习、交流，拓宽思路，培养思辨性思维。校外专家，如邢窑非遗传承人、陶瓷行业资深人士等，他们从行业实践与市场需求角度出发，给出专业且具前瞻性的评价，为学生成果提供更广阔视角，助力学生更好地将所学与实际应用接轨。

（三）成果的推广与应用拓展

校内推广举办校园展览，在学校艺术展厅、图书馆等公共区域展示学生设计的精美邢窑白瓷作品，从创新的造型到独特的装饰，吸引全校师生参观欣赏，营造浓厚的校园文化氛围，提升师生对邢窑白瓷文化的认知与兴趣。开展校内讲座与交流活动，由参与项目的学生分享创作心得、研究过程，将邢窑白瓷文化知识更生动地传递给其他同学，激发更多人对非遗文化的探索热情。将优秀成果纳入校园文化建设，比如，在校园景观设计中融入邢窑白瓷元素，或把相关作品作为校园礼品，增强校园文化的独特性与文化底蕴。

校外推广与当地博物馆、文化馆合作，举办专题展览，借助这些文化机构的平台和资源，让作品接触更广泛的社会群体。参与各类文化艺术展会，在更专业、更具影响力的舞台上展示邢窑白瓷文化课程成果，吸引业内人士、文化爱好者以及潜在市场关注，提升其知名度。利用媒体宣传，通过报纸、电视、网络新媒体等渠道，报道课程成果与学生创作故事，借助媒体的传播力，将邢窑白瓷文化推广至更广阔的受众范围，引发社会对地方非遗传承与高校美育结合的关注与讨论。在成果的应用拓展方面，与企业合作将学生设计的具有市场潜力的邢窑白瓷文创产品、艺术作品授权给相关企业进行生产销售，实现文化价值向经济价值的转化。企业利用自身生产与营销优势，将这些成果推向市场，满足消费者对特色文化产品的需求，同时也为学生提供实践与商业转化的机会，促进高校教育与产业需求对接。在教育领域，将课程成果开发成校本教材、线上课程等教育资源，不仅服务本校学生，还可与其他高校或教育机构共享，推动邢窑白瓷文化在更大范围的教育体系中传播。

与社区合作开展文化活动，邀请学生为社区居民传授邢窑白瓷制作技艺、分享文化知识，让成果走进社区，丰富居民文化生活，提升社区文化内涵，实现邢窑白瓷文化在社会基层的普及。

第三节　跨学科融合教学的策略

跨学科融合教学能够打破传统学科壁垒，促进知识的交叉与整合。邢窑白瓷文化作为地方非遗的代表，不仅具有深厚的历史文化内涵，还涉及艺术、历史、化学、材料学等多个学科领域。跨学科融合教学，可以将邢窑白瓷文化的多维价值充分展现，激发学生的综合思维能力与创造力。这种教学方式不仅能够帮助学生从不同学科视角理解非遗文化的复杂性，还能培养其解决实际问题的能力。

一、与艺术学科融合

跨学科融合可以增强教学效果、拓宽学生视野，邢窑白瓷文化作为地方非遗的典型代表为跨学科教学提供了丰富的资源。与艺术学科的融合，不仅能够深化学生对白瓷艺术的理解，还能激发其艺术创造力。通过与美术、音乐、舞蹈等艺术形式的结合，学生可以从多角度感知邢窑白瓷的美学价值，探索传统工艺与现代艺术的交汇点。

（一）与美术课程的融合点

邢窑白瓷的经典器形蕴含着独特的比例与线条美感，无论是线条流畅的玉璧底碗，还是造型典雅的执壶，都展现出简洁而富有韵律的形态。在美术课程中，学生可以通过对邢窑白瓷造型的临摹与分析，学习如何运用线条去塑造物体的形态与质感，领悟比例协调在艺术创作中的重要性，提升自身的造型能力。这种从传统器物中汲取造型灵感的方式，能够拓宽学生的创作思路，使他们在绘画、雕塑等美术创作中，突破现代审美局限，融入传统艺术元素，创造出更具文化底蕴的作品。

在色彩方面，邢窑白瓷虽以白色为主调，但这看似单一的白色实则蕴含着丰富变化，其釉色白中泛青，或温润如玉，或晶莹似雪。美术课程中的色彩理论部分，可借助邢窑白瓷的色彩特点进行深入讲解。学生通过观察白瓷在不同光线下的色彩变化，理解色彩的明度、纯度与色相概念以及环境色对物体色彩的影响。这种纯净素雅的色彩风格也能启发学生在色彩运用上追求简洁、含蓄之美，改变过度追求鲜艳、浓烈色彩的创作倾向，在美术作品中营造出独特的意境与氛围。邢窑白瓷的装饰技法多样，如刻花、划花、印花等，这些技法所创造出的精美纹样，无论是灵动的花鸟纹，还是寓意吉祥的龙凤纹，都具有极高的艺术价值。在美术课程的图案设计与装饰艺术教学中，学生可以学习邢窑白瓷装饰纹样的构成规律、表现手法，掌握如何运用点、线、面进行组合创造，提升图案设计能力。而且，这些传统纹样背后蕴含的文化内涵，能引导学生在创作中赋予作品更深层次的文化寓意，使美术作品不仅具有形式美，更具有文化价值。

在美术课程的实践环节，学生可以尝试将邢窑白瓷的造型、色彩与装饰元素运用到自己的创作中。以邢窑白瓷为灵感设计现代陶艺作品，或者在平面设计中融入其装饰纹样，进行海报、书籍装帧等设计。

（二）与音乐、舞蹈等艺术形式的结合

音乐从节奏角度，可模拟瓷器制作过程中的声响，如原料研磨的细碎节奏、拉坯时陶轮转动的韵律、烧制时火焰燃烧的律动等，将这些自然声响提炼并转化为音乐节奏元素，创作出具有工业质感与艺术美感的旋律。在旋律构建上，参考邢窑白瓷简洁而优雅的风格，谱写舒缓、平和且富有韵味的曲调，传达出其蕴含的古朴与宁静气质。通过这样的音乐创作，学生能从听觉层面感受邢窑白瓷文化的独特魅力，在音乐与瓷器文化的碰撞中，拓宽艺术感知边界，体会不同艺术形式间共通的审美情感。

舞蹈在动作设计上，舞者可模仿邢窑白瓷制作工匠的姿态，如弯腰筛选原料的沉稳、双手拉坯时的流畅、精心绘制装饰纹样的专注等，将这些动作艺术化处理，编排成舞蹈动作序列，展现传统工艺的操作之美。舞蹈的编排布局也可借鉴邢窑白瓷的造型特点，以简洁、对称的队形展现其规整之美，或通过灵动、变化的舞蹈走位，呼应白瓷装饰纹样的繁复与灵动。在表演时，舞者身着融入邢窑白瓷色彩与图案元素的服装，在舞台上演绎邢窑的故事，使观众从视觉和肢体语言层面领略到邢窑白瓷文化的魅力。在高校美育课堂中开展此类结合教学，能让学生在音乐创作与舞蹈编排实践中，深入理解邢窑白瓷文化，提升艺术创造力与文化素养。

二、与其他学科的融合

通过与其他学科的融合，能够为学生提供多维度的学习视角，增强其对非遗文化的综合理解。与历史学科的融合可以帮助学生深入理解邢窑白瓷在不同历史时期的发展脉络及其社会文化背景；与化学、材料学等自然科学的结合，则能够揭示在白瓷制作中的工艺原理与技术创新。这种跨学科的融合不仅丰富了课程内容，还为学生提供了更为全面的知识体系。

（一）与历史学科的关联与融合

在历史上政治格局的变动对邢窑白瓷有着显著影响。例如，大一统王朝的稳定局势为窑场发展提供了良好环境，政府的政策支持、社会的安定促使邢窑白瓷工艺

不断革新、产量逐步提升；而战乱时期，社会动荡不安，窑场面临原料供应受阻、工匠流失等困境，进而影响邢窑白瓷的生产与传承。

经济状况也是邢窑白瓷发展的重要驱动力。繁荣的商业贸易为邢窑白瓷打开了广阔市场，其凭借优良品质成为畅销商品，不仅在国内流通，还通过丝绸之路远销海外。发达的交通网络，如大运河的贯通，为邢窑白瓷的运输提供了便利，进一步推动了其在经济交流中的传播。文化思潮同样在邢窑白瓷上留下深刻印记。唐代崇尚丰腴、大气的审美风尚，反映在邢窑白瓷的造型上，便是饱满、圆润的器形设计；对纯净、素雅的追求，则体现在其洁白莹润的釉色和简洁大方的装饰上。在高校美育课程中融合历史学科，教师可以引导学生从历史视角解读邢窑白瓷文化。通过分析不同历史时期的文献资料、考古发现，学生能够深入理解邢窑白瓷发展背后的原因，明白其不仅是一种艺术创作，更是历史发展的见证者。这种融合有助于学生构建完整的知识体系，提升对地方非遗文化的认知深度。借助“邢窑白瓷”这一载体，学生能更生动地感受历史的发展脉络，体会到历史与现实的紧密联系，增强文化认同感与历史责任感，为传承和创新邢窑白瓷文化注入强大动力，也为地方非遗融入高校美育提供坚实的历史文化支撑。

（二）与化学、材料学等学科的交叉运用

从原料层面看，材料学助力精准分析邢窑白瓷原料特性。通过研究当地黏土、矿物等原料成分，明晰其物理化学性质，这对原料的筛选与配比意义重大。化学分析能检测原料纯度、杂质种类，为优化原料质量提供科学依据，确保坯体质量稳定，进而影响白瓷的质感与色泽。材料的可塑性、黏性等力学性能决定成型方法。在化学原理指导下，借助添加剂调整原料性能，使坯体在成型过程中更易塑形且保持形状稳定，减少变形、开裂等问题，提高成型成功率。在高温烧制中，坯体与釉料发生复杂化学反应。材料学研究釉料在不同温度、气氛下的变化，如釉料中金属元素的氧化还原反应决定白瓷呈色。化学知识则用于精准控制烧制温度曲线与窑内气氛，实现对产品质量的严格把控，烧制出符合邢窑白瓷特色的温润釉色与细腻质地。

·第六章·

邢窑白瓷文化课程的实施路径

课程的实施应分阶段进行，从课程方案的制定到教学资源的筹备，再到教学过程中的动态调整，确保课程的有序开展。教学团队的建设是课程实施的核心环节，既要选拔具备专业知识的教师，也要引入行业专家，形成多元化的教学力量。通过定期的培训与交流，提升团队的教学能力与非遗文化素养。课程的实施还需要政策、资金和设施等多方面的保障，确保教学资源的充足与合理利用。通过科学规划与有效执行，邢窑白瓷文化课程不仅能够为学生提供理论与实践相结合的学习体验，还能为地方非遗的传承与高校美育的协同发展提供新的路径。

第一节　课程实施的阶段性规划

为了确保课程的有序开展，须对课程实施进行科学合理的阶段性规划，课程实施需要明确各阶段的任务和目标，确保每个环节紧密衔接，避免资源浪费和教学脱节。在课程实施过程中应充分考虑学生的认知规律和学习特点，合理安排理论与实践的结合点，确保学生在掌握理论知识的同时，能够通过实践深化对邢窑白瓷文化的理解。课程实施还需注重动态调整，及时根据教学反馈和实际情况优化教学内容和方法，确保课程的灵活性和适应性。通过科学规划、分步推进，邢窑白瓷文化课程的实施将更加高效。

一、准备阶段

准备阶段包括课程方案的制定、教学资源的筹备以及相关支持机制的建立。课程方案的制定需要结合邢窑白瓷文化的特点，明确课程目标、内容框架和实施路径，确保课程设计既符合教育教学规律，又能充分体现地方非遗的特色。教学资源的筹备涉及教材编写、实践场地安排以及相关设备的配置，确保课程内容的丰富性和实践环节的可操作性。

（一）课程方案的制定与完善

目标设定，紧密围绕地方非遗传承与高校美育两大核心诉求。从非遗传承角度，旨在让学生深度了解邢窑白瓷从北朝初创历经隋唐鼎盛直至后世变迁的完整发展脉络，掌握其传统制作工艺精髓，成为非遗文化的传承者。对应高校美育目标，则着重培养学生对邢窑白瓷独特艺术魅力的鉴赏能力，通过其简洁线条、素雅釉色、精美装饰等元素，提升学生审美素养，塑造正确的审美观念。

在内容架构设计上，有机融合邢窑白瓷丰富的文化知识体系。历史文化部分，系统梳理不同时期邢窑白瓷与政治、经济、文化的紧密联系，如唐代繁荣经济下邢窑白瓷的大规模生产与广泛传播。艺术特色板块，深入剖析其造型艺术中经典器型的美学价值，以及装饰艺术里纹样的文化寓意与工艺特色。制作工艺环节，详细阐述从原料选取、加工到成型、烧制的全过程。合理调配理论与实践教学内容占比，理论教学为实践操作筑牢知识根基，实践教学让理论知识得以具象化呈现，两者相辅相成。体验式教学法被引入其中，通过模拟邢窑生产场景，让学生扮演不同角色参与生产流程，直观感受其制作氛围；运用多媒体资源营造沉浸式文化氛围，增强学生对邢窑白瓷文化的感知。项目驱动式教学同样不可或缺，结合邢窑文化设定项目主题，如设计具有现代感的邢窑白瓷文创产品，将项目任务合理分解，引导学生团队协作完成，在实践中提升解决问题的能力。此外，跨学科融合教学策略将艺术、历史、化学、材料学等多学科知识融入课程，从不同维度加深学生对邢窑白瓷的理解。在持续的探索与实践中，依据教学反馈与实际需求，不断优化课程方案中的目标、内容与方法，确保课程紧密贴合地方非遗传承与高校美育需求，为学生带来高质量、有深度的学习体验。

（二）教学资源的筹备与整合

师资队伍方面需选拔具有艺术史、陶瓷工艺、美学等相关专业背景的教师，他们能够从理论层面深入剖析邢窑白瓷的历史演变、艺术特色以及文化内涵。为使教师更好地胜任教学工作，应组织系统培训，邀请邢窑研究领域的资深专家讲学，安排教师前往邢窑遗址、博物馆等地实地考察，深入了解邢窑白瓷的实际生产场景与文化传承现状，提升教师的实践认知。校外非遗传承人与行业专家的引入同样关键。非遗传承人拥有世代相传的邢窑白瓷制作技艺，能为学生带来原汁原味的工艺讲解与示范；行业专家则在市场趋势、创新设计等方面见解独到，可拓宽学生视野，为教学注入新活力。通过建立合作机制，邀请他们定期到校授课、举办讲座和工作坊，实现校内外师资优势互补。教材与资料的筹备，编写专门的邢窑白瓷文化教材，要以严谨的学术研究为支撑，全面涵盖邢窑白瓷的历史发展脉络、制作工艺流程、艺术审美特征等内容。注重教材的可读性与实用性，搭配丰富的图片、图表以及案例分析，便于学生理解。广泛收集各类参考资料，包括学术著作、研究论文、考古报告等，构建课程资料数据库，供师生随时查阅。影像资源也不可或缺，拍摄或收集记录邢窑白瓷制作过程、历史文化背景的纪录片、教学视频等，以直观生动的形式呈现教学内容，增强学生的学习兴趣。

在实验室设备采购上，依据邢窑白瓷制作工艺需求，配备齐全的原料加工设备，如破碎机、球磨机等，确保原料处理的精准与高效；购置多种成型设备，如拉坯机、模具等，满足不同成型工艺的教学实践；还需配备专业的烧制设备，如电窑、气窑，并确保温度、气氛等烧制参数可精准控制。校内实践场地的规划要合理，划分原料加工区、成型区、烧制区以及作品展示区等功能区域，为学生提供良好的实践操作环境。积极拓展校外合作基地，与邢窑遗址博物馆、相关陶瓷企业建立合作关系，将其作为校外实践教学场地。学生可在遗址博物馆近距离观察邢窑白瓷文物，感受历史文化底蕴；在企业中参与实际生产流程，了解行业动态与市场需求，实现校内校外教学资源的有机整合。

（三）学生动员与准备

为激发学生对课程的兴趣，学校通过多渠道宣传课程。利用校园官网、社交媒体平台发布课程介绍，详细阐述邢窑白瓷作为地方非遗的独特魅力、课程涵盖的丰富内容，如邢窑历史文化溯源、白瓷制作工艺实践等，让学生从多维度了解课程价值。在校内张贴精美的宣传海报，展示邢窑白瓷的精美图片与课程亮点，吸引学生目光。举办课程宣讲会，邀请非遗传承人或专业教师现场展示邢窑白瓷制作技巧，分享有趣的邢窑故事，以生动形式点燃学生对课程的好奇与热情。

设计一套涵盖邢窑白瓷相关历史文化知识、艺术鉴赏能力、基础手工技能等方面的摸底测试。通过测试，了解学生对邢窑白瓷的认知程度，如对其发展脉络、代表作品的知晓情况；判断学生艺术审美水平，能否赏析白瓷的造型与装饰艺术；掌握学生手工操作能力，如基本的陶艺制作手法是否熟悉。借助问卷调查学生对课程的兴趣点、期望从课程中获得的知识与技能以及参与课程的学习态度，是积极主动探索还是存在一定被动性，为后续教学方法选择与内容设计提供依据。在学生对课程有初步了解且完成基础评估后，要做好学习引导与预期管理。组织学习方法指导讲座，邀请有经验的教师或学长分享如何高效学习这类融合理论与实践的课程。介绍学习邢窑白瓷历史文化时，可推荐相关书籍、纪录片辅助理解；讲解实践操作环节，强调反复练习、及时总结经验的重要性。在预期管理方面，教师清晰阐述课程目标、教学安排与考核方式。让学生明白通过课程学习，不仅能深入了解邢窑白瓷文化，掌握制作工艺，还能提升自身审美素养与动手能力。明确告知课程中理论学习的深度、实践操作的难度，避免学生因期望过高或过低而影响学习积极性，确保学生以正确心态与合理预期投入邢窑白瓷文化课程学习。

二、实施阶段

课程实施阶段不仅要求教学内容的系统化呈现，还需要在教学过程中根据实际情况进行动态调整，以确保课程目标的实现。教师应根据学生的反馈和学习效果，灵活调整教学节奏和内容深度，确保理论与实践相结合更加紧密。教学团队需密切关注课程进展，及时解决实施过程中遇到的问题，确保教学资源的充分利用。

（一）课程教学的有序开展

理论教学作为基础，教师需依据课程大纲，将邢窑白瓷深厚的历史文化知识、独特的艺术特色以及复杂的制作工艺理论进行系统梳理与讲解。在讲解邢窑白瓷历史时，以时间为线，生动阐述从北朝初创，历经隋唐鼎盛，再到后续发展演变的过程，让学生明晰其发展脉络，理解每个时期政治、经济、文化等因素对邢窑白瓷的影响。在艺术特色方面，深入剖析白瓷的造型美学，包括经典器形的线条运用、比例搭配所呈现的美感以及装饰艺术中各类纹样的文化内涵与工艺技法。制作工艺理论则涵盖原料特性、成型方法原理、烧制技术要点等内容。在讲解过程中，通过多媒体展示丰富的图片、视频资料，结合实物教具，增强教学的直观性与吸引力，激发学生兴趣，帮助学生构建起扎实的理论知识体系。

依据课程设计，学生逐步参与邢窑白瓷制作的各个流程。在原料加工环节，学生亲自挑选、处理原料，掌握不同原料的特点及加工技巧，理解原料对成品质量的重要性。在成型阶段，学生尝试拉坯、印坯等多种成型方法，在反复练习中提升手部技巧与对器物形态的把握能力，体会传统成型工艺的魅力。在装饰环节，学生运用刻花、划花、印花等技法，在坯体上创作装饰纹样，将自身创意与传统技法相结合，锻炼艺术创作能力。在烧制环节，学生参与装窑、控制火候等工作，观察烧制过程中坯体与釉料的变化，感受温度、气氛等因素对最终成品的影响。在实践过程中，教师现场悉心指导，及时纠正学生操作中的问题，确保学生熟练掌握制作工艺，提升实践技能。组织学生前往邢窑遗址、博物馆等地实地考察，让学生近距离观察古窑址遗迹、触摸历史文物，直观感受邢窑白瓷的历史底蕴与文化魅力，增强对知识的感性认识。邀请非遗传承人与行业专家举办讲座、工作坊，分享宝贵经验与行业前沿信息，拓宽学生视野，促进学生与专业人士的交流互动。开展学生团队协作项目，如共同设计制作一套具有现代创意的邢窑白瓷作品，培养学生团队合作精神与沟通能力。

（二）教学过程中的动态调整

教师持续观察学生课堂表现，留意其参与讨论的积极性、对知识的理解程度以及在实践操作中的熟练度与创新思维展现。通过阶段性测验与作业评估，精准掌握学生对邢窑白瓷历史文化、制作工艺等知识的掌握情况，明确学生在理论与实践环节的薄弱点。

学生反馈收集为动态调整指引方向。定期开展座谈会，营造轻松氛围，鼓励学生畅所欲言，分享对课程内容难易程度、教学节奏快慢的看法以及在学习过程中遇到的困惑。精心设计问卷调查，涵盖教学方法、实践项目安排等方面，借助量化数据直观呈现学生意见。搭建在线反馈平台，方便学生随时提交反馈，教师及时整理分析，把握学生整体诉求。基于监测与反馈，针对性调整教学内容与方法。若学生对邢窑白瓷复杂的烧制工艺理解困难，教师可增加动画演示、模拟实验等直观教学手段，细化讲解关键步骤与原理；若实践环节学生创意不足，可引入更多优秀案例启发思维，组织创意讨论活动拓宽思路。灵活优化教学进度与资源分配。若学生对某一模块兴趣浓厚且掌握良好，可适当加快进度，补充拓展内容；若发现某实践项目资源不足，及时调配，如增加制作材料、延长实验室开放时间等，保障教学顺利推进，让邢窑白瓷文化课程始终以最适宜的状态助力学生成长。

（三）学生成果培育与展示

借助多样化的教学活动，如邀请非遗传承人分享创作灵感来源、组织学生参观现代陶瓷艺术展，拓宽学生视野，引导其从邢窑白瓷的历史故事、独特工艺、艺术风格中汲取灵感，鼓励突破传统思维，大胆构思融合现代元素的作品。提供一对一的专业指导，针对学生创意方案，从设计合理性、文化内涵表达、工艺可行性等方面给予细致建议，助力完善创意。开放专业实验室，让学生在实践中尝试不同原料、工艺组合，将创意转化为实物。在学生实践操作时，安排专业教师全程跟进，及时纠正行为偏差，解决技术难题，确保作品质量稳步提高。对于在实践中遇到瓶颈的学生，组织小组研讨，鼓励学生相互交流经验，共同攻克难关。校内举办专题展览，布置展览空间时，注重营造契合邢窑白瓷文化氛围，以展板介绍作品创作理念，搭配实物展示，让观众全方位感受学生创作魅力。组织汇报会，学生现场阐述创作思路、实践过程及收获，锻炼表达能力促进师生间交流探讨。积极拓展校外展示机会，与地方文化机构、陶瓷企业合作，推荐优秀学生作品参与各类文化活动、行业展会，让学生成果接受更广泛关注与专业评价，提升学生的成就感与自信心。

三、总结阶段

总结阶段是对课程实施效果的全面回顾与反思，为未来课程优化与改进提供依据，通过对课程教学成果的系统梳理，能够清晰地识别出课程设计、教学方法以及资源配置中的优势与不足。总结阶段也是提炼经验教训、形成可推广模式的重要契机。通过对学生反馈、教师反思以及行业专家意见的综合分析，能够为课程的持续改进提供科学依据，确保邢窑白瓷文化课程在高校美育中的长效发展。

（一）课程教学成果的总结与梳理

在学生知识掌握层面，通过理论考核与课堂表现评估，能看到其对邢窑白瓷历史发展、艺术特色、制作工艺等知识体系的理解。在深入探究邢窑从北朝初创至唐宋鼎盛再到后世传承演变历程中，学生能清晰把握各时期的特征，对邢窑在不同历史阶段受政治、经济、文化影响所呈现的工艺与风格变化也能精准阐述。学生在原料处理、成型、装饰及烧制等环节，从生疏到熟练掌握基础操作，部分学生还能依据传统工艺进行创新实践。他们调配原料时能精准把控比例，成型环节灵活运用拉坯、印坯等技法塑造精美器型，装饰上巧妙运用刻花、印花等手段赋予作品独特魅力，烧制时对火候、气氛的控制也渐趋成熟，烧制出具有邢窑特色的作品。课程激发学生创意，使其将邢窑文化与现代设计理念融合，创作出涵盖生活用品、艺术摆件等多元作品。这些作品既保留邢窑白瓷的传统韵味，又融入当代审美与功能需求，展现出学生对传统文化的创新性理解与表达。

通过课程学习，学生审美水平大幅提升，能敏锐捕捉邢窑白瓷的造型美、装饰美、材质美，并将其内化于自身审美体系。对地方非遗文化的认同感增强，主动承担起传承与弘扬邢窑白瓷文化的责任，在文化传承、艺术创新等方面展现出积极态度与较强能力。

（二）经验教训的反思与提炼

在体验式教学中，情境创设虽能营造浓厚氛围，但在场景还原的精准度和互动环节的有效性上仍有提升空间。有时模拟的邢窑生产场景，因对古代生产细节把握不够精准，导致学生对传统工艺的理解存在偏差。在实践体验活动中，部分学生参与邢窑白瓷制作流程时，由于前期理论讲解与实践操作衔接不紧密，致使学生在操作时对工艺原理理解不深，仅机械模仿，难以灵活应对制作中的问题。项目驱动式教学中，项目任务的分解有时未能充分考虑学生的知识基础和能力差异，造成部分学生在完成任务时困难重重，影响了学习积极性与项目进度。在师资队伍方面，校内教师虽然理论知识扎实，但实践经验相对匮乏，在指导学生进行邢窑白瓷制作实践时，难以提供全面且深入的技术指导。校外非遗传承人与行业专家虽然实践经验丰富，却在教学方法运用上不够熟练，无法很好地将自身经验系统传授给学生。在教学资料上，现有教材对邢窑白瓷文化的呈现不够全面深入，部分资料陈旧，未能及时反映最新研究成果与行业动态，影响了教学内容的时效性与丰富性。部分学生对课程内容兴趣浓厚，但由于课程安排紧凑，缺乏足够时间深入探究邢窑白瓷文化内涵。一些学生在跨学科学习中，因不同学科知识融合的教学引导不足，难以将化学、材料学等学科知识与邢窑白瓷制作工艺有效结合，无法充分发挥跨学科教学的优势。

（三）课程影响力拓展与延续

高校应踊跃参与各类教育教学研讨会，分享邢窑白瓷文化课程在体系构建、教学方法创新以及融入高校美育实践等方面的成果与经验。在研讨会上，与其他教育工作者交流碰撞，汲取先进理念与方法，为课程优化提供新思路。主动寻求与其他高校同类课程的合作契机，开展校际交流活动。可组织师生互访，相互学习对方在课程设计、实践教学、资源整合等方面的长处，通过交流互动，拓宽师生视野，提高课程整体水平。

为确保课程的持续推进，需制订完善的师资培养计划。针对校内现有教师，定期开展专业培训，邀请非遗传承人、行业专家以及学科领域权威学者进行授课，提升教师对邢窑白瓷文化的理解深度与实践指导能力。选拔培养对地方非遗文化教育有热情、有潜力的年轻教师，为课程注入新鲜血液。结合时代发展与教学实践反馈，对课程进行长期规划。不断更新课程内容，融入新的研究成果、工艺创新以及市场需求元素，使课程始终保持活力与吸引力。对学生毕业后在相关领域的发展进行跟踪，能为课程改进提供有力参考。通过建立校友联系网络，定期收集学生毕业后在文化传承、艺术创作、教育教学等与邢窑白瓷文化相关领域的发展情况。若发现学生在实际工作中遇到的问题与课程教学存在关联，可据此调整课程内容与教学重点。例如，若毕业生反馈在文化创意产品设计中对市场需求把握不准，课程便可加强相关市场调研与产品设计策略方面的教学。

第二节 教学团队的建设与培训

构建一支结构合理、能力突出的教学团队需要团队成员的构成多元化，既包括高校内具有艺术、历史、文化等学科背景的专业教师，也应吸纳行业专家、非遗传承人等外部力量，形成优势互补。针对邢窑白瓷文化的特殊性，团队需进行系统的知识培训，深入了解其历史渊源、工艺技术和美学价值，同时提升教学技能，探索适合非遗文化传播的教学模式。建立长效的团队发展机制，如定期交流、考核激励等，能够有效促进团队成员的专业成长与协作能力，为课程的高质量实施提供保障。

一、团队成员构成

一个结构合理、专业能力突出的团队能够为课程提供师资保障。团队成员应涵盖多个领域的专家，既包括高校内具有丰富教学经验的专业教师，也需引入行业内的实践专家。这种多元化的团队构成不仅能够确保课程内容的深度与广度，还能为学生提供理论与实践相结合的学习体验，推动课程的高质量实施。

（一）专业教师的选拔与配备

教师应在邢窑白瓷文化研究领域深耕，对其起源、发展脉络、兴衰变迁等历史演进有透彻认知，能够从学术层面深度剖析各时期邢窑白瓷与当时社会、经济、文化的紧密关联，为学生构建起系统的知识框架。在工艺技术方面，教师自身须具备扎实功底，熟练掌握从原料加工、坯体成型、装饰技法到烧制工艺的全流程操作，能够精准示范并指导学生实践，无论是拉坯时对力度与速度的把控，还是刻花时运刀的角度与深度，都能给予学生专业且细致的指导。专业教师要能敏锐洞察邢窑白瓷独特的艺术魅力，从造型的简洁大方、线条的流畅优美，到釉色的温润纯净、装饰纹样的丰富寓意，都能引导学生深入品鉴，培养学生的审美感知与鉴赏能力。在配备专业教师时，注重形成优势互补的团队结构。涵盖擅长历史文化研究的学者型教师，他们凭借深厚的学术积淀，为课程注入丰富的理论内涵；精通工艺制作的实操型教师，能切实提升学生的动手实践能力；具备艺术设计专长的教师，助力学生将传统邢窑元素与现代设计理念融合创新。不同专长的教师相互协作，共同打造全方位、多层次的教学环境，使学生既能汲取邢窑白瓷文化的深厚底蕴，又能在实践与创新中传承发扬这一珍贵的地方非遗。

（二）行业专家的引入与合作

行业专家通常来自邢窑白瓷生产企业、研究机构或是资深的非遗传承团队。他们在邢窑白瓷领域深耕多年，对从原料选取、配方调配，到制作工艺中的成型、装饰、烧制等全流程都有着精准且深入的理解。在引入过程中，高校需积极拓宽渠道，通过与相关行业协会沟通、参加行业展会交流等方式，挖掘并邀请那些在技术创新、文化研究、市场推广等方面有突出建树的专家。

在合作模式上，专家可定期走进校园举办专题讲座。他们能结合自身实践经历，生动地讲述邢窑白瓷在当代面临的技术难题及创新突破方向，如在原料可持续利用、新型烧制技术研发等方面的探索。成立工作坊也是重要形式，专家亲自示范操作各类传统与创新工艺，手把手指导学生实践，让学生切实掌握关键技术要点，感受传统工艺的魅力与温度。专家还能参与课程设计与优化。凭借对行业发展趋势的敏锐洞察，他们能帮助高校调整课程内容，使其更贴合市场需求与行业前沿。依据当下消费者对邢窑白瓷产品的多元化需求，建议增加现代设计理念与传统工艺融合的课程模块，或是强化产品营销与品牌建设相关内容。在实践教学环节，专家与校内教师共同指导学生项目，从选题构思、方案制定到成果完善，给予专业且实用的建议。他们丰富的行业资源也可为学生实习与就业搭建桥梁，推荐学生到企业实践，参与实际项目运作，助力学生毕业后顺利融入行业。

（三）教辅人员的协同配置

在资料管理方面，教辅人员需负责收集、整理与邢窑白瓷文化相关的海量资料。这不仅包括各类学术著作、研究论文、历史文献，还涵盖了珍贵的影像资料、实地考察记录等。他们要对这些资料进行系统分类与编目，构建便捷的检索体系，方便师生随时查阅。在历史文化板块方面，针对邢窑从北朝起源到各朝代演变的复杂历程，教辅人员将相关历史文献按照时间顺序整理成册，同时收集各时期邢窑白瓷的图片资料，标注出关键特征与历史背景信息，为教师备课和学生自主学习提供翔实的一手资料。

在艺术特色与工艺研究方面，整理不同装饰技法、造型风格的资料，并与现代艺术设计理念相结合，为教学中的创意启发提供丰富素材。在实践教学环节，他们负责维护实验室的正常运转，确保各类设备如陶轮、窑炉、化学分析仪器等处于良好状态。每次实践课程前，教辅人员提前调试设备，检查安全隐患，准备好实验所需的各类原材料与工具。以烧制环节为例，教辅人员要熟知不同窑炉的性能参数，协助教师根据课程目标和学生作品特点，制定合理的烧制方案，包括温度曲线的设定、烧制气氛的调控等。在学生进行实践操作时，教辅人员在旁巡视，及时纠正学生不规范的操作行为，保障实践教学的安全与顺利进行。在实地考察活动中，教辅人员承担起前期联络考察地点、安排交通与行程的工作。他们与邢窑遗址、博物馆、非遗传承工作室等相关单位沟通协调，争取最佳的考察学习条件。在考察过程中，教辅人员协助教师维持秩序，引导学生进行观察与记录，确保学生能充分利用实地资源，深入了解邢窑白瓷的历史遗迹、制作流程以及传承现状。在举办各类讲座、工作坊、展览等教学活动时，教辅人员负责场地布置、设备调试、人员接待等烦琐事务，为活动的成功举办创造良好条件。

他们可以针对学生在学习过程中遇到的问题，尤其是在资料查阅、实践操作基础技能等方面的困惑，提供及时的指导与帮助。教辅人员密切关注学生对课程的反馈意见，通过日常交流、问卷调查等方式收集学生的想法与建议，并及时反馈给专业教师，以便教师调整教学策略与内容，使课程更好地满足学生需求。

二、团队培训内容

为了提升团队成员的专业素养和教学能力，培训内容的设计必须兼顾理论与实践的双重需求。团队成员需要系统学习邢窑白瓷文化的历史渊源、工艺技术和艺术特色，深入理解其文化内涵与美学价值。培训应注重教学技能的提升，包括课程设计、教学方法创新以及跨学科融合教学的组织与实施。还应引入行业专家的实践经验，帮助团队成员将理论知识与实际操作相结合，确保课程内容能够生动、有效地传递给学生。

（一）邢窑白瓷文化知识培训

培训围绕邢窑白瓷深厚的历史文化脉络展开，从其北朝初创时期讲起，着重介绍彼时工艺的起源背景，早期白瓷在原料处理、烧制温度把控上的摸索以及在造型和装饰上的原始尝试，让教师和相关人员明晰其发展的起点。时间推移至隋唐，这一时期邢窑白瓷迎来鼎盛，培训深入讲解其在原料选取上的严格标准，对当地优质黏土、矿物的独特运用；在工艺上，如何通过改进窑炉结构、优化烧制流程，实现白瓷品质的飞跃，达到“类银似雪”的境界；在艺术风格方面，分析唐代审美对邢窑白瓷造型的影响，如线条变得更加流畅、器型更显大气，装饰纹样从简单质朴走向丰富多样，融入了更多当时流行的文化元素。到了宋元时期，尽管邢窑白瓷发展势头减弱，但培训仍会阐述其在工艺传承上的坚持，以及在装饰和造型上与时代变迁的融合。

在艺术特色知识培训板块方面，聚焦邢窑白瓷独特的造型艺术。深入剖析其经典器型的设计原理，从日常使用的碗、盘，到用于陈设的瓶、罐，每一种器形的比例、线条运用都蕴含着古人的智慧与审美。讲解不同器形在功能与美观上的平衡，以及它们如何反映当时的社会生活和文化习俗。对于装饰艺术，培训详细解读邢窑白瓷丰富多样的装饰技法，如刻花、划花、印花、贴花等。介绍每种技法的操作方法、特点及艺术效果，使培训对象明白刻花的线条刚劲有力、划花的细腻流畅、印花的规整精美、贴花的强烈立体感。深入探讨装饰纹样的文化内涵，如常见的花卉纹、动物纹、几何纹等，它们不仅起到装饰作用，更承载着古人的美好寓意和精神追求。从原料加工开始，讲解如何对采集来的原料进行筛选、粉碎、淘洗、陈腐等一系列工序，以去除杂质，获得细腻、纯净的坯料，这直接影响白瓷的质地。在成型工艺方面，全面介绍拉坯、印坯、注浆等多种成型方法，每种方法的操作技巧、适用器形以及对坯体质量的影响都详细说明。在装饰工艺培训中，除了前面提到的技法讲解，还会涉及釉料的选择与调制，不同釉料在烧制后呈现出的色泽、质感差异，以及如何通过装饰工艺与釉料结合，创造出独特的艺术效果。在烧制工艺培训中，阐释不同窑炉的结构特点、烧制过程中的温度曲线控制、气氛调节对产品质量的重要性，让培训人员了解烧制环节是决定邢窑白瓷最终品质和艺术效果的步骤。

（二）教学技能与方法的培训

在体验式教学技能培训方面，引导教师掌握模拟邢窑生产场景的技巧，从窑炉布局、工具摆放等细节着手，营造逼真的实践氛围，使学生仿若置身于古代邢窑作坊，深切感受传统制作氛围。在运用多媒体资源营造氛围上，培训教师筛选、剪辑影像资料，精准匹配教学内容，同时巧用音效强化情境，借助虚拟现实、增强现实技术，让学生沉浸式领略邢窑白瓷的历史与工艺魅力。

在项目驱动式教学技能培训中，助力教师学会结合邢窑文化确定项目主题，从邢窑历史发展脉络、艺术特色创新点、当代社会需求等多维度挖掘灵感，确保项目既具有文化内涵又贴合时代。培训教师掌握项目任务分解方法，依据学生能力与项目目标，将复杂项目细化为可操作的子任务，并合理规划时间节点，保障项目有序推进。培训教师引导学生团队协作，提升学生沟通、分工与问题解决能力。在与艺术学科融合教学方面，培训教师挖掘邢窑白瓷与美术课程的融合点，如将白瓷造型、色彩、装饰图案与绘画构图、色彩理论、创作实践紧密结合；探索与音乐、舞蹈等艺术形式结合的路径，引导学生以邢窑文化为灵感创作音乐作品、编排舞蹈，实现艺术跨界融合。与其他学科融合教学时，培训教师明晰邢窑白瓷与历史学科的关联，借助历史事件、文献解读白瓷发展历程与文化内涵；掌握与化学、材料学等学科的交叉运用，从原料成分分析、烧制工艺的化学原理讲解，到运用学科知识改进制作工艺，拓宽教学深度与广度。教师通过精心设计问题，引导学生自主思考邢窑白瓷文化现象背后的原因，如为何邢窑白瓷在唐代达到鼎盛、其独特工艺形成的地理与文化因素等，培养学生探究精神。案例教学法培训让教师收集、整理丰富的邢窑白瓷案例，从古代经典作品到现代创新设计，通过案例分析让学生理解白瓷制作工艺要点、艺术价值与文化传承意义。此外，还开展信息化教学方法培训，教会教师运用线上教学平台、教学软件辅助教学，如利用3D建模展示白瓷制作流程、线上讨论区促进师生交流，提高教学效率与互动性。

（三）职业素养与教育理念培训

职业素养培训首先聚焦于强化教师对地方非遗文化的敬畏之心与传承责任感。邢窑白瓷承载着千年历史与文化底蕴，教师需深刻认识到自身在传承这一珍贵文化遗产中的关键作用。通过专题讲座、文化研讨等形式，让教师深入了解邢窑白瓷从起源到发展的艰辛历程，以及其在各个历史时期对社会、经济、文化的深远影响，从而激发教师主动投身于非遗传承教育的热情，将保护和弘扬邢窑白瓷文化视为重要使命。

在专业精神层面，培训着重提升教师对教学工作的专注度与精益求精的态度。邢窑白瓷课程涉及历史、艺术、工艺等多领域知识，教师需严谨对待每一个知识点，确保教学内容准确无误。组织教师参与学术交流活动，与业内专家探讨最新研究成果，促使教师不断更新知识体系，提高专业水平。要求教师在教学过程中注重细节，从教案编写到课堂讲授，从实践指导到作业批改，都要以高标准严格要求自己，为学生树立良好榜样。在教育理念培训方面，推动教师树立以学生为中心的教育理念。邢窑白瓷课程应关注学生的兴趣点与需求，培训引导教师在教学中充分发挥学生的主体作用。鼓励教师采用多样化的教学方法，如项目式学习、小组讨论等，激发学生主动探索邢窑白瓷文化的兴趣。教师要善于观察学生的学习状态，根据学生的反馈及时调整教学策略，满足不同学生的学习进度与风格。对于对历史文化感兴趣的学生，可引导其深入研究邢窑白瓷的发展脉络；对艺术创作有热情的学生，提供更多创意设计指导。传承邢窑白瓷传统文化的基础上，鼓励教师引导学生进行创新实践。培训内容包括如何启发学生将现代科技、设计理念与邢窑白瓷工艺相结合，开发出具有时代特色的作品。教师自身也要不断创新教学模式，如运用线上线下混合教学、虚拟仿真技术等手段，丰富教学资源，增强教学效果。

三、团队发展机制

团队发展机制的构建，需要通过科学的考核与激励机制，激发团队成员的工作热情与创造力，同时通过定期的交流与合作，促进团队成员之间的知识共享与能力提升。这种机制不仅能够确保课程的高质量实施，还能为团队的长期发展提供持续的动力。

（一）教学团队的考核与激励机制

通过学生评教、同行互评以及专家听课等多元方式进行综合评价。学生作为教学的直接受众，他们对教师教学方法、知识传授效果、课堂互动情况的反馈极为重要，其评价结果能直观反映教师在课堂教学中的表现。同行互评则基于教师间相同或相近的专业背景与教学经验，从教学内容的准确性、教学方法的创新性以及教学组织的合理性等方面给出专业意见。专家听课侧重于从宏观的教育理念、课程体系把握以及微观的教学细节处理等角度进行深度剖析，为教师教学水平的提高提供建设性建议。

鼓励教师深入研究邢窑白瓷文化，在学术期刊中发表相关论文，出版专业著作，申报科研项目。论文的发表数量与质量体现了教师对学科前沿知识的掌握与研究深度；著作的出版有助于系统梳理和传播邢窑白瓷文化知识；科研项目的承担与完成情况则反映了教师的科技创新能力以及对学科发展的推动作用。此外，教学团队的协作能力同样不容忽视。考核教师在课程建设、教材编写、实践教学组织等团队任务中的参与度与贡献度，评估团队成员间沟通是否顺畅、协作是否高效，一个团结协作的教学团队能更好地整合资源，为学生提供更优质的教学服务。在物质激励上，对于教学质量高、科研成果突出以及团队协作表现优异的教师，给予奖金奖励，提高绩效工资待遇。在职称评定、岗位晋升方面予以倾斜，优先考虑在邢窑白瓷文化课程教学与研究中做出显著成绩的教师，为他们提供更广阔的职业发展空间。精神激励同样重要，对表现优秀的教师进行公开表彰，授予“优秀邢窑文化教育工作者”等荣誉称号，增强教师的职业荣誉感与成就感。还可以为教师提供更多参加国内外学术交流活动、专业培训的机会，让他们接触到行业最新动态与先进教学理念，促进自身专业成长，这也是对教师工作的一种高度认可。

（二）团队成员的交流与合作机制

课程团队成员包括来自不同专业背景的教师，如历史文化研究者、艺术设计专家、工艺实操能手，还有校外非遗传承人与行业专家。为实现顺畅交流，搭建多元沟通平台是基础。定期组织线下研讨会，团队成员会聚一堂，围绕邢窑白瓷文化课程的教学内容、方法创新、实践项目等核心议题展开深入探讨。在研讨会上，历史文化教师分享最新研究成果，剖析邢窑白瓷在不同历史时期与社会文化的紧密联系，为课程提供深厚的历史底蕴支撑；艺术设计专家则从美学视角出发，阐述如何将邢窑白瓷的艺术特色融入现代设计教学，激发学生创新思维；工艺能手与非遗传承人交流传统制作工艺的精髓与技巧，为实践教学提供实操经验。

利用即时通信工具与专业教学管理软件，成员可随时分享资料、交流教学心得、探讨教学中遇到的问题。教师在实践教学中遇到学生对某一传统成型工艺理解困难的情况，可通过线上平台迅速向非遗传承人与工艺能手请教，获取有针对性的教学建议，并及时调整教学方法。围绕邢窑白瓷文化课程相关项目，如开发一套全新的教学实践教材、设计一场邢窑白瓷文化主题展览等，团队成员根据各自专长明确分工又紧密协作。艺术设计专家负责教材的整体装帧设计与展览的视觉规划，使其在形式上更具吸引力；历史文化教师负责梳理教材中的历史知识脉络与展览的文化解读部分，确保内容准确权威；工艺能手与非遗传承人则参与教材中的实践操作章节编写，并为展览提供专业展品与制作工艺展示指导。在项目推进过程中，成员定期召开项目进度汇报会，及时沟通项目进展、解决遇到的问题，保障项目顺利进行。还可开展跨团队交流合作。与其他高校类似课程团队进行交流互访，学习借鉴对方在课程建设、团队协作等方面的先进经验。参加相关学术会议，与行业内专家、学者交流，拓宽团队视野，获取最新行业动态与研究成果，为团队发展注入新活力。

（三）教学团队的可持续发展规划

定期组织教师参与邢窑白瓷文化专项培训，邀请业内权威专家、资深非遗传承人开展讲座，成立工作坊，传授最新研究成果、传统工艺精髓及创新理念，拓宽教师知识视野，提升专业素养。鼓励教师参与国内外学术研讨会、文化交流活动，了解行业前沿动态，加强与同行的交流合作，促进知识更新与经验分享。支持教师在职深造，攻读相关专业更高学位，系统学习历史文化、艺术设计、教育教学理论等知识，为教学与研究注入新活力。

对于在课程教学中表现出色，如教学方法创新、学生反馈良好、教学质量评估优秀的教师，给予物质与精神奖励，激发教师的教学热情与积极性。针对在科研方面取得成果，如发表高质量学术论文、出版专业著作、承担科研项目的教师，提供科研经费支持、荣誉表彰等，鼓励其深入挖掘邢窑白瓷文化内涵，为课程发展提供坚实理论支撑。在职称评定、岗位晋升等方面，向积极参与课程建设和教学改革的教师倾斜，肯定他们的贡献，营造良好的职业发展环境。引导教师深刻认识邢窑白瓷文化传承的重要使命，将文化传承融入日常教学与研究中。鼓励教师探索将现代教育技术与传统教学方法相结合，创新教学模式，如运用数字化手段展示邢窑白瓷的制作工艺、历史变迁，让教学更生动有趣，吸引学生兴趣，增强教学效果。支持教师开展以邢窑白瓷文化为主题的创新实践项目，将传统元素与现代设计理念融合，培养学生的创新能力与文化自信，推动邢窑白瓷文化在新时代的传承与发展。注重团队文化建设，营造团结协作、积极进取的工作氛围，促进教师之间的交流与合作，形成强大的团队凝聚力，共同为邢窑白瓷文化课程的长远发展贡献力量。

第三节　课程实施的保障机制

课程的成功实施都离不开政策、资金和设施等多方面的保障。政策支持是课程实施的基础，学校和相关教育部门需要制定明确的政策，为课程提供制度保障和方向指引。资金保障是课程运行的关键，充足的资金投入能够确保教学资源的开发、实践活动的开展以及教学设备的更新。设施保障是课程实施的重要条件，包括教学场地的建设、实验设备的配备以及校外实践基地的利用等。只有通过多方面的协同保障，才能为邢窑白瓷文化课程的实施创造良好的环境，确保课程目标的实现和教学效果的增强。

一、政策保障

政策的引导与支持能为资源的整合与利用创造有利条件。通过制定和实施相关政策，学校可以更好地协调各方资源，推动非遗文化与美育课程的深度融合。政府的政策扶持也能够为课程提供必要的资金和制度保障，确保课程建设的可持续性。建立健全政策保障机制，是地方非遗融入高校美育的关键环节，也是实现课程目标的重要前提。

（一）学校对课程实施的政策支持

在课程定位与规划方面，学校应将邢窑白瓷文化课程提升至特色课程的战略高度，纳入学校整体学科体系与人才培养方案。从顶层设计上明确其作为传承地方非遗、提升学生文化素养与审美能力的重要载体地位，为课程的长远发展奠定坚实基础。

通过制定专项发展规划，确定课程在不同阶段的建设目标，如在初期着重完善课程内容框架，在中期强化实践教学环节，在后期实现课程成果的广泛推广与应用，引导课程建设沿着科学、有序的方向推进。学校需构建专门针对该课程的教学质量监控体系，从教学大纲的执行、课堂教学的组织到实践教学的效果，进行全方位、多层次的监督与评估。定期组织专家听课，对教师的教学方法、内容呈现、师生互动等方面提出专业意见，促使教师不断优化教学过程。在教师教学工作量认定上，充分考虑该课程实践教学占比大、教学准备复杂等特点，制定合理的工作量计算标准，激发教师的教学积极性。对于在课程教学中表现优异、积极创新教学方法的教师，设立专项奖励机制，如颁发教学成果奖、提供教学科研项目优先申报机会等，鼓励教师投入更多精力提高课程教学质量。在学分认定上，学校应认可学生参与邢窑白瓷文化课程实践活动所获得的学分，无论是实地考察、项目实践还是作品创作，都给予相应的学分奖励，引导学生积极主动地参与课程学习。对于学生在课程学习过程中取得的优秀成果，学校要提供展示与推广平台。举办校内邢窑白瓷文化作品展览，将学生的创意作品在学校展厅、图书馆等场所展示，提升学生的成就感与自信心；组织学生参加各类校外文化艺术竞赛，对获奖学生给予物质与精神奖励，增强学生对课程的认同感与归属感。鼓励学生基于课程学习开展创新创业活动，学校提供创业指导、场地支持、资金扶持等一系列政策，帮助学生将课程所学转化为实际成果，进一步推动邢窑白瓷文化的传承与创新发展，实现学校教育与社会需求的有效对接，让邢窑白瓷文化课程在学校政策的有力支持下，真正成为培养学生综合素养、传承地方非遗文化的优质课程。

（二）政府相关政策的引导与扶持

政府在非遗教育政策方面，积极出台专项政策助力邢窑白瓷文化走进高校课堂。设立专项资金，为高校开展邢窑白瓷文化课程建设提供直接的资金支持。这笔资金可用于教材编写，组织专家团队深入研究邢窑白瓷的历史、工艺、艺术特色等内容，编写贴合高校教学实际且兼具学术性与实用性的教材，让学生能够系统地学习邢窑白瓷知识。在师资培训上，专项资金支持高校选派教师参加非遗传承技艺培训班，邀请非遗传承人、行业专家入校开展师资培训讲座与工作坊，提升教师的专业素养与教学能力，打造一支精通邢窑白瓷文化的师资队伍。

对积极与邢窑遗址博物馆、非遗传承工作室等建立合作关系的高校，在项目审批、资源调配等方面给予便利。例如，简化高校与非遗传承机构联合开展科研项目的审批流程，缩短审批周期，使双方能够更高效地开展邢窑白瓷工艺创新、文化内涵挖掘等研究工作。政府协调各方资源，为双方合作搭建信息交流平台，定期发布合作需求与资源信息，促进高校与非遗传承机构精准对接，实现优势互补，共同推动邢窑白瓷文化传承与发展。出台政策引导企业参与高校课程建设，鼓励企业为课程提供实践项目、实习岗位以及市场需求信息。企业可以根据自身生产经营需求，在高校设立邢窑白瓷创意设计、产品研发等实践项目，让学生在真实的产业环境中运用所学知识，提升实践能力与创新能力。政府对参与课程建设的企业给予税收优惠、项目补贴等政策奖励，激发企业的积极性。支持高校学生基于课程成果进行创业，为创业学生提供创业场地、创业指导以及小额贷款等扶持政策，助力学生将邢窑白瓷文化创意转化为实际产业成果，推动邢窑白瓷文化产业的创新发展。在人才培养政策上，政府对高校培养邢窑白瓷相关专业人才给予政策倾斜。在招生政策上，支持高校在相关专业设置邢窑白瓷文化方向，适当增加招生名额，吸引更多学生投身于邢窑白瓷文化传承与研究。在就业政策方面，为从事邢窑白瓷文化产业的高校毕业生提供就业补贴、落户优惠等政策，稳定人才队伍。针对课程教师队伍建设，政府提供人才支持政策，如设立人才引进专项资金，吸引国内外优秀的非遗研究人才、艺术设计人才等加入高校教师队伍，提高教师队伍的整体水平。

（三）政策的动态调整与优化

学校应搭建多元信息收集渠道，线上借助专门的课程反馈平台，供教师、学生及时提交对课程政策的看法，涵盖教学管理政策是否合理、学生学习支持政策能否满足需求等方面；线下定期组织座谈会，邀请教师代表、学生代表以及非遗传承人和行业专家参与，面对面交流政策在课程实践中的执行情况。

对于反馈信息，设立专门的分析小组，运用科学方法进行梳理，分类归纳出政策在课程规划、教学管理、实践教学等环节存在的问题，为后续政策调整提供依据。在课程目标达成方面，评估政策是否助力学生切实掌握邢窑白瓷历史文化知识、提升艺术审美与实践技能，能否推动地方非遗传承与创新的目标实现。从教学质量角度，考量政策对教师教学方法创新、教学内容深度与广度把控的影响以及对教学资源合理配置的促进作用。关注学生参与度与满意度，了解政策是否激发学生对课程的兴趣，提升其主动学习的积极性。依据这些指标，定期开展量化与质化相结合的评估。量化评估借助考试成绩分析、学生实践成果量化评价等方式；质化评估通过学生作品分析、教师教学反思报告等途径。评估结果直观反映政策的实施成效与不足，为政策调整指明方向。在课程规划政策方面，若评估显示课程在学校学科体系中的定位不够清晰，未能与学校整体发展战略紧密结合，就需重新审视并明确课程定位，调整课程发展规划，强化其在传承地方非遗、服务区域文化建设等方面的作用。在教学管理政策上，若发现教学质量监控存在漏洞，无法有效保障教学效果，应优化监控流程，提高监控频率，完善评估标准，强化对教师教学过程的监督与指导。

在学生学习支持政策方面，若学生反馈学分认定政策不够灵活，影响实践活动参与的积极性，就及时调整学分认定细则，给予学生更多参与实践、创新活动的学分激励。新政策出台后，通过学校官网、校内通知、课程宣讲会等多渠道进行宣传解读，确保教师、学生准确理解政策变化，积极配合政策实施。

二、资金保障

邢窑白瓷文化课程的构建与实施涉及多个环节，包括课程开发、教学资源整合、实践基地建设以及师资培训等，这些都需要充足的资金支持。资金的合理分配与使用不仅能够保障课程的高质量运行，还能为课程的长期发展提供可持续的动力。多渠道筹措资金，如学校专项拨款、政府文化项目支持、企业合作赞助等，可以有效缓解资金压力，确保课程建设的顺利进行。

（一）课程建设资金的来源渠道

高校通常重视特色课程的打造，会在年度预算中专门划出一部分资金用于支持地方非遗相关课程，邢窑白瓷文化课程便在其列。学校基于对传承地方文化、丰富教学内容、提升学校文化底蕴等多方面的考量，将资金分配至课程建设的各个关键环节。这笔资金可用于聘请专业教师，确保授课团队具备深厚的邢窑白瓷知识储备与教学能力；也可用于购置基础教学设备，如多媒体教学器材，以生动展示邢窑白瓷的历史文化资料、制作工艺视频等，增强教学效果。学校资金还能投入教材编写工作中，组织专业团队编撰高质量、系统性的邢窑白瓷文化教材，为学生提供权威学习资料。

政府大力倡导文化传承与创新，积极出台各类针对非遗教育的资助政策。邢窑白瓷作为珍贵的地方非遗，高校可据此申报相关项目获取资金支持。例如，政府设立的文化遗产保护与传承专项基金，鼓励高校开展对邢窑白瓷文化的深入研究与教育推广工作。高校凭借自身的科研实力与教学资源，撰写详细且具创新性的项目申报书，阐述课程在邢窑白瓷文化传承、人才培养方面的目标与实施计划，争取获得政府资金注入。这些资金可用于开展大型研究项目，如对邢窑遗址的实地考察与研究，深入挖掘其历史文化内涵，为课程内容提供更丰富、准确的素材；还能支持建设专业实验室，配备先进的检测设备，用于分析邢窑白瓷的原料成分、烧制工艺等，提升课程的科学性与专业性。企业基于对文化传承的社会责任意识以及自身品牌文化建设的需求，会向高校的邢窑白瓷文化课程伸出援手。一些陶瓷企业，希望借助高校的人才与科研优势，推动邢窑白瓷工艺的创新发展，会捐赠资金支持课程建设。他们的捐赠资金可用于设立专项奖学金，激励学生积极投身于邢窑白瓷文化学习与研究，培养优秀人才；也能赞助举办各类学术研讨会、文化展览等活动，邀请国内外专家学者交流探讨，提升课程的影响力与知名度。基金会等社会组织关注文化教育事业的发展，若高校能够精准对接其资助方向，展示课程的教育价值与社会意义，也有机会获得捐赠资金，用于改善教学条件、拓展教学资源等方面。

（二）资金的合理分配与使用管理

在教材编写方面，为打造权威且具特色的邢窑白瓷文化教材，资金用于调研、资料收集以及邀请专家指导等，确保教材内容涵盖邢窑白瓷从起源到发展的完整历史脉络、精湛制作工艺以及独特艺术审美。教具与设备购置同样关键，采购专业的制瓷工具，如拉坯机、刻刀、印模等，满足实践教学需求；配备先进的窑炉设备，精准模拟邢窑传统烧制环境，保障烧制环节教学质量。影像资料、数字化资源的获取也需资金支持，通过购买或制作高清图片、视频，全方位展示邢窑白瓷的实物细节与制作过程，丰富教学素材。为提升教师专业素养，资金用于组织教师参加国内外相关学术研讨会，使教师及时掌握行业前沿动态与研究成果；开展专业培训课程，邀请非遗传承人与行业专家对教师进行实操培训，增强教师实践教学能力。设立教师教学成果奖励基金，对在课程教学中表现突出、教学效果良好的教师给予物质奖励，激励教师积极投入教学创新与改进。

实地考察与调研活动需要资金支持交通、场地租赁以及与考察的沟通协调等事宜，确保学生能深入邢窑遗址、博物馆、生产企业等地，亲身感受邢窑白瓷文化氛围，获取第一手资料。举办实践活动，如校内制瓷比赛、作品展览等，资金用于活动策划、场地布置、奖品购置等，为学生提供展示实践成果的平台，激发学生学习兴趣与创造力。

设立专门的课程资金账户，确保专款专用，杜绝资金挪用现象。每笔资金支出都需详细记录用途、金额、时间以及责任人等信息，形成规范的财务档案。定期对资金使用情况进行审计，通过内部审计与外部专业审计相结合的方式，确保资金使用合法合规、透明高效。依据审计结果与课程实际需求，灵活调整资金分配方案，优化资金使用效率，让有限的资金在邢窑白瓷文化课程建设中发挥最大效能，推动课程持续稳定发展。

（三）资金保障的可持续性规划

高校可设立专项课程建设资金储备基金，从学校年度预算的教育发展专项资金中划出一定比例作为初始资金注入。积极争取校友捐赠，向对邢窑文化感兴趣或认同非遗教育价值的校友发出倡议，设立相关捐赠项目，拓宽储备基金来源。为实现储备资金的保值增值，可在专业财务团队指导下，将部分资金合理投资于稳健型理财产品，如低风险债券等，确保资金在安全前提下实现一定程度的增加，以备课程在遇到突发资金需求或重大项目时能够灵活调配使用。

积极探索新的资金来源渠道，密切关注国家及地方政府发布的文化教育类项目申报信息，组织专业团队精心撰写申报材料，争取获得更多政府专项资助。例如，申报国家艺术基金中与非遗传承、文化教育相关的项目，利用政策资金推动课程建设。加强与企业的深度合作，创新合作模式。可与陶瓷生产企业联合开展产学研项目，企业提供资金支持，高效运用专业知识助力企业解决技术难题、进行产品创新设计，实现互利共赢。还可与文化创意企业合作，开发邢窑白瓷文化周边产品，通过销售收入反哺课程建设，建立长期稳定的资金合作关系。全面识别与评估资金风险因素，如政策变动导致政府资助减少、经济形势变化影响企业合作资金投入等。针对这些风险，制定详细的应对预案与措施。若遇到政策调整，及时调整课程发展策略，重新规划资金使用重点，加大对自筹资金项目的投入力度。若企业合作资金出现波动，提前与合作方沟通协调，寻求解决方案，同时积极寻找替代合作机会。建立风险预警机制，通过对资金流动数据、政策动态、合作企业经营状况等信息的实时监测，提前预判风险，为采取应对措施争取时间，从而有效保障邢窑白瓷文化课程资金的稳定供应。

三、设施保障

邢窑白瓷文化课程的开展依赖实践操作的支撑。通过配备专业的实验室、艺术工作室和展示空间，学生能够在真实的环境中体验非遗文化的魅力，增强动手能力和创新意识。校外实践基地的建立，如邢窑遗址、陶瓷工坊等，能够为学生提供更为直观的文化体验，促进理论与实践相结合。

（一）教学场地与设备的配备

校内需规划专门用于邢窑白瓷文化教学的场地，涵盖理论教学教室与实践操作空间。理论教学教室应配备多媒体教学设备，如高清投影仪、音响系统等，方便教师展示邢窑白瓷相关的历史图片、工艺视频以及各类研究资料，使抽象的文化知识更直观地呈现给学生，增强教学的生动性与吸引力。需根据邢窑白瓷制作流程进行功能分区。原料加工区应配备专业的原料处理设备，如破碎机、球磨机等，用于将采集来的黏土、矿物等原料进行粉碎、研磨，制备成符合制作要求的坯料。成型区要放置多种成型设备，如拉坯机，其性能稳定，能满足不同学生的操作需求，助力学生掌握“拉坯”这一传统成型工艺；印坯所用的模具也需精心准备，材质应耐用且能精准复刻邢窑白瓷经典器型。装饰区配备刻刀、印花模具等工具，让学生在实践中体验刻花、印花等装饰技法。

烧制区则需配备不同类型的窑炉，如电窑、气窑等。电窑温度控制精准，适合初学者熟悉烧制流程；气窑能更好地模拟传统烧制氛围，满足对烧制效果有更高要求的教学实践。窑炉需配备完善的温度监测与控制系统，确保烧制过程中温度曲线符合邢窑白瓷烧制标准，保障烧制出具有邢窑特色的白瓷作品。还应设置作品展示区，用于陈列学生优秀作品与邢窑白瓷实物或仿制品，营造浓厚的文化氛围，激励学生学习热情。

（二）实践基地的建设与利用

在建设实践基地时，选址倾向于邢窑遗址周边区域或拥有成熟邢窑白瓷制作产业的地方。这些地域具备丰富的文化资源与实践条件，能为学生提供得天独厚的学习环境。与当地政府、企业及非遗传承机构紧密合作，共同规划实践基地的功能布局。设置原料采集与处理展示区，学生可在此直观了解邢窑白瓷原料特性及传统加工工艺；打造成型、装饰与烧制工艺实操区，配备专业设备与工具，满足学生亲身体验制作流程的需求；设立作品展示与交流区，用于展示经典邢窑白瓷作品、学生实践成果，促进经验分享与创意碰撞。在日常教学中，安排学生定期前往基地开展实践课程。在原料环节，学生在专业人员指导下，学习辨别优质原料，掌握筛选、粉碎、淘洗等处理技巧。在成型阶段，学生尝试拉坯、印坯等技法，在反复操作中提升动手能力。在装饰环节，学生学习刻花、划花、印花等传统装饰技艺，将艺术构思付诸实践。在烧制时，学生参与烧制过程，观察温度、气氛对作品的影响，理解烧制工艺的关键要点。基地还为学生提供参与实际项目的机会，如与企业合作开发新产品，参与非遗传承活动的策划与执行等。

（三）设施保障的协同与共享

不同专业与课程对设施的需求各有侧重却又存在交集。艺术设计专业学生在进行邢窑白瓷创意设计时，与美术史论课程学生对资料查阅场地及多媒体展示设备的需求可实现共享。学校应建立统一的设施预约管理系统，学生与教师可通过该系统便捷查询设施使用状态并进行预约，系统依据时间先后及教学任务紧急程度进行合理调配。对于如陶艺制作设备这类兼具专业性与通用性的设施，在满足邢窑白瓷课程实践教学的同时，可向其他涉及陶瓷艺术创作的课程开放，通过制定详细的使用规范与操作流程，保障设备在多课程间有序流转，既避免设备闲置，又增加学生实践操作机会，促进不同课程学生在实践过程中的交流与灵感碰撞。

各高校在邢窑白瓷文化研究与教学设施配备上存在差异，通过合作能实现优势互补。拥有先进陶瓷材料分析实验室的高校，可与在邢窑白瓷艺术展示方面经验丰富的院校携手。开展联合实验教学，让学生跨校参与专业实验课程，深入了解邢窑白瓷原料成分与烧制过程中的物理化学变化；合作举办校际展览，整合双方的邢窑白瓷藏品、学生优秀作品进行巡回展示，共同打造高质量的展览空间与布展方案。校际还可互派教师与学生交流访问，借助对方学校的特色设施开展短期实践项目，如在具有先进3D打印设备的高校，围绕邢窑白瓷造型进行数字化设计与打印实践，丰富学生对传统技艺与现代技术融合的认知。社会文化场馆拥有众多珍贵的邢窑白瓷实物藏品与历史文献资料，高校可与之合作，定期组织学生前往参观学习，利用场馆专业的讲解资源与展示设施，强化学生对邢窑白瓷文化内涵的理解。研究机构具备前沿的科研设备与技术，高校与之建立合作关系，能够为学生提供参与科研项目的机会，运用研究机构的高精度检测设备对邢窑白瓷的工艺进行深入研究。企业的生产设施也是重要的社会资源，企业的现代化陶瓷生产线可作为学生实践教学的场所，学生在真实生产环境中，学习邢窑白瓷从原料加工到成品产出的全流程操作，了解行业最新生产工艺与市场需求，将学校所学理论知识与企业实践紧密结合，实现高校人才培养与社会需求的无缝对接。

·第七章·

邢窑白瓷文化课程的评价体系

邢窑白瓷文化课程作为地方非遗融入高校美育的创新实践，其评价体系的构建需要兼顾美育的特殊性与非遗文化的独特性。邢窑白瓷文化课程的评价体系应突破单一的评价模式，采用多元化的评价指标与方法，全面反映学生在知识、技能、情感态度及价值观等方面的成长与变化。评价体系还需结合非遗文化的特点，关注学生对邢窑白瓷历史渊源、工艺技术及美学价值的理解程度以及其在文化传承与创新中的实际表现。

第一节　课程评价的理论依据

在地方非遗融入高校美育的背景下，邢窑白瓷文化课程的评价需要建立在科学、系统的理论基础之上。多元智能理论强调学生能力的多样性，为课程评价提供了多维度的视角，能够全面反映学生在审美感知、艺术表现和文化理解等方面的素养。建构主义理论则注重学生在学习过程中的主动建构，强调评价应关注学生的个体差异和学习体验。美育课程评价还需遵循全面性、发展性和客观性原则，既要关注学生的知识掌握和技能提升，也要重视其情感态度和文化传承意识的培养。

一、教育评价理论基础

在构建邢窑白瓷文化课程评价体系时，教育评价的理论基础为其提供了科学的指导框架。多元智能理论强调学生能力的多样性，主张评价应关注学生的综合素养，而非单一的知识掌握情况。这一理论为课程评价的多元化设计提供了重要启示，促使评价内容从传统的知识考核转向对学生审美感知、艺术表现和文化理解等多维能力的考查。

（一）多元智能理论与课程评价的契合

在邢窑白瓷文化课程中，语言智能体现在学生对邢窑白瓷历史、文化背景、工艺知识的阐述与交流上。学生需要通过清晰的语言表达，讲述邢窑从北朝起源历经各朝代发展的脉络，解释不同时期白瓷在造型、装饰、工艺等方面的特点以及传达自己在学习过程中的思考与感悟。这不仅考查他们对知识的掌握程度，更考验其语言组织与沟通能力。

逻辑数学智能在课程评价中也有体现，在分析邢窑白瓷的制作工艺时，涉及原料配比、烧制温度与时间的把控等问题，需要学生运用逻辑思维去理解其中的科学原理，并通过数学计算来优化工艺参数。在研究邢窑白瓷的发展规律时，学生也需运用逻辑推理，梳理不同因素之间的因果关系。学生要能够把握白瓷器物的三维空间形态，理解传统造型的美感与比例关系，并将空间想象力运用到新造型的设计中。在装饰环节，他们需要考虑图案在器物表面的布局、色彩搭配以及空间层次的营造，这些都反映了学生的空间智能水平。从原料加工、成型到装饰、烧制，每一个环节都需要学生通过肢体动作来完成。如在拉坯过程中，学生双手对泥料的操作力度、速度与协调性，体现了他们的身体运动智能。熟练且精准的操作，是制作出高质量作品的关键，也是课程评价的重要方面。制作过程中的节奏与韵律感也可纳入考量。在一些重复性的操作环节，如印坯时的节奏把握，以及在烧制过程中对火候变化的感知，都存在一种内在的韵律，能够敏锐感知并顺应这种节奏的学生，常在实践中表现更出色。学生在小组合作完成项目时，需要与团队成员进行有效的沟通、协调与分工。在与非遗传承人、行业专家交流互动中，他们的人际交往能力、倾听与反馈能力也得以展现。良好的人际智能有助于学生获取更多资源，拓宽学习视野，对课程学习效果产生积极影响。

内省智能体现在学生对自身学习过程的反思与总结。能够意识到自己在邢窑白瓷文化学习中的优势与不足，主动调整学习方法与策略的学生，在课程学习中能够实现更高效的自我提升。他们会对自己的作品进行深入反思，思考如何改进工艺、提升创意，这种内省能力是课程评价中反映学生学习主动性与成长潜力的重要因素。学生需要观察原料的特性、自然环境对烧制效果的影响以及从自然界中汲取灵感用于白瓷的设计与装饰。善于观察自然的学生，能够发现更多独特的元素，并将其融入作品中，为传统邢窑白瓷注入新的活力。

（二）建构主义理论对课程评价的影响

在课程评价目标设定上，建构主义强调关注学生个体知识构建过程，促使课程评价不再单纯聚焦于知识记忆，而是更注重学生在邢窑白瓷文化学习中对知识的理解、应用与创新能力。评价目标旨在考量学生如何将邢窑白瓷的历史、工艺、艺术特色等知识，通过自身思考与实践，内化为个人认知体系，并进一步转化为解决实际问题、创造新作品的能力。

在评价内容层面，建构主义倡导全面性与情境性，评价不再局限于书本知识考核，而是涵盖学生参与课程实践的全过程。学生在邢窑白瓷制作工艺实践中的表现，如对原料特性的把握、成型工艺的熟练运用、烧制环节的操作技巧等，都是评价的重要内容。学生在小组合作项目中展现出的沟通协作能力、对邢窑白瓷文化创意表达的能力以及在面对复杂情境（如还原古代邢窑生产场景项目）时运用所学知识解决问题的能力，均被纳入评价范畴。这种基于实际情境的评价内容，能更真实地反映学生对知识的掌握程度与应用水平。传统单一的考试评价方式被打破，取而代之的是多种评价方式融合。除了定期测验检验学生理论知识掌握情况，课堂表现观察成为重要评价手段，观察学生在讨论邢窑白瓷文化相关话题时的思维活跃度、观点创新性等。学生的学习过程记录，如实践操作日志、项目策划书、阶段性成果报告等，也成为评价依据，用于追溯学生知识构建的轨迹。同伴互评与自我评价在建构主义理论下得到重视。同伴互评能促进学生间相互学习，通过评价他人，学生能从不同视角审视自己的学习成果；自我评价则培养学生反思能力，让学生在回顾学习过程中明确自身优势与不足，从而调整学习策略。教师针对学生在各方面表现，提供具体改进建议，帮助学生清晰了解自己在邢窑白瓷文化知识建构中的薄弱环节，引导学生进一步探究学习。

二、美育课程评价

美育课程评价应遵循全面性、发展性和客观性原则。全面性原则要求评价内容涵盖学生的审美感知、艺术表现和文化理解等多方面素养；发展性原则强调评价应关注学生的成长过程，注重其长期能力的提升；客观性原则要求评价标准科学合理，避免主观偏见。科学合理的评价体系，能够有效促进课程优化，推动地方非遗与高校美育的深度融合。

（一）美育课程评价的原则

美育课程评价应遵循全面性、发展性和客观性原则。全面性原则要求评价内容涵盖学生的审美感知、艺术表现和文化理解等多方面素养；发展性原则强调评价应关注学生的成长过程，注重其长期能力的提升；客观性原则要求评价标准科学合理，避免主观偏见。

1.全面性原则的体现

对邢窑白瓷历史知识的考查，从其起源的北朝时期，历经隋唐的辉煌，直至后续发展阶段，全面评估学生对各时期白瓷发展脉络、重要历史事件与文化背景关联的掌握程度。在艺术特色方面，无论是学生对造型艺术中对线条运用、器型比例的理解，还是装饰艺术里对刻花、划花、印花等技法以及纹样内涵的领会，都纳入评价范畴。

评价全面涉及原料处理、成型工艺、装饰技法和烧制环节。在原料处理上，考查学生对本地原料特性的认识、筛选方法及加工流程的熟练程度。成型工艺评价学生拉坯、印坯等操作的规范性与精准度，关注其能否根据不同器型要求灵活运用相应成型手段。在装饰技法方面，评判学生运用各类装饰手法创造美观且符合邢窑风格纹样的能力。烧制环节则检验学生对窑炉操作、温度控制以及烧制效果预判的能力。评价其课堂参与度，包括对知识讲解的专注程度、提问的积极性以及小组讨论中的贡献。在实践课上，观察学生的操作态度、遇到问题时的思考方式与解决能力。对学习态度的评估贯穿始终，考量学生对待课程的重视程度、完成作业的认真程度以及主动探索邢窑白瓷知识的热情。创新能力考查学生能否将邢窑白瓷传统元素与现代设计理念相结合，开发出具有新颖性的作品或观点。在文化传承意识层面，观察学生在学习过程中对邢窑白瓷文化价值的认同程度，以及是否具备传播和弘扬这一地方非遗文化的意愿与行动。[1]

2.发展性原则的贯彻要点

在邢窑白瓷文化课程中贯彻发展性原则，需着眼于学生的长远成长与课程的持续优化。就学生发展而言，要关注其在知识、技能与素养等多方面的动态进步。在知识领域，不仅要让学生掌握邢窑白瓷固定的历史知识与艺术特色，更要引导他们学习深入，不断挖掘新的文化内涵，理解其在不同时代背景下的演变逻辑，形成知识体系的拓展与深化。在技能培养上，鼓励学生从模仿传统制作工艺起步，逐步探索创新技法，提升动手实践与解决问题的能力，为未来在相关领域的发展奠定基础。素养培育方面，注重培养学生对地方非遗文化的热爱与传承责任感，使其在文化自信与审美能力上不断提升，塑造健全的人格和正确的价值观。对于课程自身发展，要依据学生的反馈和时代需求持续改进。教师要收集学生在学习过程中遇到的困难、提出的建议以及表现出的兴趣点，以此为依据调整教学内容，如补充前沿研究成果、更新实践案例等，让课程内容始终保持新鲜感与实用性。在教学方法上，紧跟教育技术发展趋势，引入新的教学手段，如数字化模拟制作、线上线下混合式教学等，增强教学的趣味性与互动性。

---

[1] 霍楷，高羃．美育与创新：艺术展演与竞赛育人研究[M]．北京：化学工业出版社，2024.

积极与行业发展接轨，关注邢窑白瓷文化在当代文化产业、艺术设计等领域的应用，将行业动态融入课程，使学生所学知识能更好地与社会需求对接，确保课程在传承地方非遗文化、服务高校美育的道路上不断焕发生机与活力，实现学生个人发展与课程发展的相互促进。

3.客观性原则的实施要求

评价标准需科学且统一，要依据课程目标和教学内容，制定涵盖知识掌握、技能水平、情感态度等维度的清晰评价指标。在知识考查上，对邢窑白瓷历史演变、艺术特色、工艺原理等知识点的评判标准应明确，避免模糊与随意性，让不同评价者都能依据统一尺度衡量学生表现。评价过程应公开透明。[1]从资料收集、数据统计到结果评定，各环节都要向学生公开。学生有权知晓实践操作成绩的打分依据，是基于工艺的规范性、创新性，还是完成度等方面的考量。评价过程要接受监督，无论是校内教学管理部门，还是学生群体，都可对评价过程的公正性进行监督，若发现问题能及时反馈纠正。不能仅依赖教师评价，还应纳入学生自评、互评以及校外专家、非遗传承人等的评价。学生自评能促使其自我反思与总结，互评可增进学生间的交流与学习。校外专业人士则能从不同视角，如行业标准、文化传承等方面，给出更具专业性和客观性的评价，综合多方评价结果能更全面客观地反映学生的真实水平。在收集学生学习成果、课堂表现等评价资料时，要确保资料的真实性，防止学生造假或资料被篡改。对于实践作品，可通过记录创作过程、留存原始材料等方式验证其真实性；对于学习档案，要保证记录的及时性与准确性。

（二）美育课程评价的目的

高校和教师应明确，对于“邢窑白瓷文化课程”这一融入地方非遗的美育课程，其评价目的在于为艺术教育方案提供可信度，为教师进行教学反思和自我反省提供指导。尤其要明确评价对学生的意义，即增强学生在学习邢窑白瓷文化课程时的自信心，增进学生对该课程评价等级的理解，帮助学生建立针对此课程学习成绩的责任制，强化学生学习邢窑白瓷文化课程的美育自驱力。

邢窑白瓷文化课程的评价可分为期待课程、执行课程和达成课程。针对期待课程，重点评价邢窑白瓷文化课程的价值和意义能否满足学习者对地方非遗文化以及美育素养提升的需求；针对执行课程，重点评价邢窑白瓷文化课程的组织是否有序，以及在教学中对诸如师资、场地、资料等资源的利用是否合理；针对达成课程，重点评价邢窑白瓷文化课程的实施效果是否契合该课程所设定的目标，如学生对邢窑白瓷知识技能的掌握程度、文化传承意识的增强情况等。针对教授邢窑白瓷

[1] 罗枫．高校美育课程实践探索与教学创新[M].北京：中国水利水电出版社，2023.

文化课程的美育教师的评价，应细分为知识能力（如对邢窑白瓷历史文化、制作工艺知识的掌握）、技能（实践操作技能、教学技能等）、美育理念（如何通过邢窑白瓷文化培养学生的审美）、师德等不同维度；针对学习邢窑白瓷文化课程的学生的评价，应分为过程性评价（学习过程中的表现）、诊断性评价（对学习困难等问题的诊断）、个性化评价（考虑学生个体差异的评价）、结果性评价（最终学习成果的评价）等不同维度。[1]

（三）美育课程评价体系的完善性问题

美育并非一门课程或一项专业技术，而是一项系统性的教育规划。以邢窑白瓷文化课程为例，作为地方非遗融入高校美育的具体实践，其课程建设和师资建设是构建美育课程体系的“前端”，在课程实施过程中，还需要“后端”的保障——完整和合理的课程评价体系。这也是应用型地方高校美育课程存在的问题之一，即评价体系的针对性不强、评价分级制度不完善。

现行的教学质量评价体系主要是面向各类专业及其主干课程的，并没有建立一套专门针对美育课程及其相关教育教学工作的评价体系。就邢窑白瓷文化课程而言，不仅缺乏关于该课程所承载的美育研究和教学的专项自评制度，也没有成立专项的督导检测和监督机制。这在应用型地方高校是比较普遍的。简言之，就是美育课程评价体系不完善，相关的检测机制也需要进一步改进，以突出专业性和专门性。从大多数应用型地方高校的教学质量评价制度来看，各类专业的专门化质评政策、方法以及相关流程都是比较全面的，既有全面的文件制度，也有完整的评价办法，评价组织管理和实施流程严格规范，评价结果反馈机制健全。可谓问题导向明确，措施办法严谨。针对美育类课程和美育类教师的质量评价检测体系却并不完善，邢窑白瓷文化课程的教师对其教学指导和课后评价都缺乏专业性。缺少有针对性的课程评价体系，对美育教学来说是不利的。美育教学具有其独特性，邢窑白瓷文化课程，涵盖历史、艺术、工艺等多方面内容，如果完全按照普通专业课程的评价体系进行管理，势必破坏美育教学的严谨性和规范性。要根据美育的教学目标、跨学科特点，比如邢窑白瓷文化课程中历史知识传授与艺术审美培养的融合，制定一套创新型的课程评价体系，这是当前应用型地方高校管理者需要解决的问题；要兼顾社会的需求和行业的评价，建立一种综合的评价体系，这也符合应用型地方本科高校的发展方向；将美育课程同专业课程的管理进行区分，从授课过程、课后评价以及持续改进等三个方面，针对邢窑白瓷文化课程建

---

[1] 何文宏 . 美育改革政策驱动下高校美育课程的现状与改进 [J]. 湖北师范大学学报 (哲学社会科学版),2025,45 (1): 123-128.

构具有实用性的课程评价体系。[1]

（四）美育课程评价的实践研究

在美育课程的发展性评价方面，对于邢窑白瓷文化课程，学校同样以采用美育手段以及这一手段对课程目标的恰当（是否符合新课程新教材要求，有利于学生形成正确价值观、必备品格和关键能力）、课程内容的适切（内容是否科学、有时代性，是否符合学生年龄特点和已有知识结构特点；内容是否联系实际、启发性强、突出创新能力培养；内容编排是否合理、循序渐进，艺术化和审美化）、实施过程的有效（是否教师指导、以学生为主体；知识学习、学科融合、合作学习、创新实验、社团活动、社会实践等课程实施途径、方法的选择是否科学有效）、课程评价的多元（评价是否可操作性强、方法科学、多方参与；是否关注学生体验过程、具有激励性）为主要指标，对该课程进行发展性评价。当然在邢窑白瓷文化课程实施之前，学校须先行组织校外专家团队和学校教师进行课题研究，论证针对这门课程可以采用何种美育手段，目标是否符合课程特点和课堂教学需要。

在美育课程的教学评价方面，邢窑白瓷文化课程的实施由课堂设计、课堂呈现和课堂体验构成。在对这门课程的教学评价中，关注教师是否利用了包含艺术与审美在内的诸多可以纳入美育的手段来辅助教学。人的审美由形式美的直观、情感体验和意义与价值的反思性判断等因素构成，当教师在邢窑白瓷文化课程教学中使用了任何一种审美手段，对教学内容进行了艺术化、审美化，对学生进行情感化与审美化的引导，就可以被视为采用了美育手段解决科学性、可行性和有效性问题。

在美育课程的学习评价方面，对于邢窑白瓷文化课程，学校以课堂组织、教学内容安排、学生学习过程、成果呈现、对学生的引导作为评价这一美育特色课程对学生学习的影响的观测点，制定了适用于该课程的学习评价系统，主要包括：审美作为手段在课程中的情感引导作用——推动学生对邢窑白瓷文化课程所教内容有情感上的体验；审美对课程的推动作用——审美活动的引入是否推动了学生对邢窑白瓷文化课程所教内容的理解与掌握；审美对学生的启迪作用——审美案例是否帮助学生把在邢窑白瓷文化课程所学内容与实际问题、实际现象相结合；审美的引入是否推动课堂氛围的生动化；审美活动的引入是否有助于学生注意力的集中；审美活动的引入是否有助于学生之间的交流与讨论；审美活动的引入与课后作业是否有关联。学校将“邢窑白瓷文化”这一美育特色课程学习评价与综合素质评价结合起来看该课程美育特色的实际效果，包括相关文艺竞赛、体育竞赛、艺术素养、学生的德智体美劳全面发展、学生文明行为等。关注对学生在邢窑白瓷文化课程中的审

---

[1]　岳芬，谢燕红．应用型地方高校大美育课程体系的问题与对策 [J]. 美与时代 (下),2024(9): 52-54.

美素养测评，对评价项目和所占比例进行了规定，以此促进学生对提高自身综合素质的重视；由教导处、德育处和课程研究中心定期组织考试和考查，每学期进行登录，形成学生综合评价数据库，为学生发展追踪和教育改进提供依据。[1]

第二节 学生美育素养的评价指标

美育素养不仅包括学生对艺术形式的感知与理解能力，还涉及他们在文化传承与创新中的表现。邢窑白瓷文化课程的引入，为学生提供了接触传统工艺与美学价值的独特机会，也对评价体系提出了新的要求。建立多维度的评价指标，可以更好地衡量学生在审美感知、艺术表现和文化理解等方面的成长。这不仅有助于教师及时调整教学策略，还能激发学生在学习过程中的主动性与创造性。

一、审美感知能力的评价

通过对学生审美感知能力的评价，教师可以了解他们对邢窑白瓷艺术风格的认知程度，以及对形式美、色彩美和材质美的敏感度。这种评价不仅关注学生对具体艺术作品的直观感受，还涉及他们对文化背景的理解与联想能力。通过科学的评价指标和方法，教师能够有效衡量学生在审美感知方面的进步，为课程优化提供依据。

（一）对邢窑白瓷造型、色彩的感知

邢窑白瓷造型丰富多样，从日常实用的碗、盘、杯、壶，到陈设观赏的瓶、尊、雕塑等，无一不展现出独特的艺术风格。其线条简洁流畅，无论是圆润的曲线还是挺拔的直线，都运用得恰到好处，尽显古朴典雅之美。以常见的玉璧底碗为例，碗口微微外撇，碗壁斜直向下，至底部形成玉璧状，这种造型不仅符合人体工程学，便于持握和使用，还在简洁中蕴含着变化，体现了古代工匠对形式美感的追求。而瓶类造型，有的修长秀丽，有的丰满圆润，不同的比例和形态传达出各异的气质，或端庄稳重，或轻盈灵动，让学生从中感受到造型艺术的魅力和表现力。在色彩方面，邢窑白瓷以纯净的白色为主色调，看似单一，实则蕴含着深厚的文化内涵与审美价值。这种白色并非单调的苍白，而是白中微微泛黄或泛青，犹如冬日的瑞雪、柔和的月光，给人以温润、恬静之感。其色调的形成与原料的选择、烧制工艺密切相关。优质的高岭土原料，经过精细的加工和独特的烧制过程，使白瓷呈现出这种独特的色泽。[2]

---

[1] 许海静 . 美育特色课程评价的实践研究 [J]. 上海教育，2021(Z1)：55.

[2] 李芳 . 邢窑白瓷的艺术特征在当代品牌形象设计中的探索与应用 [D]. 厦门 : 集美大学 ,2024.

学生通过观察不同时期、不同窑口的邢窑白瓷，能够发现其在白色调上的微妙差异，这些差异反映了当时的工艺水平、审美风尚以及地域特色。对邢窑白瓷造型与色彩的感知，不能仅停留在视觉层面，在课程中，学生可以通过亲手触摸白瓷的实物或仿制品，感受其细腻的质地与光滑的表面，进一步加深对造型的立体感和质感的认知。结合对历史文化背景的学习，了解古代社会的生活方式、审美观念以及制瓷工艺的发展演变，从而更深入地理解邢窑白瓷造型与色彩所承载的文化意义。

（二）对邢窑白瓷艺术风格的理解与把握

早期造型简洁质朴，多以实用器为主，线条简约流畅，体现出一种古朴之美，器物的轮廓常自然而不刻意雕琢，展现出当时人们追求实用与质朴的审美倾向。时代发展，到了鼎盛时期，造型更加丰富多样，不仅有常见的碗、盘、罐等，还出现了一些造型精美的摆件和仿生器物，在保持实用性更加注重造型的艺术性与观赏性，线条也变得更加细腻、灵动，或是挺拔修长，或是圆润饱满，能够巧妙地结合功能与美感。

邢窑白瓷的装饰技法丰富，刻花、划花、印花等技法运用娴熟。刻花装饰大刀阔斧，刀法刚劲有力，刻痕深浅有致，通过线条的粗细、疏密变化，勾勒出各种生动的图案，如花卉、鸟兽等，给人以简洁明快、粗犷豪放之感；划花则相对细腻，以纤细的线条描绘图案，富有韵律感，能够细腻地表现出物象的形态和神韵；印花工艺则通过模具印制出规整的图案，图案清晰、布局严谨，展现出一种精致之美。这些装饰技法常与白瓷的素净底色相互映衬，既不喧宾夺主，又能增添器物的艺术韵味，体现出独特的审美追求。在色彩风格上，邢窑白瓷以其纯净的白色而闻名。它的白并非单调乏味，而是有着不同层次的变化。有的白瓷白中微微泛黄，呈现出一种温润的质感，犹如暖玉，给人以柔和、亲切之感；有的则白如霜雪，洁净素雅，尽显清新脱俗之美。这种对白色的精妙把握，与当时的社会文化、审美观念密切相关，反映出人们对纯净、自然之美的崇尚。

二、艺术表现能力的评价

教师通过对学生在白瓷制作实践中的技艺展现、创意设计以及文化符号的运用进行评价，教师能够全面了解其艺术表现能力的深度与广度。这种评价不仅关注学生的技术熟练度，更强调其在艺术创作中的创新思维与文化传承意识，从而为课程改进和学生个性化发展提供依据。

（一）在白瓷制作实践中的技艺展现

邢窑白瓷以当地优质的高岭土等为原料，在选取时需依据其质地、色泽、颗粒细腻程度等特性进行严格甄别，这要求学生熟悉原料特性，掌握筛选技巧，精准判断原料品质是否符合制作要求。

进入原料加工阶段，破碎、淘洗、陈腐等一系列工序，每一步都考验着学生对技艺的把握。破碎时力度与方式的控制，关系到原料颗粒的均匀度；在淘洗过程中去除杂质的程度，直接影响白瓷的纯净度；陈腐时间的把控，决定着原料的可塑性。这些看似简单的操作，实则蕴含着古人长期积累的经验与精湛技艺，学生需用心揣摩，反复实践，才能领悟其中精髓。拉坯，凭借双手的巧劲与对泥性的感知，在旋转的轮盘上塑造出各种器形，这不仅需要学生具备稳定的手部力量与协调性，更要对邢窑白瓷的经典造型有深入理解，如常见的碗、盘、瓶等，其线条比例、弧度变化都有独特的艺术韵味，需精准把握才能展现出邢窑白瓷的造型之美。印坯与利坯工艺，则要求学生注重细节，在印坯时确保花纹清晰、造型规整，在利坯时使器物表面光滑、厚薄均匀，每一刀的力度与角度都关乎最终成品的质量。装饰技法的运用，为邢窑白瓷增添了独特的艺术魅力。刻花、划花、印花等技法，在白瓷坯体上勾勒出精美的图案。学生在实践中，要熟练掌握刀具的使用，根据不同的装饰需求，运用不同的刀法和力度，使图案线条流畅、富有层次感。例如刻花，需以刀代笔，在坯体上刻出深浅不一的线条，表现出图案的立体感；印花则要注意模具的制作与使用，确保图案的清晰与完整。

学生要了解不同窑炉的特性，合理控制烧制温度与气氛。邢窑白瓷烧制温度较高，且对还原气氛的要求严格，在烧制过程中，需密切关注温度变化，适时调整火候，才能烧制出白度高、质地细腻、釉面光洁的白瓷作品。从装窑的布局，到烧制过程中的温度曲线控制，再到开窑时对成品的判断，每一个步骤都凝聚着邢窑白瓷制作技艺的精华。

（二）基于邢窑文化的创意表达能力

学生需熟知邢窑白瓷从起源到发展的历史脉络，了解其在不同时期因社会、经济、文化等因素影响而产生的风格演变，比如唐代邢窑白瓷“类银似雪”的质感特点，以及背后所反映的当时高超的制瓷工艺与审美风尚。学生应深入剖析邢窑白瓷的造型、装饰纹样等艺术特征，如常见的莲瓣纹、卷草纹等，领悟这些元素所承载的传统文化寓意，为创意表达积累丰富的素材与灵感源泉。

在产品设计方面，学生可将邢窑白瓷的经典造型或装饰纹样进行提炼、变形，运用到现代生活用品的设计中，使传统元素在当代生活场景中焕发出新的活力，既满足人们对实用物品的功能需求，又能传递邢窑文化的独特韵味。在艺术创作领域，无论是绘画、雕塑还是新媒体艺术，都可以邢窑文化为主题或元素，通过不同的艺术手法展现其历史厚重感与艺术美感，借助色彩、材质、光影等要素的巧妙运用，营造出独特的艺术氛围，引发观众对邢窑文化的关注与思考。在数字媒体与虚拟现实领域，利用先进的技术手段，创建沉浸式的邢窑文化体验场景，让人们仿佛置身于古代邢窑的生产与生活环境中，更直观地感受其魅力，同时也为邢窑文化的传播拓展新的途径。培养学生基于邢窑文化的创意表达能力，还需引导他们关注时代需求与社会热点。将邢窑文化与当下人们的精神追求、生活方式相结合，使创意表达更具现实意义与时代价值。鼓励学生突破传统思维的束缚，勇于尝试新的材料、技术与表现手法，在传承邢窑文化的基础上进行大胆创新。

第三节　课程实施效果的反馈与改进

通过系统收集和分析课程实施过程中的各类反馈信息，能够及时发现课程设计与教学实践中的问题，并为后续改进提供依据。反馈信息的来源包括学生的学习体验、教师的教学反思、行业专家的评价以及社会各界的意见。这些多元化的反馈渠道有助于教师全面评估课程的实际效果，识别课程内容、教学方法、资源配置等方面的不足。基于反馈结果，课程团队可以有针对性地调整课程内容、优化教学策略、强化实践环节，从而提高课程的整体质量、增强教学效果，推动邢窑白瓷文化课程在高校美育中的深入实施与推广。

一、反馈信息的收集渠道

在邢窑白瓷文化课程的实施过程中，及时、有效地收集反馈信息可以确保课程质量并持续改进，反馈信息的来源应多元化，涵盖学生、教师、行业专家及社会各界的意见与建议。多角度、多层次的反馈收集，能够全面了解课程的实际效果，发现教学中存在的问题与不足。

（一）学生学习过程中的反馈收集

课堂互动便是一个基础且直接的途径，教师在讲解邢窑白瓷历史文化、工艺技法等内容时，可通过提问、小组讨论等方式，鼓励学生即时表达对知识的理解程度、困惑之处以及新颖见解。比如，在探讨邢窑白瓷装饰纹样的文化寓意时，教师观察学生参与讨论的积极性与发言内容，从中捕捉他们对这一知识点的兴趣点和理解误区。

教师可以安排固定时段，让学生自由阐述在当次课程学习中的收获、遇到的困难以及对教学节奏、方法的感受。此外，书面反馈同样重要，教师可设计有针对性的问卷，涵盖对课程内容深度与广度的评价、实践操作环节的难易度、教学资源的实用性等方面，引导学生详细作答。还可以鼓励学生撰写学习心得与反思报告，分享自己在学习邢窑白瓷文化过程中的思考、感悟以及期望进一步探索的方向。线上交流平台则为学生提供了更加便捷、开放的反馈空间。借助课程专属的社交群组、学习论坛等，学生能随时分享学习中的点滴，无论是对某件邢窑白瓷作品的独特审美体验，还是在制作白瓷小样时遇到的技术难题。教师要及时关注这些线上反馈，与学生积极互动，不仅能解答疑惑，还能从学生的交流中发现潜在的教学问题与改进方向。在邢窑白瓷的制作实践中，留意学生操作的熟练程度、创新尝试以及团队协作情况，分析这些表现背后反映出的对理论知识的掌握与应用能力，以及实践教学环节的成效与不足。与学生的朋辈交流也能获取间接反馈，了解他们在课程之外对邢窑白瓷文化课程的讨论内容、评价态度，从侧面评估课程在学生群体中的接受度与影响力。

（二）教师教学反思与同行评价的获取

在课程内容的讲解上，教师应思考是否清晰且全面地阐述了邢窑白瓷的历史发展脉络，从其起源的北朝到鼎盛的隋唐时期，再到后续的演变，是否将每个阶段的工艺特点、艺术风格以及背后的文化成因准确地传递给了学生；对于白瓷的制作工艺，如原料处理、成型技法、装饰手段和烧制过程等知识的讲解，是否结合了实际操作案例，便于学生理解和掌握。

在教学方法的运用方面，反思体验式教学法是否充分调动了学生的积极性和参与度，模拟邢窑生产场景是否足够逼真，能否让学生真切感受到古代工匠的工作环境与技艺要求；在项目驱动式教学中，布置的项目任务是否契合学生的能力水平和课程目标，是否有效激发了学生的创新思维和实践能力。对教学过程中的师生互动情况进行反思，自己是否给予了学生足够的表达机会，对于学生提出的问题和观点，是否作出了恰当的回应和引导。可定期组织校内相关专业教师以及校外邢窑文化研究专家、非遗传承人等开展教学研讨活动，在活动中，教师完整展示邢窑白瓷文化课程的教学内容和流程，包括理论授课、实践指导等环节。同行们基于自身的专业知识和教学经验，从不同视角对课程进行评价。校内教师可从教学方法的多样性、教学环节的连贯性等教学常规角度提出意见；校外专家能依据行业标准和文化传承的要求，评判课程内容的准确性与深度；非遗传承人则可从工艺实践的角度，指出教学中与实际操作的契合度和差异之处。还可以通过线上平台分享教学视频、教案等资料，扩大评价范围，收集更多元化的意见。教师对收集到的教学反思内容和同行评价进行整理和分析，将其转化为改进教学的具体措施，不断优化邢窑白瓷文化课程的教学，更好地实现地方非遗在高校美育中的传承与发展。

（三）行业专家与社会反馈的收集途径

与邢窑白瓷相关的陶瓷行业协会会聚了众多专业人士，学校可通过加入协会、参与协会举办的研讨会和活动等方式，融入行业交流圈。在协会组织的专业论坛上，主动介绍邢窑白瓷文化课程的目标、内容与实施情况，设置专门的反馈环节，邀请专家就课程与行业实践的契合度、知识技能传授的实用性等方面发表意见，同时鼓励协会成员通过线上问卷、邮箱等渠道持续反馈。

定期邀请在邢窑白瓷研究、制作、营销等不同领域有深厚造诣的专家走进高校，开展咨询会议。会前充分准备课程相关资料供专家了解，会上安排课程负责人详细介绍课程体系，随后引导专家围绕课程对行业人才培养的支撑作用、与行业发展趋势的匹配度等核心问题展开讨论，鼓励专家畅所欲言，并安排专人记录。会后及时整理专家意见，分析其可行性与价值，为课程调整提供参考。创建邢窑白瓷文化课程的官方社交媒体账号，如微信公众号、微博等，定期发布课程动态、学生成果展示等内容，吸引社会关注。设置专门的反馈入口，鼓励公众留言评论，无论是对课程内容感兴趣提出的疑问，还是对课程传播非遗文化方式的建议，都认真对待。在专业文化论坛、非遗传承交流群等网络社区中，积极宣传课程并参与讨论，收集不同人群对课程的看法。邢窑白瓷文化课程可与当地博物馆、文化馆合作举办展览活动，在活动现场设置反馈收集点，邀请参观者填写问卷或进行现场访谈，了解他们对课程展示的邢窑文化内容的感受与建议。与陶瓷企业合作开展实践项目时，让企业员工对参与项目的学生表现进行评价，从实际工作需求角度反馈课程在技能培养、职业素养教育等方面的不足与优势。

二、基于反馈的课程改进措施

通过对学生学习体验、教师教学反思以及行业专家意见的梳理，能够发现课程设计与实施中的不足，进而为课程优化提供方向。基于反馈的课程改进措施，旨在通过动态调整教学内容、创新教学方法、强化实践环节等方式，增强课程的整体效果。这不仅有助于增强学生的学习兴趣与参与度，还能确保课程内容与时代需求、行业发展相契合。

（一）课程内容的优化调整

深入挖掘邢窑白瓷文化内涵，在原有历史发展、艺术特色等基础上，进一步拓展文化背景知识，如将邢窑白瓷的兴衰与当时社会经济、政治文化状况紧密相连，使学生能从更宏观视角理解其文化价值。加强对邢窑白瓷传承脉络的梳理，融入现代传承人的故事与创新实践，让学生感受到非遗文化的鲜活生命力，增强文化传承责任感。

根据学生操作反馈与行业实践需求，对制作工艺内容进行细化与更新。在原料加工环节，详细讲解不同原料特性及处理方法，提升学生对原料选择与处理的精准度。在成型工艺上，增加新的成型技巧教学，使学生能掌握更多样化的创作方式。在装饰与烧制工艺方面，引入最新研究成果与行业技术，让学生了解前沿工艺，拓宽实践技能边界，确保学生所学与当下邢窑白瓷制作实践紧密接轨。将现代设计理念与邢窑白瓷传统元素相结合，开设相关专题内容。引导学生运用现代设计软件对邢窑白瓷造型、装饰进行创新设计，培养学生跨学科综合能力与创新思维。关注市场动态，融入文化创意产业相关知识，让学生了解邢窑白瓷文化在现代市场中的价值转化途径，如文创产品开发、文化旅游等，使课程内容更具实用性与时代性。在课程内容呈现方式上，整合线上线下资源，制作高质量的教学视频、电子课件等，方便学生随时随地学习，打破学习时空限制，提高学习效率。

（二）教学方法与手段的改进方向

引入体验式教学、项目驱动式教学等多元化的教学手段，能够更好地激发学生的学习兴趣，培养其动手能力和创新思维。结合现代信息技术，利用多媒体、虚拟仿真等工具，可以为学生提供更为直观、生动的学习体验，增强其对邢窑白瓷文化的理解与感知。

1.增强师生互动与小组协作

在讲解邢窑白瓷历史时，提出诸如“邢窑在唐代达到鼎盛，其背后的社会经济因素有哪些”此类启发性问题，激发学生深入思考。摒弃传统教师主导的单向讲授模式，鼓励学生主动发言，分享见解，形成师生间思想的碰撞。利用现代信息技术，搭建线上交流平台。课后学生可在平台上随时向教师提问，教师及时答疑解惑，并发起与课程相关的话题讨论，如“如何从现代审美角度解读邢窑白瓷的装饰纹样”，引导学生参与，打破时间与空间限制，使师生交流常态化。

根据学生的专业背景、性格特点、技能水平等因素，将学生分成优势互补的小组。在进行邢窑白瓷文创产品设计项目时，每个小组内既有具备艺术设计才能的学生负责创意构思与外观设计，又有熟悉历史文化的学生提供文化内涵挖掘与故事撰写支持，还有擅长市场营销的学生从市场需求角度给出建议。教师为小组布置明确且具有挑战性的任务，如设计一套具有市场竞争力的邢窑白瓷茶具，并要求小组制定完整的项目策划书，涵盖设计理念、制作工艺、成本预算、推广方案等内容。在小组协作过程中，教师定期深入各小组，观察进展情况，及时给予指导。当小组出现意见分歧时，教师引导学生理性讨论，培养团队沟通与协调能力。例如，针对设计风格是采用传统复古还是现代简约，教师启发学生从目标受众、市场定位等多方面分析利弊，帮助小组达成共识。在评价过程中，不仅关注作品最终呈现效果，更注重小组协作过程中的表现，如团队分工合理性、成员参与度、解决问题的能力等。通过互评，学生能够学习其他小组的优点，发现自身不足，进一步提升团队协作与表达能力。教师总结点评各小组表现，强调团队合作的重要性，并对优秀表现给予肯定与奖励，激励学生在后续课程中积极投入小组协作。

2. 强化实践操作教学环节

精心规划实践教学内容，从基础的原料认知与处理入手，让学生深入了解制作邢窑白瓷所需原料的特性，掌握原料的筛选、配比及加工技巧，为后续实践筑牢根基。

在成型工艺教学中，教师全面系统地向学生传授拉坯、印坯、利坯等多种传统技法，通过反复练习，使学生熟练掌握不同器型的成型操作，切实体会传统工艺的精妙之处。装饰工艺环节，着重培养学生对刻花、划花、印花等技艺的运用能力，引导学生深入研究传统纹样的文化内涵，尝试将现代审美理念融入其中，创新设计出符合当代审美的装饰图案。烧制环节作为决定瓷器品质的关键步骤，让学生参与窑炉操作全过程，学习温度控制、烧制气氛调节等核心技术，深刻理解烧制过程对瓷器最终效果的决定性影响。这些教师不仅要具备扎实的邢窑白瓷理论知识，更需精通各实践环节的操作技巧，能够在学生实践过程中提供及时、精准的指导。为弥补校内师资在行业前沿经验方面的不足，高校与邢窑白瓷生产企业、非遗传承工作室等建立紧密合作关系，定期邀请企业资深工艺师、非遗传承人走进校园，担任兼职实践指导教师，为学生带来行业内最新的实践经验与技术革新信息。在校内打造专业的邢窑白瓷制作实验室，配备先进齐全的制作设备、工具以及现代化窑炉等，为学生创造良好的实践操作环境。积极拓展校外实践基地，与邢窑白瓷相关企业、文化机构建立长期稳定的合作关系，让学生有机会在真实的产业环境中进行实践锻炼，了解行业实际生产流程、市场需求以及最新发展趋势，增强学生对邢窑白瓷文化产业的整体认知。

考核内容全面涵盖学生在实践操作过程中的表现，包括操作规范程度、作品完成质量、创新思维展现以及团队协作能力等多个维度。采用多元化的考核方式，将过程性评价与结果性评价有机结合，同时引入学生自评、互评以及企业导师评价等方式，确保考核结果全面、客观、公正，真实反映学生的实践能力与综合素质。

3. 融合现代信息技术教学

创建高度逼真的邢窑白瓷虚拟制作场景，学生仿若置身于古代邢窑工坊之中，能够360度全方位观察工匠们从选料、制坯、装饰到烧制的每一道工序，身临其境地感受传统工艺的魅力与复杂性。通过佩戴VR设备，学生可自主操控视角，近距离查看白瓷制作过程中的细节，如刻花工艺的刀法走势、拉坯时泥坯的形态变化等，这种沉浸式体验极大地激发学生的学习兴趣，加深他们对制作工艺的理解与记忆。

开发基于AR技术的教材或学习应用，学生在学习邢窑白瓷理论知识时，只需用手机或平板电脑扫描教材上的图片或特定标识，就能呈现出与之对应的3D白瓷模型、动态工艺演示视频，甚至是相关历史文化故事的虚拟场景。扫描一件邢窑白瓷经典器物的图片，AR技术可展示其内部结构、工艺特点，并以动画形式介绍该器物在历史上的使用场景与文化意义，将抽象的知识具象化，帮助学生更好地理解和吸收。平台上汇聚丰富的教学资料，包括高清的邢窑白瓷图片、专业的学术讲座视频、详细的制作教程等，学生可随时随地根据自身学习进度与需求进行自主学习。教师在平台上布置作业、组织讨论，及时解答学生疑问，还能通过数据分析了解学生的学习情况，有针对性地调整教学策略。同时，鼓励学生在平台上分享自己的学习心得、创作作品，促进学生之间的相互学习与交流，营造良好的学习氛围。将邢窑白瓷的历史发展脉络、艺术特色、文化价值等内容以图文并茂、声像结合的形式呈现出来。比如，在讲解邢窑白瓷的装饰艺术时，通过播放高清的装饰图案图片、配以悠扬的古典音乐，同时结合文字解说，让学生全方位感受其艺术魅力。利用动画演示复杂的工艺过程，使原本晦涩难懂的内容变得清晰易懂，提高课堂教学的吸引力与效率。

（三）实践教学环节的强化与完善

高校加大对实践教学资源的投入，积极与当地邢窑白瓷生产企业、非遗传承工作室等建立深度合作关系，共建校外实践教学基地。通过签订合作协议，明确双方在实践教学中的权利与义务，确保学生能定期前往基地进行实习实训。

在校内，加大对实践教学场地的建设与改造力度，打造专业的邢窑白瓷制作实验室，配备先进且齐全的制作设备，如高精度的拉坯机、专业的烧制窑炉以及各类先进的检测仪器等，为学生实践操作提供坚实的硬件保障。依据邢窑白瓷的制作流程，从原料的选取与处理开始，让学生深入了解本地优质原料的特性与鉴别方法，掌握原料加工的传统工艺与现代技术。在成型环节，全面教授拉坯、印坯、注浆等多种成型技法，使学生熟练掌握不同器型的制作要点。在装饰工艺方面，着重培养学生对刻花、划花、印花以及彩绘等技艺的运用能力，引导学生挖掘传统装饰图案的文化内涵，并结合当代审美进行创新设计。烧制环节则让学生参与实际的窑炉操作，学习温度控制、烧制气氛调节等关键技术，理解烧制过程对瓷器品质的决定性影响。除了本校具备扎实理论知识与一定实践经验的教师，大量聘请校外的非遗传承人、行业资深工艺师作为兼职教师。非遗传承人凭借其世代相传的精湛技艺与对传统工艺的深刻理解，为学生传授最纯正的邢窑白瓷制作技巧；行业资深工艺师则带来当下行业内先进的生产技术与创新理念，让学生及时了解市场需求与行业动态。校内教师负责教学组织与理论指导，校外兼职教师专注于实践操作示范与现场指导，形成优势互补的教学团队。

考核内容涵盖学生在实践过程中的各个方面，包括操作规范程度、作品质量、创新能力以及团队协作精神等。操作规范程度考查学生在原料加工、制作工艺等环节是否严格遵循标准流程；作品质量从器形、装饰、烧制效果等维度进行评价；创新能力关注学生在设计、工艺改良等方面的表现；团队协作精神则通过学生在小组实践项目中的合作情况进行评估。采用多元化的考核方式，如过程性评价与终结性评价相结合，教师评价、学生自评与互评相结合，确保考核结果全面、客观、公正。

·第八章·

邢窑白瓷文化课程的推广与传播

有效的推广策略，可以将邢窑白瓷文化的独特魅力传递给更广泛的受众，进一步提升高校美育的社会影响力。传播地方非遗文化不仅是高校的责任，也是推动文化自信自强和社会文化认同的重要途径。邢窑白瓷作为中国传统陶瓷艺术的瑰宝，其历史价值与美学意义需要通过多样化的传播方式得以延续和发扬。因此，探索邢窑白瓷文化课程的推广与传播策略，不仅有助于扩大课程的社会辐射范围，还能为地方非遗的保护与传承提供新的思路。通过校内外的展示与交流、新媒体与传统媒体的结合以及与社会文化机构的合作，邢窑白瓷文化课程的影响力将得以进一步提升。

第一节　课程成果的展示与交流

通过多样化的展示与交流活动，不仅能够直观呈现学生的学习成果，还能促进地方非遗文化的传播与推广。校内展示活动如课程成果展、汇报演出等，为学生提供了展示自我、分享学习心得的平台，同时也让更多师生了解邢窑白瓷文化的独特魅力。校外展示与交流则通过参与文化艺术展览、赛事以及与其他高校的合作，进一步扩大了课程的社会影响力，促进了地方非遗文化的跨区域传播。这些活动不仅增强了学生的文化自信与实践能力，也为高校美育与地方文化的深度融合提供了实践范例。

一、校内展示活动

校内展示活动是通过高校内部资源整合，构建非遗文化传播的常态化平台。作为课程体系落地的直观呈现，展示活动以学生创作成果、工艺实践记录及文化研究成果为核心内容，通过主题展览、技艺演示、互动工坊等形式，将白瓷文化的艺术特质与教学成效可视化。展览空间陈列传统器物的复刻与创新设计，结合影像资料、工艺流程图解，还原邢窑白瓷的历史脉络与技术精髓。

（一）举办邢窑白瓷文化课程成果展

为确保展览品质，高校组建专业策展团队，成员涵盖艺术学、历史学、文化传播等多领域专业教师与学生骨干。团队深入梳理邢窑白瓷文化课程的教学内容与学生学习成果，确定展品范围与展示主题，力求全面且深入地呈现课程教学的丰富内涵与学生的成长蜕变。在展品收集阶段，广泛征集学生在课程学习期间创作的各类作品，包括造型各异的白瓷实物，从传统经典器形到融合现代创意的创新设计，每一件都凝聚着学生对邢窑白瓷工艺的理解与实践成果；翔实的课程研究报告，涵盖邢窑白瓷历史溯源、工艺解析、文化价值探究等方面，体现学生在理论学习上的深度与广度；还有充满奇思妙想的创意设计方案，将邢窑白瓷元素与现代生活、艺术潮流相结合，展现学生对传统文化创新发展的独特视角。

划分不同的展示区域，白瓷作品展示区通过定制的展架与灯光布置，将白瓷的细腻质地与精美工艺完美呈现，柔和的光线聚焦于瓷器表面，凸显其温润光泽与独特纹理，营造出典雅庄重的氛围，让观众仿若置身于邢窑白瓷的艺术殿堂；课程研究报告展示区采用展板与电子互动屏相结合的方式，展板以图文并茂的形式展示研究要点，电子互动屏则可供观众深入查阅详细报告内容，实现信息的多元呈现；创意设计方案展示区运用开放式陈列与多媒体演示，让观众直观感受学生的创意构思过程，通过视频展示设计草图的演变、模型制作过程等，增强观众的参与感与理解度。利用校内官网、社交媒体平台发布展览预告与亮点介绍，吸引师生关注；与校外文化媒体合作，通过专题报道、线上直播等形式，将展览影响力拓展至更广泛的社会群体。展览期间，安排专业讲解人员为观众提供定时讲解服务，他们不仅熟悉展品创作背景与内涵，还能深入浅出地解读邢窑白瓷文化知识，帮助观众更好地领略展品魅力。设置互动体验环节，如简易白瓷制作工作坊，让观众亲身体验白瓷制作乐趣，加深对邢窑白瓷文化的认知与情感认同。

（二）开展课程成果汇报演出或讲座

汇报演出生动地再现了传统工艺的匠心精神与美学意蕴，赋予非遗文化现代表达。专题讲座邀请非遗传承人、学者及课程参与者共同参与，构建理论与实践互证的学术场域。通过跨领域协作激活非遗文化的传播潜力，增强受众对白瓷技艺的情感联结与价值认同。

1. 汇报演出与讲座主题策划

主题策划应紧扣邢窑白瓷的历史脉络与文化传承。可设定“邢窑白瓷：千年窑火传承与当代绽放”主题，在汇报演出中，通过舞蹈编排展现古代邢窑工匠的劳作场景，从原料开采、制坯成型到入窑烧制，配合灯光音效，生动还原历史画面，让观众感受邢窑白瓷诞生背后的艰辛与智慧。讲座环节则邀请资深考古学家或文化学者，深入剖析邢窑白瓷在不同历史时期的风格演变、工艺革新以及对国内外陶瓷发展的深远影响，结合考古实物图片、文献资料，系统梳理其传承路径，凸显文化传承的厚重感。

在汇报演出中，安排学生进行白瓷创意秀，模特身着以邢窑白瓷元素设计的服装，或是展示融合白瓷材质的现代饰品，搭配动感音乐，展现传统与现代结合的时尚魅力。讲座可邀请当代知名陶瓷艺术家，分享他们如何在创作中汲取邢窑白瓷灵感，突破传统工艺局限，运用新技法、新材料进行创新实践，激发学生与观众对艺术创新的思考，为邢窑白瓷文化注入新活力。汇报演出以小品、相声等形式，讲述邢窑白瓷在日常生活中的有趣故事，如古代文人雅士对白瓷茶具的喜爱，现代家庭将白瓷摆件作为装饰的风尚，拉近邢窑白瓷与大众的距离。在讲座部分，教育专家围绕如何将邢窑白瓷文化融入中小学美育课程、社区文化活动等展开探讨，提供可操作的教学方法与活动方案，推动邢窑白瓷文化在更广泛群体中传播，提升全民文化素养。在策划过程中，要充分调研受众需求与兴趣点，结合课程目标与教学成果，精心打磨主题，确保汇报演出与讲座既能全面展示邢窑白瓷文化课程的深度与广度，又能引发不同受众的共鸣，实现文化传承、艺术创新与教育普及的多重目标。

2. *活动组织流程*

在组织邢窑白瓷文化课程成果汇报演出与讲座活动时，在活动筹备阶段，成立专门的筹备小组，小组成员涵盖教师、学生代表以及具备活动组织经验的工作人员。教师负责活动的整体规划与专业指导，学生代表从参与者的角度提供创意和想法，工作人员则承担具体的事务协调。筹备小组需确定活动的时间、地点，综合考虑学校教学安排、场地可用性以及受众的时间安排，选择最合适的时间和场地。制定详细的活动预算，包括场地租赁、设备采购、宣传推广等各项费用，合理分配资金，确保活动顺利开展。在活动宣传推广方面，通过学校官网发布图文并茂的活动通知，详细介绍活动的主题、内容、时间和地点。利用校内广播定时播放活动信息，提高活动的知晓度。在学校教学楼、食堂、宿舍等人流量较大的区域张贴精美的海报，吸引师生的注意力。向学生班级群、教师工作群发送活动消息，鼓励大家积极参与。舞台搭建要符合活动主题，设置背景幕布，展示邢窑白瓷的相关图片或视频。摆放好音响、灯光等设备，并进行调试，确保演出和讲座的视听效果。安排专人负责签到工作，引导观众有序入场就座。在演出和讲座过程中，安排工作人员维护现场秩序，确保活动的顺利进行。准备好应急方案，应对出现的突发情况，如设备故障、人员突发疾病等。

活动结束后，及时对场地进行清理，恢复场地原状。对活动进行总结评估，收集观众的反馈意见，通过问卷调查、现场访谈等方式了解观众对活动的满意度和建议。分析活动的优点和不足，为今后类似活动的组织提供经验参考。对活动中表现优秀的学生和工作人员进行表彰，激励大家积极参与后续的活动。

3.师生参与体验及反馈

从节目的策划编排，如在演出中设计白瓷制作工艺展示环节，到讲座内容的精心筹备，包括梳理邢窑白瓷发展脉络与核心知识点，教师都力求做到专业且细致。在指导学生的过程中，教师充分发挥专业优势，对学生在表演技巧、知识讲解准确性等方面进行耐心指导。在学生展示白瓷制作流程的表演中，教师纠正学生动作的规范性，确保能真实还原传统工艺。这一过程让教师对课程知识的应用与传播有了新的思考，深刻体会到实践教学与理论知识结合的重要性，也发现了在教学过程中某些知识传授不够深入的问题，为后续调整教学重点与方法提供了依据。

在准备演出节目或讲座内容时，学生需要深入挖掘邢窑白瓷文化内涵，查阅大量资料，与同学协作排练或准备讲稿。这极大地锻炼了他们自主学习与团队协作能力。在汇报演出中，学生站在舞台上展示自己的成果，无论是通过对白瓷作品的介绍，还是对相关文化故事的演绎，都让他们的表达能力与自信心得到显著提升。参与讲座的学生，在聆听专业讲解以及与主讲人互动交流后，对邢窑白瓷文化有了更系统、更深入的理解，弥补了课堂学习的局限性。教师反馈，可能会提及在组织活动时发现学生在某些技能应用上的薄弱环节，建议增加实践课程的比重，并且优化实践教学的指导方式。学生反馈则可能集中在希望在课程中增加更多有趣的互动环节，如小组竞赛、实地考察后的分享会等，以提升学习兴趣。基于这些反馈，学校决策层迅速行动。调整课程设置，增加实践课程的课时安排，同时邀请更多非遗传承人或行业专家参与实践教学指导；丰富教学形式，在日常课程中融入多样化的互动活动，激发学生学习积极性。在后续成果汇报演出或讲座的策划上，更加注重结合师生反馈，优化活动内容与形式，让其更好地服务于课程教学，促进邢窑白瓷文化在高校美育中的深度融入与传承发展，形成一个以师生参与体验为基础、以反馈优化为动力的良性循环。

二、校外展示与交流平台

邢窑白瓷文化的校外展示与交流平台通过跨区域、跨领域的资源整合，将课程成果转化为公共文化服务与传播实践。校外平台以地方文化场馆、公共艺术空间及行业展会为载体，系统呈现邢窑白瓷的历史脉络、工艺创新与教学成果，形成文化输出与公众参与的双向通道。校地合作模式通过联合策展、非遗技艺进社区等活动，将白瓷文化嵌入地方文化生态，强化地域认同与文化归属感。产学研联动则借助企业资源与市场渠道，推动学生设计作品的产业化转化，探索非遗活化的创新路径。

（一）参加文化艺术展览与赛事

学校积极组织学生参与各类与邢窑白瓷文化相关的文化艺术展览。从筹备阶段开始，便引导学生深度挖掘邢窑白瓷的文化内涵与艺术特色。学生投入大量时间查阅历史文献，研究邢窑白瓷在不同历史时期的工艺演变、造型特点与装饰风格，以此为基础进行作品创作。在创作过程中，学生将所学的理论知识与实践技能充分运用，从泥料的选择与处理，到成型工艺的精准操作，再到装饰技法的巧妙运用，每一个环节都精益求精。在制作一件以邢窑白瓷传统器型为蓝本的现代创意作品时，学生们不仅要还原传统器型的神韵，还要融入当代设计理念，展现独特的创新思维。

在展览现场，学生能够直观地感受到自己的作品与其他优秀作品同场展示的氛围。与来自不同地区、不同院校的创作者的作品相互交流碰撞，这使学生拓宽了视野，了解到行业内的最新动态与发展趋势。通过观察他人作品的创意构思、工艺技巧以及对文化元素的运用方式，学生可以发现自身的优势与不足，从而明确改进方向。展览现场的观众反馈也极为重要。观众来自不同的背景，他们从各自的视角对学生作品提出看法与建议，这为学生提供了多元化的思考角度，促使他们进一步反思自己对邢窑白瓷文化的理解与表达是否准确到位。赛事通常具有明确的主题与严格的评审标准，这激励着学生在创作过程中不断突破自我。为了在赛事中脱颖而出，学生需要对邢窑白瓷文化进行更深入的研究，力求在作品中展现出独特的见解与创新的表现形式。在准备参赛作品的过程中，学生积极与教师沟通交流，教师则依据自身专业知识与丰富经验，为学生提供专业指导，从选题的新颖性、作品的完整性到文化内涵的深度挖掘，全方位助力学生提高作品质量。在参赛过程中，学生能够与众多优秀选手同场竞技，这不仅是对自身实力的检验，更是一次难得的学习机会。在与其他选手的交流互动中，学生可以学习到不同的创作思路与方法，激发自身的创作灵感。赛事评委的专业点评也为学生提供了权威的指导意见，帮助他们认识到作品的优点与存在的问题，为今后的学习与创作积累宝贵经验。

持续加大对学生参与此类活动的支持力度，包括提供更多的创作资源、组织专业培训课程、设立专项奖励基金等。加强与展览主办方、赛事组织机构的合作，为学生争取更多的展示与参赛机会，让学生在文化艺术的舞台上充分展现邢窑白瓷文化的魅力。

（二）与其他高校进行课程成果交流

在选择交流对象时，充分考量对方高校在艺术教育、非遗文化传承方面的优势与特色，确保交流能实现资源共享、优势互补。如那些在陶瓷艺术领域教学成果丰硕，或是在非遗课程体系建设上经验丰富的高校，成为重要的合作伙伴。

在交流活动开展前，课程团队认真梳理自身成果，精心准备展示材料。将学生创作的各类邢窑白瓷作品、课程教学案例、研究报告等进行分类整理，制作成精美的宣传册和电子资料。组织学生和教师排练展示内容，确保能在交流中清晰、生动地呈现课程的特色与亮点。在交流过程中，双方通过举办成果展览、学术研讨会、教学经验分享会等形式，深入探讨课程建设的各个方面。在成果展览上，展示的邢窑白瓷作品凭借独特的工艺和深厚的文化内涵吸引了众多师生的目光，他们在欣赏作品的过程中，对邢窑白瓷文化有了直观的感受。在学术研讨会上，围绕邢窑白瓷文化的历史渊源、艺术价值、创新发展等话题，双方教师和学生各抒己见，碰撞出思想的火花。在教学经验分享环节，分享课程设计思路、教学方法运用、实践教学组织等方面的经验，也认真倾听对方的见解和建议。通过与其他高校的课程成果交流，邢窑白瓷文化课程团队收获颇丰。学习到了其他高校在课程设置、师资培养、实践教学等方面的先进经验，为优化自身课程体系提供了参考。学生也拓宽了视野，了解到不同高校在艺术创作和文化研究上的差异，激发了创新思维和学习动力。交流活动还促进了校际的合作，为未来在师资互派、学生交换、联合科研等方面的深入合作奠定了基础，让邢窑白瓷文化课程在交流互鉴中不断完善和进步。

第二节　地方非遗文化的传播策略

非遗的活态传承要求传播过程既尊重历史原真性，又适应现代社会的文化消费逻辑。邢窑白瓷的传播通过学术研究与大众叙事结合，提炼易于传播的文化叙事框架。在地化传播强调与地方文化生态的深度融合，借助社区活动、文旅项目等载体，将白瓷技艺转化为可感知的生活场景，增强公众的文化认同。跨区域传播则需突破地域壁垒，通过联合展览、文化交流项目建立跨省域合作网络，借助邢窑文化的历史影响力扩大辐射范围。数字化传播通过虚拟仿真、社交媒体等渠道，将非遗技艺转化为视听语言，吸引年轻群体的参与。

一、新媒体传播策略

传统的传播手段难以吸引年青一代的关注，而新媒体平台则为邢窑白瓷文化的传播提供了新的可能性。通过社交媒体、短视频、直播等形式，可以将邢窑白瓷的制作工艺、艺术特色和文化内涵以更加生动、直观的方式呈现给大众，激发公众尤其是年轻群体对传统文化的兴趣与认同。借助新媒体的传播优势，邢窑白瓷文化不仅能够突破地域限制，还能在更广阔的范围内实现文化的传承与创新。

（一）利用社交媒体平台进行推广

在数字化时代，社交媒体平台为邢窑白瓷文化课程的推广提供了广阔且高效的空间。团队针对不同社交媒体平台的特点，可制定精准的推广策略。在微博上，以发布图文并茂的长文为主，深入介绍邢窑白瓷的历史发展脉络，详细阐述每个时期的工艺特点和艺术风格。分享课程教学中的点滴故事，让微博用户能感受到课程的人文温度。定期发起热门话题讨论，吸引陶瓷爱好者、文化学者等参与，提升话题热度和课程的关注度。微信公众号则注重内容的深度和系统性，推出系列专题文章。围绕邢窑白瓷的制作工艺，从原料的选取、成型的技法到烧制的火候，进行全面且深入的讲解，帮助读者建立起对邢窑白瓷制作的完整认知。发布课程活动预告、成果展示等内容，方便用户及时了解课程动态。利用公众号的互动功能，开展线上投票活动，增强用户的参与感和黏性。抖音短视频平台以简洁明快的特点吸引年轻受众的重要阵地。团队制作生动有趣的短视频，展示邢窑白瓷的制作过程，从拉坯时泥料在手中逐渐成型，到上釉后白瓷焕发出温润的光泽，每个步骤都通过特写镜头和精心剪辑呈现。拍摄创意短视频，将邢窑白瓷与现代生活场景相结合，展现其独特的装饰效果，让年轻用户更易产生共鸣。

在运营社交媒体平台时，注重与用户的互动。及时回复用户的评论和私信，解答他们对邢窑白瓷文化和课程的疑问。邀请用户分享自己与邢窑白瓷的故事或对课程的看法，增强用户的归属感。定期举办线上抽奖活动，奖品为学生制作的邢窑白瓷小礼品，进一步提高用户参与度。

（二）制作短视频、直播等形式的传播内容

在制作邢窑白瓷文化课程的短视频与直播内容时，注重全方位展现邢窑白瓷的魅力，让观众深入了解其文化内涵与制作工艺。从邢窑白瓷的历史文化切入，以故事性的叙述方式展开。讲述北朝时期邢窑工匠如何在青瓷基础上创新烧制出白瓷，历经隋代发展，到唐代达到鼎盛，成为“南青北白”格局中北方白瓷的代表。在视频中展示珍贵的历史文物图片、考古遗址影像，搭配专业的解说，让观众仿佛置身于历史长河中，感受邢窑白瓷的发展脉络。聚焦制作工艺，用细腻的镜头捕捉每个关键步骤。拍摄原料选取过程，展示临城、内丘等地的优质黏土，讲解其特性对邢窑白瓷品质的影响。在成型工艺环节，详细记录拉坯师傅熟练的手法，泥料在辘轳车上逐渐变成规整的器形；还有印坯、手捏成型等工艺，展现工匠们的精湛技艺。装饰技法部分，展现刻花、印花、戳印等操作，从线条的勾勒到图案的成型，体现装饰艺术的魅力。烧制过程则以窑炉为背景，呈现高温下白瓷的蜕变，让观众了解

到窑温、火候对瓷器最终效果的作用。为体现当代传承与创新，展示学生在课程中的创意作品。呈现学生如何将现代设计理念融入传统邢窑白瓷，如在造型上突破传统，设计出更符合现代生活需求的器物；在装饰上运用新的元素和手法，赋予白瓷新的时代感。拍摄学生的创作过程，采访他们的设计思路和灵感来源，让观众看到邢窑白瓷在当代的活力。

在直播中，设置互动环节，实时解答观众的疑问，增强观众的参与感。邀请陶瓷专家、课程教师进行现场讲解，深入剖析邢窑白瓷的文化价值、艺术特色和工艺要点。还可以展示学生的现场制作，让观众近距离感受制作氛围，激发他们对邢窑白瓷文化的兴趣。

二、传统媒体传播策略

在当今信息化时代，尽管新媒体传播手段日益丰富，传统媒体依然在文化传播中占据重要地位。报纸、杂志、广播电视等传统媒体凭借其权威性、广泛覆盖性和深度报道能力，能够有效增强地方非遗文化的传播效果。邢窑白瓷文化作为地方非遗的瑰宝，其深厚的历史底蕴和独特的艺术价值需要通过多种渠道向公众展示。通过与传统媒体的合作，可以借助其专业的传播平台和广泛的受众基础，深入挖掘邢窑白瓷的文化内涵，扩大其社会影响力。

（一）与报纸、杂志合作进行宣传报道

在合作对象的选择上，倾向于那些在文化、艺术、教育领域具有广泛影响力和权威性的报刊。这些报刊拥有庞大且多样化的读者群体，能够将邢窑白瓷文化课程的信息传递到更广泛的受众之中。与报刊合作时，精心策划报道内容。深入挖掘邢窑白瓷的历史底蕴，为读者勾勒出一幅完整的邢窑白瓷发展画卷。

详细介绍课程体系的构建过程，包括课程目标的设定，如何紧密围绕培养学生对邢窑白瓷文化的认知、传承与创新能力展开；课程内容的设计，涵盖邢窑白瓷的历史文化、制作工艺、艺术鉴赏等多个模块，使学生能够全面深入地学习这一非遗文化。在报道形式上，采用丰富多样的方式吸引读者。撰写深度专题文章，以翔实的文字深入剖析邢窑白瓷文化课程的特色与价值，邀请专家学者、课程教师和学生进行访谈，从不同角度阐述课程的意义和成果，为读者提供专业且全面的解读。搭配高质量的图片，展示精美的邢窑白瓷作品、学生制作场景、课程活动现场等，让读者能够更直观地感受邢窑白瓷的魅力和课程的生动氛围。还可以开设专栏连载，定期发布与邢窑白瓷文化课程相关的内容，持续吸引读者的关注，培养读者对课程的长期兴趣。通过与报纸、杂志的合作宣传报道，邢窑白瓷文化课程获得了更广泛的社会关注。吸引了众多文化爱好者、教育工作者以及对非遗文化感兴趣的读者的

目光，让更多人了解到这一课程的存在和价值。这种宣传也为课程的发展带来了积极影响，吸引更多学生参与课程学习，为邢窑白瓷文化的传承培养了更多后备力量。

（二）通过广播电视节目传播邢窑文化

从策划阶段开始，便深入挖掘邢窑文化的丰富内涵，将邢窑白瓷的历史渊源、艺术特色、制作工艺以及在高校美育课程中的传承创新作为核心内容进行编排。[1]在节目筹备过程中，邀请权威的陶瓷专家、资深的历史学者以及参与邢窑白瓷文化课程的师生作为嘉宾。专家和学者凭借深厚的专业知识，为节目提供严谨的学术支撑，深入解读邢窑白瓷在不同历史时期的发展脉络、工艺特点和文化价值。师生则分享在课程学习和实践中的亲身经历与感悟，让观众更直观地了解课程采用实地拍摄的方式，将镜头对准邢窑遗址、博物馆以及学校的陶瓷制作工坊。拍摄邢窑遗址的古老窑炉、出土文物，展现历史的厚重感；在博物馆中，聚焦精美的邢窑白瓷展品，通过特写镜头展示其细腻的质地、独特的造型和丰富的装饰；走进学校工坊，记录学生学习制作邢窑白瓷的场景，从揉泥、拉坯到上釉、烧制，完整呈现制作过程。在节目呈现形式上，采用访谈、纪录片、专题片等多种形式相结合。在访谈环节中，主持人与嘉宾深入交流，探讨邢窑文化的魅力和传承意义；纪录片则以真实、生动的画面，展现邢窑白瓷的发展历程和制作工艺；专题片聚焦于邢窑白瓷文化课程，介绍课程体系、教学方法以及学生的优秀作品。运用动画、特效等现代技术手段，对一些难以直观展示的内容，如古代烧制工艺的原理、邢窑白瓷的微观结构等进行形象化呈现，帮助观众更好地理解。

在节目播出过程中，利用广播电视媒体的广泛覆盖优势，选择在文化类、教育类节目时段播出，精准定位目标受众。通过设置热线电话、网络互动平台等方式，鼓励观众参与互动，分享自己对邢窑文化的看法和感受，解答观众的疑问，增强观众的参与感和节目黏性。

三、活动传播策略

举办各类主题活动，不仅可以让更多人亲身感受非遗的魅力，还能增强文化传承的参与感和认同感。邢窑白瓷文化作为地方非遗的典型代表，其独特的艺术价值和历史底蕴为活动传播提供了丰富的内容基础。通过精心策划的文化节、展览、工作坊等活动，能够将邢窑白瓷文化以生动、立体的方式呈现给公众，激发他们对传

[1] 张璐.融合与探索：高校美育的数字化创新路径[J].河南师范大学学报(哲学社会科学版),2025(2):150-156.

统文化的兴趣与热爱。

（一）举办邢窑白瓷文化节等主题活动

从活动策划之初，便确定以传承与创新邢窑白瓷文化为核心宗旨，旨在通过丰富多元的活动形式，全方位展现邢窑白瓷的独特魅力，提升公众对其文化价值的认知，同时为高校美育课程提供生动的实践与展示平台。高校师生与非遗传承人、收藏家等多方合作，广泛征集具有代表性的邢窑白瓷作品，从历史上的经典器物到当代融入创新理念的佳作，进行系统梳理与展示。展览布局注重营造浓厚的文化氛围，通过巧妙的灯光设计、富有古韵的陈列道具，将每件作品的艺术特色与文化内涵充分凸显。同时，安排专业讲解人员，为参观者详细解读作品背后的历史故事、工艺传承以及艺术价值，让观众深入领略邢窑白瓷的魅力。邀请非遗传承人与高校陶瓷专业教师共同组成演示团队，在文化节现场搭建制作工坊，向观众展示从原料制备、成型工艺到装饰技法、烧制过程的全流程。观众不仅能够近距离观察传统技艺的操作细节，还能在专业人员的指导下，亲自参与简单的制作体验，如尝试拉坯、刻花等基础工艺，亲身感受邢窑白瓷制作的魅力与难度，激发对非遗技艺的兴趣与尊重。邀请国内外陶瓷领域的专家学者、高校研究人员齐聚一堂，围绕邢窑白瓷的历史文化、工艺创新、产业发展以及在高校美育中的融合应用等多个议题展开深入研讨。通过学术交流，碰撞思想火花，为邢窑白瓷文化的研究与传承提供新的思路与方向，同时也为高校美育课程体系的优化提供理论支持。

举办邢窑白瓷文创设计大赛，鼓励高校学生、青年设计师以及广大创意爱好者以邢窑白瓷文化为灵感，进行文创产品设计。大赛设置丰厚奖项，对优秀作品进行表彰与推广，推动邢窑白瓷文化与现代创意产业的深度融合。利用新媒体平台开展线上互动活动，如线上展览、直播制作过程、文化知识问答等，扩大活动影响力，吸引更广泛的受众参与。

（二）开展邢窑白瓷文化进社区、进学校活动

在进社区活动中，社区精心挑选活动场地，如社区文化中心、休闲广场等人员聚集且空间适宜的地方，为活动的开展提供便利。高校派出专业的教师和学生团队，带着丰富的教学材料和精美的邢窑白瓷作品走进社区。活动开始，先通过举办小型展览，向社区居民展示邢窑白瓷的历史发展脉络，让居民们了解其在陶瓷史上的重要地位。同时展示不同时期的白瓷作品，从质朴的早期白瓷到工艺精湛的唐代细白瓷，让居民直观感受邢窑白瓷的艺术魅力。

在展示过程中，专业人员详细讲解每件作品的特点、工艺以及背后的文化故事，使居民们对邢窑白瓷有更深入的认识。为了让居民亲身体验邢窑白瓷文化，活

动还设置了手工制作环节。准备好陶泥、工具等材料，教师和学生耐心指导居民尝试拉坯、捏塑等基础制作工艺。居民们积极参与，在实践中感受泥土的神奇和传统工艺的魅力，不少人在制作过程中发挥创意，将自己对生活的感悟融入作品。活动还安排了知识问答和互动交流环节，通过问答的方式加深居民对邢窑白瓷知识的记忆，鼓励居民分享自己对邢窑白瓷文化的理解和感受，现场气氛热烈。在进学校活动方面，高校与周边中小学建立长期合作关系。根据不同年龄段学生的认知特点，设计专门的课程内容。对于小学生，以生动有趣的故事和简单的手工体验为主，讲述邢窑白瓷的起源故事，让学生用彩泥制作简单的白瓷造型，培养他们对传统文化的兴趣。对于中学生，则侧重于知识讲解和艺术鉴赏，介绍邢窑白瓷的工艺特点、艺术价值，引导学生赏析经典作品，提高他们的审美能力。高校的教师和学生走进中小学课堂，开展讲座、示范教学等活动。在讲座中，通过图片、视频等资料，让学生全面了解邢窑白瓷文化。在示范教学环节，现场展示制作工艺，指导学生进行实践操作。还组织学生参观高校的陶瓷实验室、博物馆，让他们近距离接触专业的设备和更多珍贵的白瓷藏品，拓宽视野。

第三节 高校美育与社会美育的联动机制

地方非物质文化遗产作为连接高校与社会的文化纽带，为高校美育与社会美育的协同发展提供了契机。通过构建高校美育与社会美育的联动机制，高校不仅能够实现资源共享、优势互补，还能促进地方非遗的传承与创新。邢窑白瓷文化作为地方非遗的典型代表，其深厚的文化底蕴和独特的艺术价值，为高校美育与社会美育的联动提供了丰富的实践素材。通过与社会文化机构、社区及企业的合作，高校可以拓展美育的实践平台，将美育成果转化为社会主义服务，推动地方文化的传播与发展。

一、与社会文化机构的合作

高校与博物馆、非遗保护中心、地方文化馆等机构的协同，能够实现资源互补与功能叠加，为非遗教育注入实践活力。合作以共建共享为原则，通过联合策展、非遗档案数字化、技艺传承基地建设等项目，构建产学研深度融合的实践平台。博物馆的文物资源与学术积累为课程提供历史实证与美学参照，非遗保护中心的传承人网络则为技艺教学注入活态经验，文化馆的公共属性则助力课程成果向社区渗透。

（一）与博物馆、艺术馆合作开展活动

高校与博物馆、艺术馆联合策划以邢窑白瓷为主题的展览，展品既包含博物馆

珍贵的邢窑白瓷文物，又有高校师生创作的相关作品。通过精心设计展览布局，以时间脉络或工艺类别为线索，系统展示邢窑白瓷的发展历程、制作工艺与艺术特色。在展览筹备阶段，高校教师带领学生参与其中，从展品筛选、文物资料整理，到展览文案撰写、布展设计，全方位锻炼学生的专业能力。学生在接触真实文物的过程中，能更直观地感受邢窑白瓷的魅力，深入理解其历史文化价值，同时也为博物馆、艺术馆的展览注入新的活力与创意。

邀请博物馆、艺术馆的研究专家以及高校的学者共同参与，围绕邢窑白瓷的历史考古、艺术鉴赏、工艺传承等主题开展讲座。专家凭借丰富的研究经验与一手资料，为高校师生带来前沿的学术知识与独特见解。学术研讨会则为各方搭建交流平台，高校师生与业界专家共同探讨邢窑白瓷文化在当代的传承与创新路径，如传统工艺的现代化转型、文化创意产品的开发等。在交流过程中，高校能够及时了解行业动态与社会需求，为课程体系的调整与优化提供方向，使课程内容更贴合实际，培养出更符合社会需求的专业人才。博物馆、艺术馆利用自身的教育资源与场地优势，与高校合作开发针对不同受众的教育课程与体验活动。例如，设计面向中小学生的邢窑白瓷手工体验课程，由高校学生担任志愿者，在博物馆专业人员的指导下，带领孩子们了解邢窑白瓷知识，亲手制作简单的白瓷作品，培养他们对传统文化的兴趣。针对高校学生，则开展深度的研学活动，让学生在博物馆、艺术馆的实地环境中，结合课程所学进行研究性学习，通过观察文物、查阅资料、与专家交流等方式，深化对邢窑白瓷文化的理解与认识。这些教育活动不仅丰富了博物馆、艺术馆的社会教育功能，也为高校学生提供了实践平台，提升了他们的教学能力与文化传播能力。

（二）与文化企业合作进行项目开发

通过与文化企业的合作，高校可以借助企业的实践经验和技术支持，开发出更具实践性和创新性的美育项目。

1.合作项目的选择与定位

深入挖掘邢窑白瓷在历史文化、艺术审美、工艺技术等方面的独特内涵，寻找与之契合且具有市场潜力与社会价值的项目方向。可着眼于文创产品开发领域。鉴于当前文化消费市场对具有传统文化底蕴文创产品的旺盛需求，以邢窑白瓷为主题开发系列文创产品是不错的选择。从日常办公用品到家居装饰品，从时尚饰品到数字文创产品，都可融入邢窑白瓷的元素，如经典的器型、独特的纹饰、纯净的白色调等，通过创新设计，将古老的邢窑白瓷文化以新颖的形式呈现给现代消费者。考虑文化旅游项目。邢窑遗址所在地具有丰富的历史文化资源，高校与文化企业可合作开发以邢窑白瓷文化体验为核心的旅游项目。打造邢窑白瓷文化主题旅游线路，串联邢窑遗址博物馆、白瓷制作工坊、文化创意街区等景点。游客不仅能参观了解邢窑白瓷的历史发展脉络，还能亲身体验白瓷制作过程，参与创意设计活动，深度感受邢窑白瓷文化魅力。在项目定位上，要明确目标受众群体。对于文创产品项目，可根据不同消费群体的年龄、消费能力、审美偏好等进行细分定位。针对年轻消费群体，开发设计时尚、个性化且价格亲民的文创产品，注重产品的趣味性与互动性；对于高端消费市场，则推出工艺精湛、具有收藏价值的限量版文创作品，突出产品的艺术品质与文化内涵。

对于文化旅游项目，定位为中高端文化体验旅游，吸引对历史文化、传统工艺有浓厚兴趣的游客，为他们提供高品质、深度的文化体验服务。在项目实施过程中，既要确保邢窑白瓷传统工艺与文化原汁原味的传承，又要鼓励创新设计与现代科技应用。比如，在文创产品设计中，运用现代数字化设计手段，对传统图案进行再创作；在文化旅游项目中，引入虚拟现实、增强现实等技术，为游客打造沉浸式的文化体验场景。

2.合作模式与利益分配

企业基于自身的市场需求与战略规划，提出契合邢窑白瓷文化的项目主题，如开发一系列具有市场潜力的邢窑白瓷文创产品、打造以邢窑文化为主题的沉浸式体验空间等。高校则依托专业的师资团队、丰富的学术资源以及充满创意的学生群体，承担项目的创意策划、设计研发等核心环节。双方组建联合项目团队，团队成员包括企业的市场专家、设计师、营销人员以及高校的教师、学生等，通过定期的沟通会议、线上协作平台等方式保持紧密联系，共同推进项目进展。

企业需提供项目所需的资金支持、生产设备、市场渠道以及行业经验等资源，同时有权对项目的方向、进度以及成果质量进行监督与把控。高校则需充分发挥专业优势，确保项目在文化内涵挖掘、设计创新以及学术研究等方面达到较高水平，并按照合同约定的时间节点完成各项任务。对于知识产权的归属，可根据项目的具体情况进行协商。若项目成果主要基于高校的学术研究与创意设计，且高校在项目执行过程中投入了大量的人力、物力，知识产权可归高校所有，但企业享有在特定范围内的使用权；若企业在项目中投入了关键技术、核心资源，双方可共同拥有知识产权，并明确各自的使用权限与利益分配方式。对于项目产生的经济效益，可按照双方在项目中的投入比例进行分配。投入包括资金投入、人力投入、技术投入以及资源投入等多个方面。企业在资金与市场渠道方面投入较大，高校在创意设计与学术研究方面贡献突出，经过详细核算各自的投入占比，确定利润分成比例。设立灵活的奖励机制，对于在项目中表现优秀、为项目带来显著收益的团队成员或小组，给予额外的奖金或荣誉奖励，激励双方人员积极投入工作。此外，除了经济效益，还应考虑非物质利益的分配。

3.项目开发的创新与可持续发展

高校凭借其深厚的学术研究底蕴，深入挖掘邢窑白瓷文化内涵，为项目开发提供丰富的文化素材与创意源泉。对邢窑白瓷历史发展、工艺特色、艺术价值等方面的深度研究，提炼出具有独特魅力且能吸引当代消费者的文化元素。文化企业则利用其敏锐的市场洞察力与先进的商业运作模式，将这些文化元素转化为具有市场竞争力的项目创意。双方共同投入资金与人力，组建专业的项目开发团队，团队成员涵盖高校的专家学者、设计专业学生以及企业的创意策划、市场营销等专业人才，确保从项目的创意构思到最终落地都具备多元视角与专业支撑。研发既保留邢窑白瓷传统工艺精髓，又符合当代审美与实用功能的产品。开发将邢窑白瓷的素雅质感与现代简约风格相结合的家居用品，或是融入科技元素，设计具有智能功能的白瓷文创产品，赋予古老的邢窑白瓷全新的生命力与市场价值。高校与企业签订具有法律效力的合作协议，明确双方在项目开发中的权利与义务，规范合作流程与利益分配方式，避免因合作过程中的不确定性影响项目推进。在项目实施过程中，定期召开沟通协调会议，共同解决遇到的问题，及时调整项目策略。

高校在课程设置中，结合项目开发需求，开设相关实践课程，让学生在实际项目中锻炼专业能力，为未来投身邢窑白瓷文化产业储备人才。企业为学生提供实习机会，给予实践指导，使学生毕业后能迅速适应行业工作。同时，双方联合开展对非遗传承人的保护与培养工作，为传承人提供更好的创作条件与平台，鼓励他们将技艺传授给年青一代，确保邢窑白瓷工艺的传承后继有人。企业利用自身成熟的销售网络，将项目开发的产品推向国内外市场。借助互联网平台，开展线上营销，拓宽销售范围。高校运用学术影响力，举办各类邢窑白瓷文化展览、研讨会等活动，提升项目的知名度与文化影响力，吸引更多消费者关注。

二、服务社会的美育实践活动

高校美育可以服务社会、推动文化传承，通过将地方非遗融入美育课程，高校可以充分发挥其文化传播和社会服务的功能，将美育实践延伸到更广泛的社会领域。服务社会的美育实践活动，旨在通过多样化的形式，将邢窑白瓷文化等地方非遗资源带入社区、学校等公共空间，让更多人感受到传统文化的魅力。

（一）为社区居民提供美育培训

通过问卷调查、社区访谈等方式，了解不同年龄段、不同职业背景居民对邢窑白瓷文化及美育课程的认知程度与参与意愿。老年群体可能更倾向于传统工艺制作体验，借此丰富退休生活，感受传统文化魅力；青少年群体则对创意设计、趣味故事等方面更感兴趣，期望通过课程提升自身艺术素养与创造力。

基于这些调研结果，高校制定个性化、多层次的美育培训方案。理论知识部分，围绕邢窑白瓷的历史发展脉络、独特艺术特征、文化价值内涵展开，以通俗易懂的语言与生动形象的图文资料，向居民普及相关知识，让他们对邢窑白瓷有初步而全面的认识。实践操作环节则是课程重点，根据居民需求设置不同难度层级的体验活动。对于初次接触的居民，安排简单的白瓷手工制作，如白瓷小摆件、陶瓷绘画等，在专业教师指导下，居民亲手参与制作过程，感受陶瓷材质特性，体验手工创作乐趣，初步掌握基础制作技巧。对于有一定兴趣与基础的居民，开设进阶课程，如复杂器型的塑形、传统装饰技法学习等，进一步提升他们的技艺水平与艺术审美能力。除了传统的课堂讲授与现场示范，充分利用线上教学资源，录制邢窑白瓷文化科普视频、制作操作教程动画等，方便居民随时随地自主学习。组织社区工作坊，将教学场地延伸至社区活动中心，营造轻松自由的学习氛围，鼓励居民相互交流、共同创作，增强学习的趣味性与互动性。邀请非遗传承人走进社区，与居民面对面分享传承经验与心得体会，近距离展示精湛技艺，激发居民对邢窑白瓷文化的热爱与传承热情。

教师负责整体课程规划与专业知识传授，学生志愿者协助教学管理与实践指导，行业专家则提供权威的技术支持与前沿行业信息。建立完善的教学评价体系，通过居民反馈、作品展示、技能考核等方式，及时了解教学效果，调整优化课程内容与教学方法。

（二）参与公共文化设施的美育建设

高校和地方公共文化设施管理部门共同制定融入邢窑白瓷文化的美育建设规划。在博物馆、文化馆、图书馆等场所，策划以邢窑白瓷为主题的展览与活动。在展览设计上，高校专业团队运用前沿的展示理念与技术，结合邢窑白瓷的特点，打造沉浸式展览空间。

通过巧妙的空间布局、灯光设计，突出白瓷的艺术美感，使观众仿若置身于邢窑白瓷的历史长河中。为公共文化设施提供专业的讲解培训，高校教师与学生参与其中，将复杂的邢窑白瓷知识转化为通俗易懂的讲解内容，提升讲解人员的专业素养，确保观众能深入理解展品背后的文化价值。高校选派经验丰富的教师授课，面向不同年龄段与知识层次的人群，设计多样化的课程内容。针对青少年，设置趣味性强的手工制作课程，让他们在亲身体验中感受邢窑白瓷的制作魅力，培养动手能力与对传统文化的兴趣；对于成年人，则开设更具深度的文化赏析课程，从历史、艺术、工艺等多维度剖析邢窑白瓷，提升其审美鉴赏能力。工作坊配备专业工具与材料，由高校师生现场指导，鼓励参与者发挥创意，将邢窑白瓷元素融入自己的创作中，实现文化传承与个人创意的结合。发挥高校的创意设计优势，组织学生参与文创产品设计大赛，挖掘邢窑白瓷的文化元素，将其巧妙地融入现代生活用品、纪念品等设计中。这些文创产品不仅在公共文化设施内销售，作为文化传播的载体，还能走进大众生活，让更多人在日常使用中接触、了解邢窑白瓷文化。利用公共文化设施的宣传平台，如官方网站、社交媒体账号等，高校协助制作并发布关于邢窑白瓷文化的优质内容，包括图文介绍、短视频、线上展览等，扩大文化传播范围，吸引更多民众关注。

三、社会资源对高校美育的支持

社会资源对高校美育的支持包括人才、技术、经验等多方面的共享与协作。通过与博物馆、艺术馆、文化企业等社会机构的合作，高校可以获取丰富的非遗文化资源，并将其转化为美育课程的教学内容。社会艺术人才的参与能够为高校美育注入新的活力，提升课程的专业性和实践性。

（一）邀请社会艺术人才参与教学

高校应主动出击，建立广泛而精准的社会艺术人才资源库。通过深入调研本地非遗传承社群、艺术工作室集聚地以及参与各类陶瓷艺术展会等方式，挖掘在邢窑白瓷制作工艺、艺术创作、文化研究等方面的杰出人才。针对不同专长的人才制定个性化的合作邀约方案，以诚挚的态度、合理的待遇与发展空间吸引他们投身高校教学。

在课程设置方面，巧妙嵌入契合社会艺术人才专长的教学模块。例如，针对技艺精湛的非遗传承人，专门开设传统工艺实操强化课程，让学生在其亲手指导下，深入学习邢窑白瓷从揉泥、拉坯到雕刻、上釉等每一道工序的精细技法，传承原汁原味的传统技艺。对于在艺术创作领域富有创新精神的艺术家，安排他们负责创意启发与现代艺术融合的课程，引导学生突破传统审美局限，将当代艺术思潮、流行文化元素与邢窑白瓷特色相结合，激发学生创作具有时代感的作品。资深行业从业者则承担产业发展与市场实践课程，为学生剖析当下邢窑白瓷文化产业的市场格局、商业模式、营销渠道等，帮助学生明晰行业需求，为未来就业创业做好准备。配备教学辅助团队，协助他们进行课程设计、教学资料准备以及课堂管理等工作。建立常态化的教学研讨机制，定期组织校内教师与社会艺术人才共同交流教学经验、探讨教学问题、优化教学方法。搭建便捷的沟通平台，鼓励学生及时反馈学习感受与困惑，以便社会艺术人才能够根据学生实际情况灵活调整教学节奏与内容。制定科学合理的考核标准，从学生技能提升、创作成果、文化理解深化等多维度考量教学成效。对于教学表现优异、深受学生好评的社会艺术人才，给予物质奖励与荣誉表彰，如颁发“杰出校外导师”称号，并在后续合作中提供更多资源与更广阔的发展空间，以此激励他们持续投入热情，不断提高教学水平，助力邢窑白瓷文化课程体系更加完善。

（二）利用社会资金支持课程建设

高校积极探索利用社会资金支持邢窑白瓷文化课程建设，为课程发展注入强劲动力。与文化企业建立紧密合作关系，吸引企业赞助资金。企业看中邢窑白瓷文化的市场潜力以及高校的专业人才优势，通过资金投入助力课程实践项目开展。这些资金用于购置先进的陶瓷制作设备，提高课程教学硬件水平，让学生能在更好的条件下学习和实践邢窑白瓷制作工艺。支持举办各类与邢窑白瓷相关的展览、研讨会，促进学术交流与文化传播，提升课程影响力。许多致力于文化传承与教育发展的基金会，对地方非遗融入高校美育的项目兴趣浓厚。高校凭借精心策划的课程建设方案和发展规划，向基金会申请资金支持。获得资助后，可用于开发特色课程教材，邀请行业专家授课，开展实地考察等活动。这些举措，能丰富课程内容，提高教学质量，培养更多优秀的专业人才，推动邢窑白瓷文化传承与创新。毕业校友对母校怀有深厚感情，也关注着地方非遗文化的发展。高校通过组织校友活动，宣传邢窑白瓷文化课程的意义与成果，唤起校友对传承地方文化的责任感，激发他们捐赠热情。校友捐赠资金用于设立奖学金，奖励在邢窑白瓷文化学习与研究中表现优秀的学生，激励更多学生投身其中。

·第九章·

邢窑白瓷文化课程对高校美育范式转型的启示

通过将邢窑白瓷文化融入高校美育课程，高校能够丰富美育的内容与形式，还能激发学生对传统文化的兴趣与认同感，培养其文化传承与创新的能力。这一实践探索为高校美育从单一的艺术技能培养向多元文化融合的转型提供了新的思路，也为地方非遗的传承与发展开辟了新的路径。我们总结邢窑白瓷文化课程的经验与成果，可以为高校美育的进一步改革提供借鉴，推动美育与地方文化的协同发展。邢窑白瓷文化课程的实践表明，地方非遗的融入能够有效打破传统美育的局限性，使美育课程更加贴近学生的生活与文化背景。

第一节　非遗文化融入美育的范式创新

通过将非遗文化融入高校美育，我们能够打破传统美育课程内容单一、形式僵化的局限，还能为学生提供更加多元、生动的文化体验，激发其对传统文化的兴趣与认同感。这种融合是对美育内涵的拓展，对教育模式的创新探索。通过总结邢窑白瓷文化课程的经验，我们可以为高校美育的范式转型提供新的思路，推动美育从单一的艺术技能培养向多元文化融合的方向发展，为地方非遗的传承与创新注入新的活力。

一、理念创新

邢窑白瓷文化课程的实践表明，将地方非遗融入高校美育，不仅能够丰富课程内容，还能激发学生对传统文化的兴趣与认同感。通过树立文化传承与创新并重的理念，高校美育可以从单一的艺术教育向多元文化融合的方向转型，使学生在学习过程中不仅掌握技艺，更能理解文化背后的精神内涵。

（一）从单一文化向多元文化融合转变

从知识层面来看，多元文化融合意味着将邢窑白瓷文化与其他地域的陶瓷文化，如景德镇陶瓷文化、龙泉窑文化等相互关联。学生在了解邢窑白瓷的原料特性、制作工艺、装饰技法时，对比其他窑口瓷器在这些方面的差异，能够更清晰地把握邢窑白瓷的独特之处，同时构建起更全面的陶瓷文化知识网络。而且不仅仅局限于陶瓷领域，还可将邢窑白瓷文化与绘画、雕塑、文学等其他艺术形式所蕴含的文化进行融合。邢窑白瓷简洁素雅的造型，与中国传统水墨画追求的意境在审美理念上有相通之处，将两者结合讲解，能帮助学生从不同艺术角度理解中国传统文化的内核，提升审美感知能力。在教学实践中，实现多元文化融合需要教师精心设计教学内容，引入不同文化背景下关于陶瓷或相关艺术的研究成果与案例，在课堂上进行分析讨论，激发学生的思考与探索欲望。鼓励学生在完成与邢窑白瓷相关的创作任务时，借鉴其他文化元素，拓宽创作思路。在设计邢窑白瓷风格的文创产品时，融入现代流行文化中的简约设计理念，或者借鉴西方艺术中对色彩搭配的大胆运用，创作出既传承邢窑白瓷文化精髓，又符合当代多元审美需求的作品。

从文化传承与发展的角度而言，通过与其他文化的碰撞交流，邢窑白瓷文化能够在保持自身特色的基础上，吸收有益的文化养分，实现创新发展。在全球化传播中，这种融合后的文化形式更具吸引力与适应性，能吸引更多不同文化背景的人群关注，从而更好地推动邢窑白瓷文化走向世界，提升其在国际文化舞台上的影响力。

（二）树立文化传承与创新并重的理念

在课程中，要深入系统地传授邢窑白瓷从原料选取、成型工艺到装饰手法、烧制技术等一系列传统技艺知识，让学生全面了解其发展脉络，感受古人智慧与匠心。通过邀请非遗传承人现场演示、指导，学生沉浸式体验传统工艺魅力，掌握原汁原味的制作精髓，确保古老技艺得以延续。

文化传承不仅是技艺的传递，更要让学生领悟邢窑白瓷所蕴含的文化精神，如对品质的执着追求、对美的独特诠释等，使其成为学生文化基因的一部分。时代变迁，审美观念、生活方式与市场需求不断变化，邢窑白瓷文化需与时俱进。在课程教学中，鼓励学生在理解传统的基础上大胆创新。引导学生从现代审美视角出发，对邢窑白瓷的器型、装饰图案进行创新设计，使其更贴合当代人的生活场景与审美喜好。在器型设计上，融合现代家居装饰需求，打造出兼具实用性与艺术性的白瓷摆件；在图案装饰方面，结合当下流行元素，创作出新颖独特又不失文化底蕴的作品。在工艺创新上，鼓励学生探索将现代科技手段与传统工艺相结合，如利用数字化技术辅助设计、优化烧制过程等，提高生产效率与产品质量。还可引导学生挖掘邢窑白瓷文化在文化创意产业、旅游产业等领域的新应用，开发出具有市场竞争力的文创产品、旅游纪念品等，拓宽文化传播途径与产业发展空间。

（三）以学生为中心的实践导向变革

在课程设计环节，充分考量学生的兴趣点与实际需求。通过前期调研，教师了解学生对邢窑白瓷哪方面更感兴趣，如白瓷的制作工艺、艺术风格演变，还是文化背后的历史故事等。基于调研结果，合理安排实践内容，确保实践项目既具有挑战性，又能激发学生主动参与的热情。设计一系列难度递进的实践任务，从基础的白瓷手工制作入门，逐渐过渡到具有创意性的白瓷艺术作品创作，满足不同层次学生的需求。在实践教学过程中，为学生创造充足的自主实践空间。摒弃传统的教师主导示范、学生机械模仿的模式，教师更多地扮演引导者与答疑者的角色。当学生在实践中遇到问题，如在白瓷拉坯过程中难以掌握力度导致器型不规整，教师不是直接给出解决方案，而是引导学生从拉坯工具的使用、自身用力技巧以及对坯体形态的观察等多方面去思考，尝试自行找到解决办法。鼓励学生大胆创新，突破传统白瓷制作与设计的框架，结合现代审美与个人创意，赋予邢窑白瓷新的生命力。课程内容的设置紧密关联实际应用场景，引入真实的项目案例，如模拟为企业设计具有市场潜力的邢窑白瓷文创产品，让学生在实践中了解市场需求与行业标准。学生需要从创意构思、设计方案制定，到样品制作，全方位模拟实际工作流程。在此过程中，他们不仅能提升专业技能，还能培养团队协作、沟通表达以及应对实际问题的能力。例如，学生以小组形式完成项目，组内成员分别负责市场调研、创意设计、工艺制作等不同任务，通过协作共同完成作品，锻炼团队协作能力。

评价不再单纯以作品最终呈现效果为标准，而是综合考量学生在实践过程中的参与度、努力程度、问题解决能力以及创新思维等多方面。对于实践过程中积极尝试新方法，即便最终作品未达到预期完美效果的学生，也给予充分肯定与鼓励。评价主体也实现多元化，除教师评价外，增加学生自评与互评环节。学生自评有助于自我反思与总结经验，互评能促进学生间相互学习、共同进步。在完成一件白瓷装饰作品后，学生先进行自我评价，阐述创作思路与遇到的困难，再由小组其他成员评价，从创意、工艺、色彩搭配等方面提出意见，最后教师综合各方评价给出总结与建议。

二、模式创新

邢窑白瓷文化课程的实践表明，通过构建非遗与美育融合的教学新模式，能够有效打破传统教学的边界，实现理论与实践相结合。这种模式不仅注重知识的传递，更强调学生的参与感与体验感，通过项目驱动、跨学科融合等方式，激发学生的学习兴趣与创新思维。产学研协同的模式也为非遗文化的传承与创新提供了新的路径，使高校美育与社会需求紧密衔接。

（一）构建非遗与美育融合的教学新模式

在课程设计方面，打破传统学科界限，将邢窑白瓷所涉及的历史、艺术、工艺等多学科知识进行有机融合。比如在讲解邢窑白瓷的历史发展时，不仅阐述朝代更迭对其风格演变的影响，还深入剖析不同时期社会审美风尚如何在瓷器造型、装饰纹样上留下印记，使学生从历史与艺术交叉的视角理解白瓷文化内涵。合理安排理论与实践课程比例，确保学生既能掌握扎实的理论基础，又有充足的时间参与实践操作。

运用情境教学法，创设与邢窑白瓷相关的历史场景、制作工坊场景等，通过多媒体展示、虚拟现实技术等让学生身临其境地感受白瓷文化氛围，激发学习兴趣。小组合作学习法也不可或缺，组织学生分组开展邢窑白瓷主题的研究项目，如探究某种失传工艺的复原可能性，分析当代市场对传统白瓷的需求偏好等。小组成员分工协作，在资料查阅、实地调研、讨论分析等过程中，锻炼沟通协作能独立解决问题的能力。充分挖掘校内资源，图书馆收集整理大量邢窑白瓷相关的书籍、文献、影像资料，为学生提供丰富的知识源泉；艺术工作室配备齐全的白瓷制作工具与设备，满足学生实践需求。积极拓展校外资源，与邢窑博物馆、白瓷生产企业建立紧密合作关系。博物馆丰富的藏品与专业讲解能让学生直观感受白瓷魅力；企业则可提供实践基地，让学生能在生产一线学习先进制作工艺与市场运营经验。高校要培养与引进兼具非遗知识与美育教学能力的复合型教师。校内教师可通过参加非遗文化培训、学术交流活动提升专业素养；从校外聘请非遗传承人、行业专家作为兼职教师，定期来校开展讲座、指导实践，将原汁原味的技艺与经验传授给学生。评价主体涵盖教师、学生自身与同学，从不同视角全面评估学生学习情况。评价内容不仅关注知识掌握与技能水平，更注重学生在学习过程中的创新思维表现、文化传承态度以及团队协作能力。对于学生设计的具有现代审美且融合邢窑白瓷元素的作品，重点评价其创新性与对传统文化的传承运用能力；对小组合作项目，着重考量团队协作效果与问题解决思路。

（二）探索产学研协同的非遗美育模式

通过高校、企业与研究机构的深度合作，能够有效整合多方资源，将非遗文化的传承与创新融入美育课程体系。这种协同模式不仅能够提升学生的实践能力与创新意识，还能为地方非遗的产业化发展提供智力支持。

1.建立产学研协同的有效合作机制

在合作目标上，高校、企业与研究机构应达成高度共识，高校期望通过合作提升学生的实践能力与创新精神，培养出既懂邢窑白瓷文化内涵，又具备市场竞争力的专业人才；企业则着眼于借助高校的科研力量与人才资源，开发出更具创新性和市场潜力的邢窑白瓷相关产品，增强自身品牌影响力与市场份额；研究机构凭借专业的研究能力，旨在深入挖掘邢窑白瓷的历史文化价值，推动非遗技艺的传承与创新发展。

设立联合管理委员会，由高校艺术学院、商学院等相关院系负责人，企业的高层管理人员以及研究机构的资深专家组成，负责制定合作的战略规划、决策重大事项。在委员会下，根据不同项目或任务，组建若干专门工作小组，如产品研发小组、人才培养小组、市场推广小组等。各小组明确分工，各司其职，高校教师、学生与企业员工、研究人员在小组中协同合作，充分发挥各自的专业优势。例如，在产品研发小组中，高校学生提供创意设计，企业技术人员负责工艺实现，研究人员则从文化传承角度给予指导，确保产品兼具创新性与文化底蕴。对于合作产生的经济效益，如新产品上市后的利润、知识产权转让收入等，根据各方投入的资源、贡献程度进行公平合理的分配。高校可获得资金用于教学科研设备更新、人才培养等，企业获取利润用于扩大生产、市场拓展，研究机构得到经费支持进一步深入研究。面对合作过程中出现的风险，如市场风险、技术风险、政策风险等，各方共同承担。在项目启动前，进行全面的风险评估，制定风险应对预案。若因市场变化导致产品销售不佳，各方依据事先约定的比例分担损失，避免因风险问题导致合作破裂。建立定期沟通会议制度，联合管理委员会每月召开一次会议，工作小组每周进行工作汇报与交流。

借助现代信息技术，搭建线上沟通平台，方便各方随时交流项目进展、分享信息、解决问题。当高校在人才培养过程中发现学生实践技能与企业需求存在差距时，能及时通过沟通平台反馈给企业，企业根据实际情况调整实习岗位安排与培训内容；企业在产品研发中遇到技术难题，可迅速与研究机构和高校专家沟通，共同探讨解决方案。

2.基于产学研协同的实践项目开展

在项目主题确定上，紧密围绕邢窑白瓷的传承与创新。聚焦于开发兼具传统韵味与现代设计感的白瓷文创产品，旨在满足当下消费者对个性化、高品质文化产品的需求。着眼于改良邢窑白瓷的制作工艺，引入先进科技手段，提高生产效率与产品质量，探索传统工艺在现代产业中的新发展路径。此外，高校还可以将邢窑白瓷文化的传播推广纳入项目范畴，思考如何利用新媒体平台、文化活动等多元渠道，扩大其文化影响力，吸引更多受众关注。组织相关专业学生参与项目，学生在教师的指导下，运用所学知识，从文化研究、艺术设计、产品开发等不同角度为项目贡献力量。通过深入研究邢窑白瓷的历史文化内涵、艺术特色，为产品设计提供丰富的灵感源泉。在实践中锻炼自身的专业技能，提升解决实际问题的能力。企业则凭借其丰富的市场经验、生产资源与销售渠道，为项目提供有力支持。从产品的生产制作环节，确保工艺标准与质量把控，到利用其成熟的销售网络将项目成果推向市场，实现产品的商业价值。科研机构凭借先进的科研设备与技术，助力解决项目中的技术难题，如研发新型陶瓷材料、改进烧制技术等，为邢窑白瓷产业的创新发展提供技术支撑。

高校、企业与科研机构定期举行项目研讨会，分享项目进展情况，共同探讨解决遇到的问题。明确各方在项目中的职责与权益，制订详细的项目计划与时间表，确保各项任务有序进行。同时，设立合理的激励机制，对在项目中表现出色的学生、教师、企业员工及科研人员给予相应奖励，激发各方参与项目的积极性与创造性。

3.产学研协同助力非遗美育人才培养

高校凭借深厚的学术资源与人才储备，在理论研究与基础教学上发挥着核心作用；企业依托先进的生产技术、广阔的市场渠道以及丰富的实践经验，能够为人才培养提供贴近实际的产业视角；科研机构则凭借专业的科研能力，为非遗美育注入创新活力与技术支撑。三方协同合作，旨在全方位提升非遗美育人才的综合素养，满足当下社会对该领域人才的多元需求。

高校在人才培养方案制定上积极联动企业与科研机构，深入调研市场需求与行业发展趋势，结合邢窑白瓷文化特色，精准定位人才培养目标。针对当前文化创意产业蓬勃发展的态势，将培养具备创新设计能力、文化传播能力以及市场运营能力的复合型非遗美育人才作为重点方向。在课程设置上，整合各方资源，开设融合理论教学、实践操作与创新研究的课程模块。企业参与实践课程教学，派出经验丰富的工艺师与设计师，为学生传授实际生产中的工艺技巧与设计经验，让学生了解行业前沿动态与市场需求。科研机构则为学生提供先进的科研方法与技术手段，助力学生探索邢窑白瓷工艺的创新改良，如新型材料应用、数字化保护与传承技术等。高校与企业共建实践教学基地，学生在基地中参与真实项目，从邢窑白瓷产品的设计研发、生产制作到市场推广，全流程深度实践。在此过程中，学生不仅能够将课堂所学知识应用于实际，还能在解决实际问题的过程中锻炼创新思维与实践能力。企业为学生提供项目指导与技术支持，确保学生实践活动的专业性与有效性。高校与科研机构合作开展科研项目，鼓励学生参与其中，培养学生的科研能力与探索精神，引导学生运用科研成果推动邢窑白瓷文化的传承与创新。高校、企业与科研机构定期开展交流会议，分享教学与实践中的经验与问题，共同商讨解决方案，动态调整人才培养策略。在人才评价方面，摒弃单一的学术评价标准，构建涵盖专业知识、实践能力、创新成果、职业素养等多维度的评价体系。

三、方法创新

传统的教学方式常以知识灌输为主，难以激发学生的主动性与创造力，尤其在与地方非遗结合时，容易陷入形式化的困境。邢窑白瓷文化课程的实践表明，教学方法的创新能够有效提升学生的学习兴趣与参与度，使非遗文化的传承更加生动且富有成效。通过引入体验式教学、项目驱动式教学以及跨学科融合教学等新型方法，学生不仅能够从理论层面理解邢窑白瓷的文化内涵，还能通过实践操作与跨领域合作，深入体验传统工艺的魅力，培养创新思维与综合能力。

（一）运用数字化技术的创新教学方法

数字化技术的应用能够有效突破传统教学模式的局限，为学生提供更加直观、互动性强的学习体验。通过虚拟仿真、数字资源库、线上互动平台学生可以身临其境地感受邢窑白瓷的制作过程，深入了解其工艺细节与文化内涵。

1.虚拟仿真：构建沉浸式学习情境

高校积极整合技术资源，与专业的虚拟现实技术团队合作，打造高度还原的邢窑白瓷虚拟世界。进入这个虚拟空间，学生宛如穿越时空，来到古代邢窑的生产现场。映入眼帘的是古色古香的窑厂，窑工们忙碌地穿梭其中。学生可以近距离观察他们选取优质原料，经过精细的淘洗、沉淀，将原料转化为细腻的坯泥。在制坯区域，能看到匠人们熟练地运用拉坯、印坯等技法，将坯泥塑造出各种精美的器形，从典雅的梅瓶到实用的碗盘，每一个动作都展现着传统工艺的精湛。装饰区，学生可以细致地观看匠人们用刻刀在坯体上精心刻画，或是巧妙地点彩，赋予白瓷独特的艺术魅力。而在烧制环节，熊熊燃烧的窑炉散发着炽热的温度，学生能够感受到古人对火候和气氛的精准把控，理解烧制工艺对邢窑白瓷品质的关键影响。除了生产场景，虚拟仿真还再现了邢窑白瓷在不同历史时期的使用场景。学生置身于古代的宫廷宴会，看到邢窑白瓷作为皇家贡品，陈列在华丽的餐桌上，彰显着尊贵与典雅；也能走进寻常百姓家，感受白瓷在日常生活中的实用价值，体会其与民众生活的紧密联系。

在沉浸式学习情境中，学生不再是被动的知识接受者，而是能够主动参与其中。他们可以自主探索虚拟场景，放大或缩小观察对象，深入了解邢窑白瓷的每一处细节。遇到疑惑时，还能随时通过虚拟界面获取详细的文字、语音讲解，如同身边有一位专业的导师随时指导。

2. 数字资源库：整合多元学习素材

高校组织专业团队深入挖掘邢窑白瓷的各类资源，将其进行数字化整理与整合。针对历史文献，广泛收集从古至今关于邢窑的记载，涵盖方志、诗词、古籍中的相关内容，运用数字化手段进行高清扫描与文字识别，转化为可检索的电子文档。学生在资源库中能便捷查阅到关于邢窑起源、发展脉络、各时期烧制特点等详细文字资料，深入了解其历史文化底蕴。

在图片资源方面，通过实地拍摄、文物数据库调用等方式，收录大量邢窑白瓷实物图片。这些图片不仅包括完整的器物，还细致展现了其局部特征，如独特的装饰花纹、釉色变化、胎体质地等。高分辨率的图片能让学生清晰地观察到白瓷的工艺细节，为学习与研究提供直观依据。团队录制了邢窑白瓷制作工艺的全过程视频，从原料的选取与加工，到拉坯、修坯、装饰、烧制等环节，都进行了详细记录。视频中还邀请了非遗传承人、资深工匠进行讲解，分享工艺技巧与经验心得。此外，还收集了与邢窑白瓷相关的纪录片、文化节目等，让学生从不同角度感受邢窑白瓷的魅力。团队运用3D建模技术，创建邢窑白瓷的虚拟模型。学生可以在电脑或移动设备上自由旋转、缩放模型，从各个角度观察白瓷的造型结构，甚至模拟拆解，了解内部构造。这种沉浸式的学习体验，能让学生更深入的理解邢窑白瓷的形态特征，激发创作灵感。按照历史时期、工艺类型、器物种类等维度对资源进行分类，设置便捷的检索功能。学生只需输入关键词，就能快速找到所需的学习素材。资源库还具备更新机制，持续收集新的研究成果、发现的文物资料等。

3. 线上互动平台：促进教学双向交流

当下网络技术飞速发展，这对于构建邢窑白瓷网络课程无疑是非常有利的。对于网络课程来说，学生具有选择性和主动性，有利于更好地发挥学生的主体作用。对于邢窑白瓷课程资源来说，不同类型和形式的教学内容会被利用得更充分和个性化。网络课程可以实现异步交流，不同时空的学生都可以与老师互动交流。

邢窑白瓷网络课程在很大程度上拓宽了其受众面，不再局限于本校学生，而是广大的网络用户，对其有兴趣的网络用户都可以学习该课程。课程的内容、形式和章节结构也要适应网络需求，要有针对性地设计开发邢窑白瓷网络课程资源，力求使课程包容面宽一些，课程内容的难易程度也要照顾到不同阶层、不同文化层次的受众。要进行调研，分析学习者的社会背景、生理、心理、生活节奏等影响课程学习的因素，然后有针对性地筛选教材，组织内容、设计形式。邢窑白瓷网络课程建设需要组建团队，网络课程的本质是邢窑白瓷资源的应用与开发，因此需要专业的教师、工艺美术大师、邢窑白瓷传承人等不同背景的专家组成团队参与课程建设。课程建设是一个集体智慧的工程，不但需要具备邢窑白瓷方面知识的人才，而且需要熟悉和掌握计算机技术、版面设计等领域的人才。邢窑白瓷网络课程需要网络平台的支撑，要选择有一定影响力的平台，如学堂在线、中国大学MOOC、爱课程、万门大学等。需要平台全程参与邢窑白瓷课程建设开发，以保证课程的内容和格式符合平台传输的要求。在形式上要尽量使用多媒体素材，以增加课程的内涵。在内容上尽量把知识具象化，以图片、视频的形式去承载，删繁就简。在学习氛围上要最大限度地去调动学习者的积极性和主动性，发挥网络课程的优势。确立正确的网络课程建设宗旨，在OBE理念指导下，充分发挥学生主体地位和作用，避免网络课程成教材搬家。网络课程是为学习者搭建一个平台，为其提供丰富而有吸引力的学习资源。邢窑白瓷网络课程的构建是一个动态的过程，要把邢窑白瓷课程内容用网络化的语言去表达，需要不断更新课程内容，把最新的前沿的邢窑白瓷学术动态传达到网络课程中，要建立学习资源库、图片库、视频库、课件库、网络链接等，为学习者提供多维度的学习信息。在邢窑白瓷课程的内容上，要适时更新，以更为前沿有效的资源替换已有的资源。课程指导教师，要与学习者及时互动，点评学生作业，发放最新的或学生需要的个性化资源。要注重发挥评价的作用，以动态评价为主，利用微信、客户留言、管理员信箱等多种形式与学生互动，使学生的问题能够得到及时的回应。依托在线学习平台实现邢窑白瓷课程的远程互动教学，教师提前将邢窑白瓷文化课程的丰富资料，如高清的邢窑白瓷图片、详细的制作工艺视频、专业的学术讲座等上传至平台，学生无论身处何地，都能随时登录平台自主学习，打破时间与空间的限制，满足不同学生的学习节奏。通过实时视频，教师全方位展示邢窑白瓷的制作过程，从原料的准备、坯体的成型到装饰工艺的运用，每一个步骤都清晰呈现给学生。

开启在线提问与解答窗口，学生在观看过程中若有疑问，如对某种工艺技巧的不理解、对历史文化背景的困惑等，可即时输入问题，教师当场解答，形成良好的师生互动氛围。还可运用平台的投票、讨论区等功能，组织学生就邢窑白瓷文化的相关话题展开讨论，比如对现代设计中融入邢窑白瓷元素的看法，激发学生的思维碰撞，提升学生参与度。根据学生的学习情况和特点进行分组，小组成员通过平台的小组讨论空间交流想法、分工协作。例如，共同完成一份关于邢窑白瓷文化在当代传承与发展的调研报告，有的成员负责收集资料，有的进行数据分析，有的撰写报告内容，最后整合成果并在平台上向全班展示。在展示过程中，其他小组的学生可以在线点评，提出意见和建议，进一步促进学生之间的学习与交流。在线学习平台能够详细记录学生的学习轨迹，包括学习时长、参与互动的次数、作业完成情况等数据。教师依据这些数据，精准了解每个学生的学习状态和知识掌握程度，从而有针对性地调整教学策略，为学生提供个性化的学习指导。

4.运用数字图像处理技术分析邢窑白瓷的纹饰与色彩

借助专业图像分析软件，如Adobe Photoshop、ImageJ等，将高清的邢窑白瓷文物图片导入其中，能对纹饰细节进行精确剖析。软件可对图片进行放大、缩小、局部特写等操作，让学生清晰观察到邢窑白瓷上细腻的刻花、划花以及精美的印花纹饰，以往肉眼难以分辨的细微线条与图案，此刻在数字技术加持下纤毫毕现，有助于学生深入理解纹饰的构图布局与工艺特点。通过特定算法，软件可精准勾勒出纹饰的轮廓，量化其形状参数，如曲线的曲率、图案的对称性等。这使学生能够以科学数据为依据，研究不同时期邢窑白瓷纹饰风格的演变规律，从早期古朴简约的几何纹，到后期复杂精美的动植物纹，借助数字技术分析形状变化，直观感受文化与艺术发展对纹饰设计的影响。软件能精确测定邢窑白瓷的色彩数值，基于国际通用的色彩模型，如RGB、CMYK等，量化白瓷呈现出的色调、饱和度与明度。学生通过这些精确数值，能敏锐察觉邢窑白瓷在不同烧制条件下色彩的微妙差异，理解原料配方、窑温控制等因素对瓷器色彩的决定性作用。

利用数字图像处理技术的对比功能，可将不同窑口、不同时期的白瓷色彩进行比对。将邢窑白瓷与同时期其他窑口白瓷的色彩数据放在一起分析，学生能清晰地看到邢窑白瓷在色彩上的独特之处，其白中微微泛黄或泛青的色泽，形成独有的视觉特征，从而深刻领会邢窑白瓷在陶瓷艺术领域的色彩辨识度与审美价值。在教学过程中，教师引导学生运用数字图像处理技术进行自主探究学习。布置分析特定邢窑白瓷纹饰与色彩的作业，学生亲自操作软件，收集数据、分析结果，以小组形式讨论并总结规律。

（二）以实践为导向的教学方法革新

设计项目式学习任务，围绕邢窑白瓷的制作流程、文化内涵、市场推广等方面精心构思项目主题。比如，要求学生设计一套具有现代审美且融合邢窑白瓷传统元素的餐具，从创意构思、草图绘制，到材料选择、成型制作，再到装饰工艺运用，学生需全程参与。在此过程中，学生不仅要深入理解邢窑白瓷的工艺特点，还需思考如何将其与当代生活需求相结合，培养解决实际问题的能力。

引入案例教学，选取大量丰富且典型的邢窑白瓷相关案例。既有历史上著名的邢窑白瓷作品赏析，剖析其工艺细节、艺术风格与文化价值，让学生汲取传统精华，也有现代成功将邢窑白瓷文化融入设计并推向市场的商业案例，引导学生分析其在产品定位、品牌塑造、营销策略等方面的做法，为学生未来投身相关领域积累经验。通过对这些案例的深入研讨，启发学生思维，拓宽视野。组织实地考察活动，带领学生前往邢窑遗址、博物馆、生产企业等场所。在遗址处，学生能直观感受邢窑的历史底蕴，了解其发展脉络与文化传承；博物馆丰富的藏品展示，为学生提供近距离观察、研究邢窑白瓷实物的机会，加深对其工艺特征与艺术魅力的认知；生产企业则让学生接触到现代化的生产流程与先进技术，明白传统工艺在当代的创新应用。实地考察打破了课堂的局限，给予学生直观且全面的学习体验。开展模拟工作坊教学，在校内打造模拟邢窑白瓷制作工坊的环境，营造真实的工作氛围。学生分组模拟企业团队，在工坊中完成从原料加工、器物制作到成品展示的全流程工作。在这个过程中，学生扮演不同角色，如工艺师、设计师、质量检测员等，明确各自职责，相互协作。教师则模拟企业导师，在一旁适时指导，帮助学生在模拟实践中掌握专业技能，培养团队合作精神与职业素养，切实实现以实践为导向的教学方法革新。

第二节　高校美育课程体系的优化路径

在高校美育的深化改革中，课程体系的优化可以推动美育范式转型，地方非物质文化遗产的融入为高校美育课程体系的优化提供了新的视角与资源。通过优化课程设置，高校可以增加非遗相关课程的比重，打造跨学科融合的美育课程群，使课程内容更加丰富多元。更新教学内容，融入地方特色文化元素，能够使美育课程更加贴近学生的生活与文化背景，激发他们的学习兴趣与创造力。完善评价机制，建立多元化的评价指标体系，强化过程性评价与结果性评价的结合，能够更全面地反映学生的学习成果，提升其美育素养。

一、课程设置优化

许多高校的美育课程仍以传统的艺术技能训练为主，缺乏对地方文化资源的深度挖掘与整合，导致课程内容单一、形式僵化，难以激发学生的文化认同感和创造力。邢窑白瓷文化课程的实践表明，将地方非遗融入美育课程体系，能够有效丰富课程内容，增强课程的多样性与实践性。

（一）增加非遗相关课程比重

从课程体系的宏观规划着手，高校应在专业人才培养方案以及公共美育课程设置中，明确为邢窑白瓷文化课程预留充足空间。对于艺术设计、文化产业管理等相关专业，可将邢窑白瓷课程设定为专业核心课程或重要选修课程，引导学生深入探究其背后深厚的文化底蕴与独特艺术价值。在公共美育课程板块，开设丰富多样的邢窑白瓷文化通识课程，如“邢窑白瓷鉴赏”“邢窑白瓷与传统文化”等，面向全校学生开放，提升全体学生对非遗文化的认知与审美素养。

整合校内资源，组建跨学科教学团队，涵盖历史文化、艺术设计、陶瓷工艺等多领域专业教师，共同开发具有深度与广度的课程内容。积极与校外非遗研究机构、邢窑白瓷传承工作室合作，引入外部优质教学资源，如邀请非遗传承人参与课程授课，带来一手的实践经验与传统技艺；联合开展课程项目，让学生接触真实的非遗传承与创新工作场景。利用现代信息技术，打造数字化课程资源库，收录邢窑白瓷的高清图片、制作视频、学术研究资料等，为学生提供便捷的自主学习渠道，打破时间与空间限制，满足不同学生的学习需求。采用项目式学习，让学生围绕邢窑白瓷开展文创产品设计、文化推广方案策划等项目，在实践中锻炼综合能力；运用案例教学法，通过剖析经典邢窑白瓷作品以及成功的非遗产业化案例，引导学生理解文化内涵与市场价值；组织实地考察，带领学生前往邢窑遗址、博物馆、生产企业等地，亲身感受邢窑白瓷的魅力与传承发展现状。建立完善的课程考核机制，除传统的理论知识考核外，加大对学生实践成果、创新能力、文化理解与传承意识的考核比重，全面评估学生的学习成效，激励学生积极投入邢窑白瓷文化课程的学习中。

（二）打造跨学科融合的美育课程群

在课程设计上，整合艺术学、历史学、考古学、材料学等多学科知识，构建综合性课程框架。艺术学从审美与创作角度，指导学生欣赏邢窑白瓷造型、装饰的艺术美感，培养其艺术创作能力，使学生能运用所学设计出融合现代理念与邢窑特色的作品。历史学详细讲述邢窑白瓷的发展脉络，从诞生背景到各朝代演变，让学生理解其承载的历史文化信息，为创作与研究奠定历史根基。考古学知识能帮助学生解读邢窑遗址发掘成果，了解古人制作工艺的实物证据，加深对传统技艺的认知。设立与邢窑白瓷相关的综合项目，如设计一场以邢窑白瓷为主题的文化展览。学生需要运用艺术学知识进行展览空间布局、展品展示设计；借助历史学知识梳理展品背后的历史故事，撰写讲解文案；依靠考古学知识准确解读出土文物特征并向观众阐释。各学科教师组成教学团队，共同指导学生完成项目，在实践中促进学生跨学科知识的融合运用。搭建跨学科交流平台，定期举办学术讲座与研讨会。邀请不同学科领域专家围绕邢窑白瓷展开主题演讲，如艺术史学家分享邢窑白瓷艺术风格的演变，材料学家讲解白瓷烧制原料与工艺的科学原理。组织学生参与研讨，鼓励他们从自身专业角度提出问题、发表见解，促进思维碰撞，拓宽知识视野。完善课程评价体系，注重对学生跨学科能力的考核。

评价内容涵盖学生在项目中的表现，包括对不同学科知识的综合运用能力、团队协作中与不同专业同学的沟通协调能力、在解决项目问题时的创新思维能力等。评价方式采用多元化，教师评价结合学生自评与互评，全面、客观地评估学生在跨学科美育课程群中的学习成果。加强与校外机构的合作，拓宽跨学科实践渠道。与博物馆合作，参与邢窑白瓷文物展览筹备；和陶瓷企业联合开展产品研发项目。让学生在真实的社会环境中，运用跨学科知识解决实际问题，提升实践能力与社会竞争力。

二、教学内容优化

通过将邢窑白瓷文化融入美育课程，不仅能够丰富课程的文化内涵，还能使教学内容更加贴近地域特色，增强学生的文化认同感。结合现代审美趋势和科技手段，教学内容可以进一步创新，形成既有传统韵味又具时代特色的美育课程体系，为高校美育的范式转型提供有力支撑。

（一）融入地方特色文化内容

邢窑白瓷承载着深厚的地方历史记忆，其起源与发展和当地独特的地理环境、人文风貌紧密相连。课程应深入挖掘这些背景故事，从邢窑所在区域的地质条件如何造就优质瓷土原料，到当地民俗文化对瓷器造型、装饰纹样的影响，都应融入教学。让学生明白邢窑白瓷不仅是一件件精美的器物，更是地方文化的生动载体。

在内容选择上，着重选取具有代表性且能体现地方特色的元素，如邢窑白瓷传统的刻花、划花工艺，其独特的技法与风格在全国陶瓷工艺中独树一帜，这些工艺背后蕴含着当地工匠世代传承的智慧与审美。课程要详细讲解这些工艺从工具使用、线条表现到图案构思的全过程，让学生掌握其精髓，感受地方工艺的独特魅力。将地方传说、历史典故与白瓷文化相融合，如讲述邢窑与当地历史名人的渊源，或是某些经典器型背后的传奇故事，使课程内容更具趣味性与文化底蕴，激发学生的学习兴趣。运用多媒体手段，展示邢窑遗址的考古发掘影像、博物馆收藏的珍贵白瓷实物图片以及当地传统制瓷工坊的生产场景，让学生直观感受邢窑白瓷的文化氛围。组织实地考察活动，带领学生前往邢窑遗址、当地陶瓷博物馆以及仍在坚持传统工艺的制瓷村落，亲身观察遗址的布局、触摸历史的痕迹，与民间艺人交流，近距离了解白瓷制作的实际流程。在实践教学环节，鼓励学生以地方特色为灵感进行创作，无论是设计具有当地文化符号的新器型，还是运用传统工艺表现现代题材，都给予充分指导与支持，促使学生将所学的地方特色文化内容转化为实际的艺术成果。

（二）更新教学内容以契合时代需求

在文化融合层面，应将当代多元文化元素引入教学内容。当下全球化趋势明显，不同文化相互碰撞、交融。邢窑白瓷文化课程不能仅局限于传统内容，要引导学生思考如何将白瓷文化与现代流行文化、国际文化元素相结合。比如，融入现代艺术流派的理念，让学生探索如何运用邢窑白瓷的工艺与材质来表现抽象艺术、街头艺术等现代艺术风格，拓宽学生的创作思维，使古老的邢窑白瓷文化在当代文化语境中找到新的表达形式。在审美观念方面，紧密贴合当代大众审美趋势。如今，人们的审美更加注重个性化、时尚化与功能性。课程内容要反映这一变化，教导学生分析当代消费者对陶瓷产品在造型、色彩、装饰等方面的审美偏好。例如，在设计环节，鼓励学生设计既具有邢窑白瓷传统韵味，又符合现代简约时尚风格且具备实用功能的陶瓷产品，如兼具美观与便捷收纳功能的白瓷家居用品，让邢窑白瓷文化在满足当代审美需求的同时融入人们的日常生活。现代科技为陶瓷制作带来了新工具、新工艺与新材料。课程应纳入数字化设计软件在陶瓷造型设计中的应用，学生可通过电脑辅助设计，快速、精准地创作出复杂多变的白瓷造型，提高设计效率与创意实现的可能性。

介绍3D打印技术在陶瓷制作中的实践，从模型制作到部分成品打印，拓宽学生对制作工艺的认知。新型陶瓷材料的研发成果也可融入教学，让学生了解如何利用新材料提升白瓷的性能与质感，探索传统工艺与现代科技结合的创新路径。为了确保教学内容更新的有效性，需建立动态调整机制。密切关注文化、审美、科技等领域的最新动态，定期组织教师参加行业研讨会、学术交流活动，与专家、企业保持紧密联系，及时获取前沿信息并融入课程。鼓励教师开展教学研究，探索新的教学内容与方法，以适应时代对邢窑白瓷文化课程的要求。

三、教学评价优化

地方非遗融入高校美育，教学评价也需要进行相应的优化，以适应多元文化融合的教学目标。通过建立多元化的评价指标体系，将过程性评价与结果性评价相结合，能够更全面地衡量学生的审美感知、艺术表现和文化传承能力。这种优化的评价方式不仅有助于激发学生的学习兴趣与创造力，还能为课程的持续改进提供科学依据，推动高校美育向更加开放、包容的方向发展。

（一）建立多元化的评价指标体系

知识与技能维度是基础评价指标，掌握学生对邢窑白瓷历史文化知识，包括其起源、发展脉络、各个时期的工艺特点以及在陶瓷史上的地位等内容的理解与记忆。熟练掌握白瓷制作技能是核心，涵盖原料处理、成型技法（如拉坯、印坯等）、装饰工艺（刻花、划花、印花等）以及烧制技术等。通过理论考试、实践操作考核等方式，评估学生在这两方面的学习成果，确保学生具备扎实的专业基础。

学生对邢窑白瓷所承载的文化价值、艺术审美观念的领悟程度是评价要点。这要求学生能够解读白瓷作品中的文化符号，理解其背后蕴含的地域文化、民俗风情等。传承意识则关注学生对非遗传承的责任感与使命感，是否积极参与校园内的邢窑白瓷文化传承活动，是否主动向他人传播相关知识等。通过课堂讨论表现、文化项目参与度等方面进行评估，激励学生成为非遗文化的传承者。鼓励学生在学习过程中对传统邢窑白瓷工艺与设计进行创新。在实践项目中，观察学生能否将现代设计理念、材料、技术与传统白瓷相结合，创造出新颖且具有市场潜力的作品。考量学生在实践操作中的问题解决能力，面对制作过程中的工艺难题时的应对策略与创新思维。通过学生的创新作品展示、实践项目报告等形式进行评价，培养学生的创新精神与实践能力。情感态度体现在学生对课程的兴趣与热情，是否积极主动投入学习，面对困难时的坚持与努力。团队合作能力的高低则反映着学生在小组项目中的协作表现，如沟通能力、协调能力、领导能力以及对团队目标的贡献度。通过日常课堂观察、小组项目评价等方式，全面评估学生在这方面的表现，促进学生全面发展。

为有效落实这一多元化评价指标体系，需制定详细的评分标准与操作流程。明确各维度的权重占比，根据课程目标与重点合理分配。培训教师掌握多元化评价方法，确保评价的客观性与公正性。定期收集学生反馈，根据实际情况对评价指标体系进行调整与完善，使评价真正服务于学生成长与课程发展。

（二）强化过程性评价与结果性评价相结合

过程性评价聚焦于学生在整个课程学习过程中的表现，从课堂参与度入手，观察学生在每一次邢窑白瓷文化理论探讨中的发言质量，是否能积极阐述观点、与同学互动交流，这反映出学生对知识的理解与思考深度。在实践操作环节，教师详细记录学生从原料准备、白瓷制作的各个步骤，如拉坯时手法的熟练程度、刻花时线条的精准度与创意性等，了解其技能掌握的渐进过程。

对于学生在小组合作项目中的贡献，从团队协作、沟通协调、任务完成情况等方面综合考量，评判其团队合作能力与责任感。通过日常学习日志、阶段性作业反馈等方式，持续跟踪学生的学习进展，及时发现问题并给予有针对性的指导，帮助学生在学习过程中不断调整与提升。在知识考核方面，设计全面且有深度的试卷，涵盖邢窑白瓷的历史发展、工艺原理、文化内涵等核心知识点，考查学生对理论知识的系统掌握程度。对于学生的实践作品，从作品的工艺完整性、艺术创新性、文化传承性等多个维度进行评估。一件优秀的白瓷作品，既要符合传统制作工艺标准，展现出精湛的技艺，又要融入现代创新元素，体现学生对当代审美与文化需求的理解，同时在作品中能清晰地看到对邢窑白瓷文化特色的传承与延续。将学生在各类课程竞赛、展览中的成绩与表现也纳入结果性评价范畴，这些外部平台的成果能更直观地反映学生在同类群体中的水平与竞争力。在教学过程中，定期将过程性评价结果反馈给学生，使其能根据自身情况及时改进。在课程结束后，综合过程性与结果性评价数据，全面分析学生的学习成效。对于在过程中表现出色但最终成果略有不足的学生，深入分析原因，弄清楚是知识整合能力有待提高还是学生在作品呈现时缺乏经验，进而为后续教学提供改进方向。对于结果优异但过程中参与度不稳定的学生，教师应思考如何在今后激发其持续学习的积极性。

（三）引入多方评价主体促进全面评价

教师评价应秉持专业、全面、客观的原则，不仅要关注学生对邢窑白瓷理论知识的掌握，如历史发展脉络、工艺原理等，还要着重考察实践技能，包括原料处理、成型技法、装饰工艺等操作的熟练程度与质量。教师需留意学生在课堂讨论、项目推进过程中的思维活跃度、团队协作能力以及面对困难时的解决问题能力，从知识、技能、能力等多维度给予学生综合性评价，并提供有针对性的改进建议，助力学生明确学习方向。在课程学习过程中，引导学生定期对自身表现进行评估。他们可以回顾自己在参与课程实践项目时的投入程度，思考对邢窑白瓷文化理解的深化过程，反思在创意构思与作品制作中存在的优点与不足。通过自评，学生能够更好地认识自我，发现自身学习节奏与方法的问题，主动调整学习策略，增强学习的内驱力与主动性。学生互评营造了良好的学习交流氛围，为学生提供了相互学习、共同进步的平台。组织学生以小组或班级为单位进行互评活动，在评价他人作品与学习表现时，学生需站在不同角度深入分析。他们能够从同伴的创意中获取灵感，学习独特的表现手法，也能在指出他人问题的过程中强化自身对知识技能的理解。互评过程中的讨论与交流，还能锻炼学生的思辨性思维与沟通表达能力，促进学生之间的思想碰撞与经验共享。

非遗传承人凭借多年扎根一线的丰富经验，对邢窑白瓷的传统工艺有着深刻且精准的把握。他们能够从工艺的规范性、传承的准确性等专业角度对学生作品进行点评，指出学生在实践操作中与传统技艺标准的偏差，传授宝贵的经验与技巧，使学生更深入地领悟邢窑白瓷的文化精髓与传承要义。行业专家熟悉当下陶瓷行业的发展趋势、市场需求以及创新动态。他们从产品的市场竞争力、设计的创新性与实用性等方面对学生的作品与学习成果进行评价，为学生提供与行业接轨的建议，帮助学生了解市场需求，明确自身在未来职业发展中的定位，使课程教学更贴合社会实际需求，培养出既具备深厚文化底蕴又能适应市场变化的高素质人才。

第三节 地方非遗与高校美育协同发展的未来展望

邢窑白瓷文化的成功实践，为地方非遗与高校美育的深度融合提供了宝贵的经验。政策支持力度的加大和社会需求的提升，地方非遗与高校美育的协同发展将迎来更多机遇。通过进一步整合资源、创新教学模式、拓宽传播渠道，高校美育不仅能够更好地服务于地方文化的传承与创新，还能为学生的全面发展提供更加丰富的文化滋养。在这一过程中，地方非遗与高校美育的互动将更加紧密，共同推动文化传承与教育创新的双赢局面。

一、协同发展的趋势分析

随着社会对文化多样性的需求增长，高校美育作为文化传播的重要阵地，需通过引入地方非遗资源来丰富课程内容，提升学生的文化素养与创新能力。邢窑白瓷文化作为地方非遗的典型代表，其深厚的历史底蕴与独特的艺术价值为高校美育的创新发展提供了重要契机。

（一）政策支持下的发展前景

各级政府相继出台了一系列支持非遗传承与发展的政策文件，为地方非遗融入高校美育提供了强有力的政策保障。这些政策不仅为高校美育的范式转型创造了良好的外部环境，也为地方非遗的传承与创新注入了新的活力。

1.剖析政策扶持的具体方向与重点举措

文化传承与创新被提升至国家战略高度，在此宏观政策指引下，地方政府积极响应，针对邢窑白瓷文化与高校美育融合制定了一系列扶持政策。政府设立专项文化发展基金，直接为高校开设邢窑白瓷文化课程提供资金支持。这笔资金可用于引进先进的教学设备，如高精度的陶瓷制作工具、数字化展示设备等，以提高教学硬件水平；还能支持课程研发，聘请专业学者、非遗传承人参与课程设计，确保课程内容既具有学术深度又不失传统工艺的原汁原味。

鼓励高校增设与邢窑白瓷文化相关的专业或选修课程，在招生政策上给予一定倾斜，如适当降低相关专业的文化课录取分数线，吸引更多对非遗文化有兴趣、有艺术天赋的学生投身学习。为高校引进高层次的非遗研究人才和技艺大师提供便利条件，比如在人才落户、住房保障、科研启动资金等方面给予优惠政策，充实高校师资队伍，提升教学与研究实力。政府出台税收优惠政策，对参与邢窑白瓷文创产品开发、文化旅游项目打造的企业给予税收减免，降低企业运营成本，提高其参与积极性。搭建校企合作交流平台，定期组织高校与企业对接会，促进双方在项目策划、技术研发、市场推广等方面的深度合作。高校可借助企业的市场资源与生产能力，将学生的创意设计转化为实际产品推向市场，实现邢窑白瓷文化的产业化发展，反过来又为课程教学提供更多实践案例与市场反馈。划定专门的邢窑遗址保护区，加大对遗址的保护力度，投入资金进行考古发掘与研究，为课程提供丰富的历史文化素材。在传播推广方面，鼓励媒体对邢窑白瓷文化进行宣传报道，支持高校举办邢窑白瓷文化节、艺术展览等活动，通过政府背书提升活动影响力，扩大邢窑白瓷文化在社会上的知名度与美誉度，营造良好的文化氛围，为课程发展创造有利的社会环境。

2.探究政策驱动下的潜在发展机遇与空间

从资金扶持角度看，政策导向促使政府部门与相关基金会设立专项基金，用于支持邢窑白瓷文化课程建设。高校可借此申请资金，购置先进的教学设备，如高精度的3D打印设备，助力学生将创意设计转化为实物，探索邢窑白瓷在现代工艺辅助下的创新发展路径；引进数字化展示设备，通过多媒体互动的形式，全方位展示邢窑白瓷的历史脉络、制作工艺，提升教学的直观性与趣味性。

专项资金可用于聘请行业顶尖专家、非遗传承人来校授课，他们丰富的实践经验与精湛技艺，能为学生带来最前沿、最地道的行业知识，拓宽学生视野，增强课程专业性。在人才培养方面，政策鼓励高校与企业、文化机构联合培养人才。高校可利用这一契机，与邢窑白瓷生产企业签订合作协议，共建实习实训基地。企业为学生提供真实的生产实践环境，学生在实习过程中参与从原料加工到成品销售的全产业链工作，了解市场需求，提升实践操作能力与职业素养。文化机构则凭借其丰富的文化资源与传播渠道，助力学生开展邢窑白瓷文化推广实践项目，如参与策划主题展览、文化交流活动等，培养学生的文化传播能力与创新思维。这种协同培养模式，在政策推动下，为学生打通从校园到职场的绿色通道，提升其就业竞争力，也为行业输送大量复合型人才，推动邢窑白瓷文化产业可持续发展。高校依托政策支持，积极开展产学研合作，将课程研究成果转化为实际生产力。鼓励学生与教师团队基于邢窑白瓷文化进行文创产品开发，利用政策给予的税收优惠、场地支持等，创办文化创意企业，将创意产品推向市场。借助政策搭建的文化产业交流平台，如各类文化博览会、非遗展销会等，展示推广邢窑白瓷文创产品，提升品牌知名度，拓展市场份额。

（二）社会需求推动的发展方向

社会对高素质人才的要求不仅限于专业技能，更强调文化素养与创新能力的结合。邢窑白瓷文化作为地方非遗的典型代表，其融入高校美育不仅能够满足社会对文化传承的需求，还能为培养具有文化自信和创新精神的人才提供重要支撑。

1.解析社会对非遗与美育融合人才的需求特征

社会需要非遗与美育融合人才具备深厚的非遗文化底蕴，以邢窑白瓷文化为例，他们要对邢窑白瓷的历史脉络、传统制作工艺、独特艺术风格以及其所承载的文化内涵有透彻的理解与研究。这不仅有助于他们在创作中精准地运用非遗元素，更能使其在文化传承的道路上，将古老的技艺与文化以正确且完整的方式传递下去。这种深厚的文化底蕴是人才立足非遗与美育融合领域的根基，能让他们在面对各种文化项目与创作任务时，挖掘出独特的文化价值，为作品注入灵魂。

非遗与美育融合人才需能够将现代审美观念、创新设计理念与邢窑白瓷文化相结合，创造出既保留传统韵味又符合当代审美的作品或文化产品。他们应具备敏锐的市场洞察力，了解当下消费者对文化产品的喜好与需求趋势，通过创新的设计手法，将邢窑白瓷从传统的艺术形式拓展到更广泛的生活领域，如家居用品、文创产品等，让古老的非遗文化在现代社会中焕发新的活力，实现文化与经济的双重价值。非遗与美育融合涉及多个领域，包括艺术学、历史学、社会学、市场营销学等。人才需要掌握艺术设计知识，以实现对邢窑白瓷文化的创意表达；了解历史文化知识，深入挖掘其背后的故事与价值；具备社会学知识，理解文化在社会中的传播与影响机制；掌握市场营销学知识，将非遗文化产品推向市场，实现其商业价值。这种跨学科的知识体系能够帮助人才在不同环节与不同专业背景的人员进行有效沟通与协作，推动非遗文化产业的全方位发展。对于邢窑白瓷文化，人才不仅要在理论上了解制作工艺，更要能够熟练地进行实际操作，从原料加工、成型制作到装饰烧制，每一个环节都能精准把控。只有具备扎实的实践能力，才能将创意转化为实际的作品，确保文化传承与创新不流于空谈。实践能力还体现在他们能够参与到非遗项目的实际运营中，如文化展览策划、非遗传承活动组织等，通过实践积累经验，提升自身在该领域的综合能力。

2. 探索顺应社会需求的协同发展路径与模式

在课程设置方面，紧密围绕社会对复合型人才的需求。鉴于当下文化产业对既懂艺术创作又具备文化传播、市场运营能力人才的青睐，高校可在邢窑白瓷文化课程中增设文化产业管理、艺术市场营销等相关选修课程。引导学生在学习邢窑白瓷传统技艺与文化内涵掌握文化产品策划、推广等知识，为日后投身相关行业筑牢基础。实践教学环节，强化与社会实际项目的对接。高校与本地文化企业、艺术机构建立长期稳定合作关系，承接各类与邢窑白瓷相关的项目，如文化展览策划、文创产品设计开发等。学生以项目团队形式参与其中，在真实项目环境中运用所学知识，锻炼实践能力。企业与机构则为学生提供实践指导与资源支持，形成互利共赢局面，确保学生所学技能与社会岗位需求无缝衔接。在人才培养目标上，注重培养学生的创新与传承能力。社会对非遗的发展期望是在传承的基础上创新，因此高校在教学中，要加强学生对邢窑白瓷传统工艺、文化精髓的深度理解与掌握，安排专业教师与非遗传承人联合授课，传授给学生原汁原味的技艺；另外，鼓励学生在创作中融入现代设计理念、科技元素，探索邢窑白瓷在当代生活中的新应用、新表达，培养学生的创新思维与能力，满足社会对具有创新精神非遗传承人才的需求。

在社会服务层面，高校与地方携手，通过举办各类公益活动传播邢窑白瓷文化。开展非遗进校园、社区活动，组织学生与专业人员共同向大众普及邢窑白瓷知识，举办手工体验活动等。这不仅能提升社会大众对非遗的认知与保护意识，也为学生提供了展示平台，增强学生的社会责任感与文化传播能力，同时扩大高校与地方非遗的社会影响力，进一步推动两者协同发展，形成可持续的良性循环模式。

二、协同发展的潜在机遇

社会对文化多样性的需求日益增长，地方非遗作为地域文化的独特代表，能够为高校美育注入新的活力。文化产业的蓬勃发展也为非遗与美育的融合提供了广阔的市场空间，通过校企合作、文化创意产品开发等方式，我们可以实现非遗资源的有效转化与传播。

（一）文化产业发展带来的机遇

高校美育通过将邢窑白瓷文化融入课程体系，不仅能够培养具有文化传承与创新能力的人才，还能为文化产业提供智力支持与创意源泉。这种协同发展为高校美育与地方非遗的深度融合创造了新的机遇，也为文化产业的可持续发展开辟了广阔前景。

1.邢窑白瓷文化产业市场空白挖掘

团队聚焦于小众、细分市场，例如针对高端家居装饰市场，挖掘邢窑白瓷在空间美学应用方面的空白。目前市场上高端家居装饰产品多以现代简约风格或西方艺术元素为主，而将邢窑白瓷的传统工艺与中式美学理念融入其中的高端定制家居饰品极为稀缺。高校可利用自身设计研发能力，与企业合作开发一系列如白瓷艺术摆件、定制灯具、装饰面板等产品，以独特的文化韵味与高品质工艺填补这一市场空缺。

开发以邢窑白瓷制作体验为核心的深度旅游项目，游客不仅能参观窑址、博物馆，还能在专业人员指导下，亲自参与白瓷的拉坯、装饰、烧制等环节，制作属于自己的白瓷纪念品。同时，设计具有收藏价值的旅游文创产品，如限量版的邢窑白瓷微缩工艺品、结合现代设计的白瓷主题文具等，满足游客对旅游纪念品独特性与文化价值的追求，开拓旅游文化产品的新市场。高校借助自身的数字技术与文化研究优势，与科技企业合作，挖掘数字文化产品的市场空白。开发以邢窑白瓷为主题的沉浸式数字展览，利用虚拟现实、增强现实技术，让观众足不出户便能身临其境地感受邢窑白瓷的魅力。推出与白瓷文化相关的手机游戏、数字艺术作品等，以新颖的形式传播邢窑文化，吸引年青一代消费者，拓展文化产品的受众群体。高校与企业建立紧密的合作机制，共同投入资金、技术与人力。高校提供创意构思、文化研究成果以及专业人才支持，企业负责产品生产、市场推广与销售渠道搭建。积极与政府部门沟通，争取政策支持与资金扶持，为邢窑白瓷文化产业的创新发展营造良好环境。

2.文化产业跨界融合拓展发展空间

在与旅游业的融合方面，高校与当地旅游部门、旅行社紧密合作，开发以邢窑白瓷文化为主题的特色旅游线路。将校园内的邢窑白瓷教学实践基地、当地的邢窑博物馆、遗址公园等串联起来，打造集文化体验、参观学习、手工制作于一体的旅游产品。游客在参观过程中，不仅能欣赏到精美的邢窑白瓷展品，了解其悠久历史和制作工艺，还能在高校师生的指导下，亲自参与白瓷的制作过程，将自己的创意融入其中，带走一份独一无二的纪念品。这不仅丰富了旅游产品的文化内涵，也为邢窑白瓷文化的传播搭建了更广阔的平台，吸引更多人关注邢窑白瓷文化课程。利用现代数字化技术，如3D建模、虚拟现实、增强现实等，对邢窑白瓷进行数字化呈现和展示。开发与邢窑白瓷文化相关的手机应用程序，用户可以通过手机随时随地欣赏精美的白瓷3D模型，了解其详细信息，还能参与虚拟的白瓷制作游戏，增加对邢窑白瓷文化的兴趣。与智能硬件企业合作，将邢窑白瓷元素融入智能产品设计中，如定制带有邢窑白瓷图案的智能音箱、智能灯具等，让古老的文化在现代科技产品中焕发生机，拓宽邢窑白瓷文化的市场应用范围。

组织学生参与时尚设计项目，将邢窑白瓷的色彩、图案、造型等元素巧妙融入时尚产品设计中。设计出带有邢窑白瓷印花的时尚服装，将白瓷造型简化后制作成精致的饰品，以白瓷的简约风格为灵感打造现代家居用品。学校通过举办时尚发布会、参加各类时尚展会等方式，展示这些融合创新的产品，吸引时尚界和消费者的目光，提升邢窑白瓷文化的时尚感和影响力，开拓新的消费市场。

3.借助文化产业平台传播非遗美育

高校与邢窑白瓷相关的文化产业合作，是利用产业平台传播非遗美育的关键决策。高校可与文化创意企业携手，将邢窑白瓷文化元素融入各类文创产品设计。企业凭借自身成熟的销售网络，无论是线上电商平台，还是线下实体门店，在推广销售文创产品的过程中，产品所蕴含的邢窑白瓷文化知识、艺术魅力得以向广大消费者传递。消费者在购买、使用文创产品时，不自觉地接触到非遗美育内容，实现知识的自然渗透与传播。

文化产业展会会聚了行业内众多专业人士与大量普通观众，是绝佳的展示舞台。高校组织学生携带以邢窑白瓷文化为主题的作品参展，从精美的白瓷工艺品到富有创意的设计方案，全方位展示邢窑白瓷文化在当代的传承与创新成果。展会现场通过展板介绍、作品讲解、互动体验等形式，向参观者普及邢窑白瓷历史、制作工艺等非遗知识，传播蕴含其中的审美理念与艺术价值，让更多人了解邢窑白瓷文化课程所涵盖的美育内容。高校可与影视制作公司合作，参与拍摄以邢窑白瓷为题材的纪录片、微电影等。影视媒体凭借其强大的视听表现力与广泛的传播渠道，将邢窑白瓷的制作过程、背后的文化故事生动地呈现给观众。通过在电视、网络视频平台等渠道播放，吸引大量观众关注，打破地域与时间限制，极大地拓宽非遗美育传播范围。利用社交媒体平台进行影视内容的推广与话题讨论，进一步激发观众对邢窑白瓷文化的兴趣，引导他们深入了解高校非遗美育课程。在文旅产业方面，高校可与当地旅游企业合作开发邢窑白瓷文化旅游线路。将邢窑遗址、博物馆、制作工坊等串联起来，学生作为文化讲解员，为游客介绍邢窑白瓷文化，在旅游体验中融入美育教育。游客在亲身体验邢窑白瓷制作、欣赏精美展品过程中，感受非遗魅力，接受美育熏陶。

（二）教育改革背景下的新机遇

教育改革对人才培养目标提出了新要求，更加注重学生综合素质与创新能力的培育。这使邢窑白瓷文化课程有机会突破传统教学框架，将培养兼具文化底蕴与创新思维的复合型人才作为核心目标。课程可在传授邢窑白瓷历史、工艺等基础知识的同时增设创意设计、跨学科研究等拓展性内容，引导学生运用多学科知识对邢窑白瓷进行创新性探索，契合教育改革对人的全面发展的期望。窑瓷文化课程可借此东风，优化课程设置，增加实践课程比重，构建理论与实践紧密结合的课程体系。安排更多时间让学生参与白瓷制作实践，在实操中深化对理论知识的理解。在教学内容上，融入前沿学术研究成果与行业动态信息，使学生接触到最新的邢窑白瓷研究进展，拓宽视野。响应教育改革倡导的信息化教学理念，引入线上教学资源，如虚拟展览、线上讲座等，打破时间与空间限制，丰富教学形式，增强教学效果。教育改革推动教育资源的重新整合与优化配置，高校可利用这一契机，积极与地方政府、非遗传承机构、文化企业等建立紧密合作关系，整合各方资源。

与地方政府合作争取政策与资金支持，为课程建设提供保障；与非遗传承机构联合开展教学与研究活动，邀请传承人参与教学，让学生获取最纯正的技艺传承；与文化企业合作，以项目驱动教学，将企业实际需求融入课程，为学生提供实践平台，实现人才培养与市场需求的有效对接。邢窑白瓷文化课程可借此加强师资力量，通过选派教师参加专业培训、学术交流活动等，提升教师专业素养与教学能力。引进具有丰富实践经验的行业专家、非遗传承人担任兼职教师，充实师资队伍，形成理论与实践相结合的教学团队，为课程的高质量开展奠定坚实基础。

三、协同发展的挑战应对

资源整合的难度较大，地方非遗的挖掘与利用需要大量的人力、物力和财力支持，而高校在资源调配方面常存在局限性。高校美育课程的设计与实施需要兼顾学术性与实践性，如何在有限的课时内实现非遗文化的深度融入，成为一大难题。地方非遗的传承与创新需要跨学科、跨领域的合作，而高校内部学科壁垒的存在，阻碍了协同发展的进程。

（一）应对资源整合困难的策略

邢窑白瓷文化作为地方非遗的代表，其课程体系的构建与实施需要依托多方资源的协同合作。但资源分散、信息不对称以及利益分配等问题，导致资源整合困难。为了有效应对这些挑战，须探索科学合理的资源整合策略、优化资源配置、加强多方合作、建立共享机制。

1.建立资源共享平台促进高效流通

高校、地方非遗保护机构、企业以及相关研究组织等多方应联合起来，共同搭建一个综合性的邢窑白瓷文化资源共享平台。在平台建设的筹备阶段，需进行充分的需求调研，深入了解各方对资源的需求类型、获取方式以及使用偏好等信息，以此为基础设计出功能完善、操作便捷的平台架构。从资源收集方面，高校凭借其学术资源优势，负责整合校内与邢窑白瓷相关的学术研究成果，包括论文、专著、研究报告等，将其数字化后上传至平台。地方非遗保护机构则贡献丰富的一手资料，如邢窑白瓷的历史档案、传统制作工艺的详细记录、珍贵的文物图片与影像资料等。企业可以提供在生产实践过程中积累的技术资料、市场调研报告以及成功的产品案例等。这些资源涵盖了文化、学术、技术和市场等多个维度，能够全方位满足不同用户的需求。在平台功能设计上，设置资源分类检索功能，依据资源的类型、年代、主题等属性进行细致分类，方便用户快速精准地查找所需资源。配备在线交流互动板块，鼓励平台用户分享使用资源的心得，针对邢窑白瓷文化的研究、教学、生产等问题展开讨论，促进知识的交流与共享。此外，引入权限管理系统，根据用户的身份和需求设置不同的访问权限，确保资源的合理使用与安全。

为保障平台的持续稳定运行，建立专门的运营维护团队。团队成员包括信息技术专业人员，负责平台的日常技术维护，确保系统的稳定运行、数据安全以及功能的优化升级；还需配备熟悉邢窑白瓷文化的专业人员，对上传至平台的资源进行审核，保证资源的准确性、权威性和高质量。制定科学合理的资源更新机制，定期收集新的资源并及时上传至平台，保持资源的时效性与丰富性。

2.完善合作机制保障资源合理调配

构建清晰明确的合作框架，高校、地方非遗传承机构、企业等合作方需共同参与制定合作章程，明确各方在资源投入、管理职责、权益分配等方面的责任与义务。详细界定高校提供学术研究资源、教学场地与师资力量的具体标准；规定非遗传承机构输出专业技艺、文化资料的内容与形式；明确企业在资金投入、市场渠道共享等方面的承诺，从制度层面确保资源调配有章可循。定期召开线上线下联席会议，及时通报资源使用进度、项目推进情况以及出现的问题。在课程开发阶段，针对教材编写中高校理论知识与非遗传承机构实践经验的融合问题，协调小组迅速组织研讨，依据各方意见调整内容，保障知识传授的系统性与实用性。当涉及实践教学场地使用冲突时，协调小组依据课程紧迫性、资源稀缺性等因素，合理安排使用时间，优化资源配置。依据邢窑白瓷文化课程体系构建与实施的不同阶段需求，动态调整资源分配方案。在课程建设初期，为打造高质量教学资源，高校应加大对学术研究资源与非遗传承机构文化素材挖掘的投入力度；在课程推广阶段，侧重企业市场推广资源的调配，助力课程成果转化与文化传播。

完善监督与反馈机制，成立独立的监督委员会，成员可包括教育主管部门代表、行业协会专家等。监督委员会对资源调配全过程进行监督，确保资源流向符合合作目标，杜绝资源浪费与滥用现象。搭建便捷的反馈渠道，鼓励师生、合作方以及社会公众反馈资源调配过程中的问题与建议。

3. 多元渠道拓宽资源获取途径

从文化机构层面来看，高校应积极与当地的博物馆、文化馆、非遗保护中心等建立紧密合作关系。博物馆蕴含着不同历史时期的工艺特征与文化内涵。高校可与博物馆协商，开展联合展览活动，将部分藏品引入校园进行短期展示，让学生能近距离观察、研究，为教学提供直观素材。邀请博物馆专家来校举办讲座、工作坊，分享藏品背后的故事、研究成果以及文物保护知识，拓宽学生视野，丰富教学资源。

文化馆通常会组织各类文化活动，高校可参与其中，借助文化馆的平台展示学生的邢窑白瓷相关作品，提升学生的实践成果展示机会，还能在互动交流中获取更多社会反馈，进一步优化课程资源。非遗保护中心掌握着大量关于邢窑白瓷传承人的信息与非遗传承项目资料，高校与之合作，可获取一手的传承技艺资料，邀请传承人参与教学，引入原汁原味的传统技艺，丰富教学内容。利用在线学术数据库，高校教师和学生能够检索到国内外关于邢窑白瓷的学术研究论文、研究报告等资料，了解最新的研究动态与成果，将前沿学术知识融入课程。在线文化平台上有许多民间收藏家分享的邢窑白瓷收藏心得、鉴别技巧等内容，可整理筛选后作为辅助教学资源，丰富学生对邢窑白瓷市场与鉴赏方面的认知。借助社交媒体，高校可以发起关于邢窑白瓷文化的话题讨论，吸引社会各界人士参与，收集大众对邢窑白瓷文化的理解与创意，从中挖掘具有教学价值的素材，还能借此扩大课程影响力，吸引更多潜在资源关注。与陶瓷生产企业合作，企业能够为高校提供先进的生产设备参观机会，让学生了解现代工业化生产邢窑白瓷的流程与技术革新，将理论与实际生产相结合。企业在市场调研、产品设计、营销推广等方面的经验也可引入课程，高校与企业联合开展项目，如共同设计开发邢窑白瓷文创产品，企业提供市场需求信息与资金支持，高校发挥创意设计与学术研究优势，在项目推进过程中获取企业在实践层面的资源，丰富教学案例，培养学生的实践能力与市场意识。

（二）解决人才培养与社会需求脱节的方法

高校组织专业团队，对邢窑白瓷文化产业的上下游企业、文化机构、艺术市场等进行全面调研。了解当前行业在产品设计、生产制作、营销推广、文化传承等环节的岗位需求，明确各岗位所需的知识结构、技能水平以及职业素养。调研发现，市场对既懂邢窑白瓷工艺又能运用新媒体进行品牌推广的复合型人才需求旺盛，这就为课程调整提供了关键依据。不再局限于传统的艺术技能传授，而是向培养具备多元能力的综合型人才转变。在邢窑白瓷文化课程中，除了强化白瓷制作工艺、艺术鉴赏等核心技能培养，还应增加市场营销、文化传播、项目管理等方面的知识传授，使学生在掌握专业知识的同时具备适应社会多元岗位需求的能力。在专业课程中融入与社会需求紧密相关的实践项目。设置“邢窑白瓷文创产品开发与推广”课程模块，学生在课程中不仅要完成白瓷文创产品的设计与制作，还要模拟市场推广过程，包括制定营销策略、开展线上线下宣传等。通过这样的实践项目，学生可以将所学知识与实际工作场景紧密结合，提升解决实际问题的能力。

高校与邢窑白瓷生产企业、文创公司等建立长期稳定的合作关系。企业参与高校人才培养方案的制定，将行业最新动态、实际项目需求融入课程设计。高校则为企业提供人才支持与技术服务，双方合作开展实践教学基地建设，让学生有机会在真实的工作环境中实习实训。企业导师定期到高校授课，分享实际工作经验与案例，使学生更好地了解行业需求，提升就业竞争力。高校定期收集毕业生的就业反馈信息，了解他们在工作岗位上的表现以及用人单位的评价。分析反馈数据，找出人才培养过程中存在的问题与不足，及时调整课程设置、教学方法等。关注行业发展趋势与社会需求的新变化，动态更新人才培养方案，确保高校培养的邢窑白瓷文化相关人才始终与社会需求同步。

·第十章·

邢窑白瓷文化课程体系的可持续发展

实现邢窑白瓷文化课程体系的可持续发展要求课程内容与时俱进，还需要在资源利用、教学模式和评价机制等方面进行系统性优化。通过动态调整课程内容、深度挖掘地方非遗资源、加强与社会文化的深度融合，邢窑白瓷文化课程体系能够在保持传统特色的同时，适应新时代的教育需求。这不仅有助于推动高校美育的持续创新，也为地方非遗的传承与发展提供了新的动力。在这一过程中，高校美育与社会文化发展的协同作用将得到进一步强化，形成良性互动的教育生态。

第一节　课程体系的动态调整与优化

课程体系须保持灵活性与开放性，及时响应外部环境的变化。邢窑白瓷文化作为地方非遗的重要组成部分，其课程体系的动态调整不仅需要紧跟时代审美趋势的变化，还需结合学生的反馈与行业发展的新动向。通过不断优化课程内容、教学方法和资源配置，能够使课程更加贴近学生的实际需求，同时保持对传统文化的深度挖掘与创新传承。

一、根据时代需求调整

邢窑白瓷文化课程体系的构建与实施需要根据时代需求进行动态调整。随着当代社会对传统文化的关注日益增强，审美趋势也在不断演变，这就要求课程内容不仅要传承历史，还要结合现代审美和技术手段进行创新。通过引入新兴技术、融合当代艺术形式，课程可以更好地满足学生的兴趣与需求，增强其参与感和认同感。

（一）紧跟审美趋势变化更新课程内容

邢窑白瓷文化课程应敏锐捕捉这些变化，将现代审美观念融入教学内容。当下，简约主义审美盛行，追求简洁、纯粹的设计风格。在课程中，引导学生借鉴这一风格，对邢窑白瓷的传统造型和装饰进行简化创新。去除过于烦琐的装饰，突出白瓷本身的质地和线条美，设计出既保留邢窑韵味又符合现代简约审美的作品，如线条流畅的简约型白瓷茶具，满足现代消费者对简洁生活美学的追求。

现代社会鼓励个性表达，人们渴望拥有独特的艺术产品。课程鼓励学生挖掘自身创意，将个人的审美情感与邢窑白瓷文化相结合。在作品创作中，允许学生突破传统的限制，尝试不同的色彩搭配、造型组合，展现独特的艺术风格。比如，创作带有个性化抽象图案的白瓷摆件，让每一件作品都成为学生个性的表达，使邢窑白瓷更具现代艺术感染力。课程引导学生关注国际艺术潮流，学习不同文化背景下的审美理念，将其与邢窑白瓷文化相融合。借鉴西方现代雕塑艺术的空间构成理念，创新邢窑白瓷的造型设计；赋予白瓷作品新的意境。这种跨文化的审美融合，能拓宽学生的艺术视野，使邢窑白瓷作品更具国际视野和时代感。教师需持续关注艺术领域的动态，研究时尚、设计、绘画等多个领域的审美取向，并及时将这些信息传递给学生。组织学生参加各类艺术展览、设计活动，让学生亲身感受当下的审美氛围，激发创作灵感。引入相关的案例分析和讨论，引导学生思考如何在邢窑白瓷的创作与设计中融入新的审美元素。

（二）结合新兴技术调整教学手段

利用虚拟现实和增强现实技术，构建沉浸式的学习场景。学生戴上虚拟现实设备，仿佛穿越时空，置身于古代邢窑的生产现场。他们可以近距离观察工匠们熟练地进行原料加工，拉坯成型、装饰绘制等工序，感受传统工艺的魅力与温度，深入了解每一个制作环节的细节。通过虚拟现实技术的交互功能，学生甚至能模拟参与制作过程，亲身体验传统工艺的难度与乐趣，这种身临其境的学习方式极大地增强了学生对邢窑白瓷制作工艺的理解与记忆。增强现实技术则可以在现实场景中发挥独特作用，学生只需通过手机或平板电脑扫描教材、展品，就能获取丰富的虚拟信息，如展品的详细介绍，制作工艺解析、历史背景故事等，让静态的学习素材变得生动鲜活，拓宽学生的知识视野。

传统的手工设计制作过程较为烦琐，且修改难度较大，而数字化设计软件能够让学生更高效地实现创意构思。学生可以在软件中自由地设计邢窑白瓷的造型、图案，通过简单的操作就能对设计进行修改和完善。设计完成后，借助3D打印技术，能够快速将虚拟的设计转化为实物模型，大大缩短了从创意到成品的周期。这不仅提高了学生的创作效率，还激发了学生的创新热情，让他们敢于尝试更多新颖的设计理念，为邢窑白瓷文化的传承与创新注入新的活力。在线教育平台会聚了丰富的教学资源，学生可以随时随地访问课程视频、学习资料，根据自己的学习进度和需求进行自主学习。教师还可以在平台上发布学习任务、组织讨论，及时了解学生的学习情况并给予指导。直播技术则进一步增强了教学的互动性，教师可以通过直播进行实时授课、示范操作，学生可以在直播间提问、发表见解，与教师和其他同学进行互动交流。这种远程教学方式不仅方便了学生学习，还能够邀请校外的专家学者、非遗传承人进行直播授课，丰富教学内容，让学生接触到更专业、更前沿的知识。通过收集学生在学习过程中的行为数据，如学习时间、课程点击次数、作业完成情况等，大数据分析技术能够深入了解每个学生的学习习惯、兴趣爱好和学习难点。教师根据这些数据分析结果，为学生制订个性化的学习计划，推荐适合的学习资源，有针对性地进行辅导，满足不同学生的学习需求，提高教学效率。

二、依据学生反馈优化

教师收集学生对课程的意见和建议，能够及时发现课程实施中的问题与不足，从而有针对性地进行调整与改进。学生的反馈不仅反映了他们对课程内容的理解与掌握程度，也体现了他们对文化传承与创新的态度与兴趣。基于这些反馈，课程设计可以更加贴近学生的需求与兴趣，进一步增强教学效果。

（一）收集学生对课程的意见和建议

学校和教师通过多种渠道广泛收集学生的意见和建议。在课堂上，预留专门时间鼓励学生分享自己对课程的感受和想法，营造轻松开放的交流氛围，让学生敢于表达真实观点。

课后，借助在线问卷平台发放匿名调查问卷，设置涵盖课程整体满意度、各教学模块的学习体验、对教师教学方式的看法等丰富多样的问题，方便学生全面反馈。还可以定期组织学生座谈会，挑选不同专业、不同学习阶段的学生代表参与，确保意见的多样性和代表性。在座谈会上，引导学生深入讨论课程中遇到的困难、期望增加或改进的内容，认真记录每一条意见。对于学生在教学内容方面的反馈，重点关注他们对知识深度和广度的需求。若学生认为邢窑白瓷的历史文化讲解过于简略，难以深入理解其发展脉络，教师可在后续课程中增加相关历史资料的解读，引入更多学术研究成果，拓宽学生的文化视野。若学生反映实践操作环节的工艺指导不够细致，导致在制作过程中遇到困难，学校应考虑邀请更多经验丰富的工匠或专家进行现场示范和指导，强化实践教学内容，提升学生的动手能力。如果学生觉得传统讲授式教学方法较为枯燥，缺乏互动性，教师可以尝试采用项目式学习、小组合作学习等多元化教学方法。布置以“设计一套邢窑白瓷主题文创产品”为主题的项目，让学生分组协作完成从创意构思、设计制作到市场推广的全过程，在实践中激发学生的学习兴趣和创新能力。若学生提出希望借助更多数字化资源辅助学习，学校应加大数字资源建设力度，丰富邢窑白瓷的3D模型、制作工艺视频等资料，满足学生的学习需求。[1]

学生对课程考核方式的意见也不容忽视。如果学生认为当前考核方式过于侧重理论考试，无法全面体现他们在实践操作和创新能力方面的表现，学校和教师应调整考核方案，增加实践操作、作品创作、课堂表现等在总成绩中的比重，构建多元化考核体系，更客观地评价学生的学习成果。学校和教师对收集到的学生意见和建议进行及时整理、分类和分析，制定切实可行的改进措施，并将改进结果反馈给学生，让学生看到课程的积极变化，增强他们对课程的认同感和参与度。

（二）基于反馈改进课程结构与教学方法

定期组织学生开展课程评价活动，通过问卷调查、课堂讨论、一对一访谈等方式，了解他们对课程内容、教学进度、实践环节的看法。关注学生在学习过程中遇到的困难，例如是否因理论知识讲解过于抽象而难以理解，实践操作环节的指导是否足够细致。若学生普遍反映对邢窑白瓷某一历史时期的文化背景理解困难，就需要在课程结构中增加相关的补充资料或调整讲解顺序，使其更易于理解；若是实践环节学生觉得时间紧张，无法充分完成作品，便要重新规划教学时间，合理分配理论与实践课程的占比。教师定期总结教学经验，回顾课堂上学生的反应、知识的传授效果以及教学方法的运用情况。积极参与同行交流活动，分享教学心得，倾听同行对课程的建议。同行可能从不同的教学视角出发，指出课程结构中存在的逻辑漏洞，或者提供更具创新性的教学方法参考。在讲解邢窑白瓷工艺时，同行可能建议采用案例对比的教学方法，将邢窑与其他窑口的工艺进行对比分析，帮助学生更清晰地理解邢窑工艺的独特之处，教师可根据这些反馈优化教学内容的呈现方式。加强与邢窑白瓷相关企业、文化机构的沟通，了解行业对人才的实际需求。若企业反馈毕业生在文创产品设计能力上有所欠缺，课程结构中就应增加文创设计相关的课程模块，强化学生在创意构思、产品策划方面的训练。关注社会文化发展趋势和公众对邢窑白瓷文化的兴趣点，及时调整课程内容和教学方法，使课程更具时代性和吸引力。

重新梳理课程内容的逻辑顺序，确保从基础理论到实践应用的过渡自然流畅。例如，将邢窑白瓷的历史文化知识、工艺原理与实际制作流程紧密结合，让学生在理解文化内涵的基础上进行实践操作，提高学习效率。根据学生的学习进度和能力水平，合理设置课程难度层次，避免出现知识跳跃或重复讲解的情况。采用多样化的教学手段，如利用多媒体资源创设生动的教学情境，激发学生的学习兴趣；开展

[1] 谭坤．指阅读下的“非遗”数字传播[M]．北京：中国纺织出版社，2022.

小组合作学习，培养学生的团队协作能力和创新思维；组织实地考察和文化体验活动，增强学生对邢窑白瓷文化的感性认识。根据不同的教学内容和学生的学习特点，灵活选择合适的教学方法，提高教学质量。

三、参考行业发展完善

陶瓷行业作为传统工艺与现代技术交融的领域，其发展趋势、技术创新和市场需求的变革，为邢窑白瓷文化课程的完善提供了重要的参考依据。通过关注陶瓷行业的最新动态，课程内容可以及时融入行业前沿知识，确保学生掌握的理论与实践技能与行业发展同步。

（一）关注陶瓷行业动态更新知识体系

高校应组织专业教师团队密切追踪陶瓷行业的学术研究成果，深入研读国内外权威的陶瓷学术期刊、研究报告，关注行业内知名专家学者的最新研究动态。将关于陶瓷材料科学的新发现融入课程，比如新型陶瓷原料的研发成果、原料配方的优化改进等知识，让学生了解如何运用新原料提升邢窑白瓷的品质与特性，突破传统材料的限制，创造出更具特色的作品。对于陶瓷工艺技术的创新，像数字化制造技术、新型烧制工艺等，也需及时纳入教学内容。使学生掌握运用数字化设计软件进行邢窑白瓷造型设计的技能，了解新型烧制工艺对产品质量和生产效率的提升作用，为传承与创新邢窑白瓷工艺提供技术支撑。

引导学生了解市场对陶瓷产品的需求趋势，从产品功能、设计风格到文化内涵等多方面进行分析。当下，消费者对陶瓷产品的需求越发多元化，既追求传统工艺的精湛，也注重产品与现代生活的融合，以及产品所承载的文化情感。课程应围绕这些市场需求，让学生学习如何在传承邢窑白瓷传统工艺的基础上，结合现代审美和生活方式进行产品创新设计。学习市场调研的方法，分析不同消费群体的喜好和购买行为，培养学生的市场意识和产品开发能力，使他们设计出的邢窑白瓷产品能够精准对接市场，满足消费者的需求。积极关注陶瓷与艺术、科技、文旅等领域的融合趋势，将相关知识融入课程。在陶瓷与艺术融合方面，鼓励学生借鉴当代艺术的表现形式和创作理念，为邢窑白瓷的装饰、造型设计注入新的活力。陶瓷与科技融合方面，让学生了解智能陶瓷、陶瓷3D打印等新兴领域，探索如何将这些技术应用于邢窑白瓷的生产和创新中。

陶瓷与文旅融合，则引导学生参与开发以邢窑白瓷为主题的文化旅游产品、体验项目等，拓宽邢窑白瓷文化的传播渠道，促进文化产业的发展。定期邀请陶瓷行业专家、企业精英走进校园，举办讲座、成立工作坊，分享行业最新动态和实践经验。组织教师参加各类陶瓷行业研讨会、学术会议，加强与同行的交流合作，及时获取前沿信息。利用互联网资源，搭建线上学习交流平台，整合行业资讯、学术论文、案例分析等资料，方便师生随时查阅学习。

（二）借鉴行业标准提升课程专业性

行业标准是对邢窑白瓷制作工艺、产品质量等方面的规范总结，涵盖从原料选取、制作流程到成品检验的各个环节。将这些标准融入课程，能让学生在学习过程中养成严谨规范的专业素养。在原料环节，行业标准对邢窑白瓷所需黏土、釉料的成分、质地等都有明确要求。

课程以此为依据，教导学生辨别不同产地原料的差异，以及原料特性对最终成品的影响，让学生明白精准选择原料是制作优质白瓷的基础。在制作流程方面，行业标准详细规定了拉坯、修坯、装饰、烧制等各道工序的操作规范和技术参数。拉坯时对泥料湿度、拉坯速度和手法的要求；在烧制过程中对窑温、升温曲线、烧制时间的精确控制。学生按照这些标准进行实践操作，能更好地掌握传统工艺精髓，提高制作技能，避免因操作不当导致的产品瑕疵。借鉴行业的质量检测标准，能帮助学生树立正确的质量意识和审美观念。行业标准从外观、尺寸精度、质地、色泽等多个维度对邢窑白瓷成品进行评估。在课程教学中，教师依据这些标准引导学生对自己的作品进行自我评价和相互评价，使学生学会从专业角度审视作品，发现问题并加以改进。这不仅有助于提高学生的实践能力，还能培养学生敏锐的审美感知，让他们在创作过程中追求更高的艺术品质。邀请行业专家参与课程设计，将他们丰富的实践经验和对行业标准的深刻理解融入教学内容。专家可以定期到学校开展讲座、指导实践课程，让学生直接接触到行业一线的知识和技术。高校还可以与企业共建实习实训基地，为学生提供接触真实生产环境的机会，使学生在实践中更好地理解和应用行业标准。在实习过程中，企业按照行业标准对学生进行考核评价，反馈学生在实践中的表现，帮助高校及时调整教学策略，提高教学质量。

通过参加行业培训、研讨会，深入企业实践等方式，了解行业标准的更新变化，将最新的行业要求融入教学。教师在教学过程中，以行业标准为导向设计教学项目和作业，引导学生在完成任务的过程中掌握专业知识和技能，提升课程的专业性和实用性。

第二节　地方非遗资源的深度挖掘与利用

许多地方非遗资源尚未得到充分的挖掘与利用，其潜在的文化价值和教育功能仍有待开发。邢窑白瓷文化作为地方非遗的典型代表，其独特的工艺技术和美学价值为高校美育提供了宝贵的资源。通过深度挖掘邢窑白瓷文化的内涵，教师不仅能够丰富高校美育课程的内容，还能为地方非遗的传承与创新注入新的活力。

一、资源挖掘

邢窑白瓷文化为高校美育提供了素材，要将这些资源有效转化为教学内容需要对其进行深度挖掘。资源挖掘不仅是对邢窑白瓷文化历史脉络的梳理，更是对其文化内涵、艺术特色和工艺技术的系统性研究。通过深入挖掘，能够发现更多未被充分开发的文化元素。

（一）深入研究邢窑白瓷文化内涵

北朝晚期，邢窑白瓷开启了烧造的历史篇章，历经岁月变迁，在隋唐时期达到鼎盛。这一发展过程与当时的政治、经济、文化环境紧密相连。隋唐的繁荣为邢窑白瓷的发展提供了肥沃土壤，其不仅成为皇家贡品，还大量出口，影响深远。深入研究这段历史，能让学生理解邢窑白瓷在不同历史阶段的风格演变，以及背后的社会因素，领悟其作为时代文化符号的价值。从早期工艺逐渐成熟，到鼎盛时期的“类玉”“类冰”，再到后世传承发展中的创新变化，每一个阶段都凝聚着古人的智慧与创造力，见证着历史的沧桑变迁。

其器型简约而饱满，线条流畅，展现出一种古朴大气之美，体现了古人对自然和生活的独特审美理解。在装饰方面，虽有“素无装饰”的印象，但实则堆纹刻画、刻画、压印等装饰手法多样，这些装饰图案或简洁明快，或细腻繁复，蕴含着丰富的寓意和文化象征。在釉色上，邢窑白瓷白中泛青，温润如玉，这种独特的釉色效果不仅源于精湛的烧制工艺，更传达出宁静、高雅的审美意境。研究这些艺术特征，有助于学生提升审美鉴赏能力，理解传统艺术的独特韵味，进而将其融入现代艺术创作和审美实践中。邢窑白瓷的质朴、简洁，体现了中国传统文化中“大道至简”的哲学理念，摒弃过多繁杂装饰，追求内在的品质与精神。其温润的质感则象征着中国人温柔敦厚的性格特点和包容和谐的处世态度。在制作过程中，从原料选取到烧制完成，每一道工序都凝聚着工匠精神，古人对工艺的执着追求、对品质的严格把控，体现了精益求精、一丝不苟的敬业精神。这种精神对于培养当代大学生的职业素养和价值观具有重要的意义。

历史、考古、艺术、哲学等学科相互交叉，为研究提供更全面的视角。组织专业教师团队开展深入研究，鼓励学生参与相关课题和项目，通过实地考察邢窑遗址、博物馆藏品，查阅历史文献资料，与非遗传承人交流等方式，全面深入地了解邢窑白瓷文化内涵。

（二）探寻未被充分利用的非遗资源

当地的老工匠、村民可能知晓一些散落在民间的传统工艺、独特烧制配方或鲜为人知的历史故事。这些口耳相传的内容往往承载着邢窑白瓷发展的关键信息，却因缺乏整理而未得到充分利用。通过与他们交流，收集民间技艺口诀、传统工具使用方法，挖掘那些可能已失传或濒临失传的技艺细节，将其融入课程实践教学中，让学生接触原汁原味的传统工艺。

对于一些残损的白瓷碎片，不能仅将其视为考古标本，它们身上保留的独特釉色、装饰痕迹等，可能蕴含着当时的工艺创新或审美取向。组织学生参与遗址研究项目，协助专业人员对碎片进行分析、修复，从微观角度研究其成分、工艺特征，这不仅能让学生掌握考古研究方法，还能为课程提供独特的研究案例。通过对这些碎片的研究，学生可以了解到邢窑白瓷在不同历史时期的发展变化，为创作和设计提供灵感。与邢窑白瓷制作相关的民俗活动、传说故事等，反映了当时的社会文化背景和人们的精神世界。将这些内容融入课程，能够丰富学生对邢窑白瓷文化内涵的理解。通过讲述传说故事，学生能感受古代工匠的智慧和创造力；以民俗活动为背景，设计文化体验课程，让学生在模拟的传统场景中感受邢窑白瓷在当时社会生活中的地位和作用，增强学生对非遗文化的认同感和传承意识。邢窑白瓷虽独具特色，但与其他窑口白瓷在工艺、风格等方面存在一定联系。对比发现，邢窑白瓷一些尚未被深入挖掘的特点和优势。研究其他窑口在传承与创新方面的经验，为邢窑白瓷文化课程提供借鉴，拓宽学生的视野，培养学生的文化比较和综合分析能力。

利用现代信息技术手段对邢窑白瓷非遗资源进行全面梳理和数字化保存。建立专门的数据库，将收集到的工艺资料、文物信息、民间故事等进行分类整理，方便学生查阅和学习。借助虚拟现实、增强现实等技术，对一些难以直观展示的资源进行虚拟呈现，让学生更直观地感受邢窑白瓷的魅力，提高资源的利用效率。

二、资源转化

资源转化可以将非遗资源从静态保护转向动态利用，通过将非遗元素转化为教学案例、创意产品等形式，能够使其更好地融入现代教育与文化产业。邢窑白瓷文化作为地方非遗的代表，其独特的工艺技术与美学价值为资源转化提供了广阔的空间。通过将邢窑白瓷的文化元素转化为教学资源，不仅能够丰富高校美育课程的内容，还能激发学生的创造力与创新意识。

（一）将非遗资源转化为教学案例

高校的专业教师团队深入研究邢窑白瓷的历史发展脉络，从北朝晚期邢窑白瓷的起源，梳理至其在隋唐时期达到的鼎盛阶段，详细剖析每个历史时期邢窑白瓷在工艺、造型、装饰等方面的特点与演变。将这些历史研究成果整理成系统的教学案例，引导学生通过对不同时期邢窑白瓷的对比分析，理解其发展背后的社会、经济、文化因素，培养学生的历史思维和文化洞察力。在讲解“隋唐时期邢窑白瓷成为皇家贡品”这一历史事件时，引导学生思考当时的政治稳定、经济繁荣对邢窑白瓷工艺提升的促进作用，以及邢窑白瓷独特的艺术风格如何契合了皇家的审美需求。

将邢窑白瓷的制作工艺转化为教学案例时，教师团队细致拆解每一道制作工序，从原料的选择与加工，到拉坯、印坯、装饰、烧制等环节，详细阐述其中的技巧和难点。通过视频记录非遗传承人制作过程、邀请传承人现场演示以及学生亲身体验等多种方式，让学生深入了解邢窑白瓷制作工艺的精妙之处。在这个过程中，引导学生思考传统工艺在现代社会中的传承与创新，鼓励学生尝试运用现代科技手段和设计理念对传统工艺进行改良和拓展，培养学生的实践能力和创新精神。教师通过分析邢窑白瓷的造型、釉色、装饰图案等元素，挖掘其中所体现的中国传统文化内涵，如“天人合一”的哲学思想、对自然美的崇尚等。同时，引导学生欣赏邢窑白瓷独特的审美特征，如简洁大方的造型、温润如玉的釉色、含蓄内敛的装饰风格等，培养学生的审美鉴赏能力。在教学案例中，还可以引入不同文化背景下对邢窑白瓷的审美评价，拓宽学生的文化视野，促进学生对多元文化的理解和包容。引导学生关注邢窑白瓷传承过程中的人才培养、市场开发、文化保护等问题，鼓励学生参与邢窑白瓷的传承与发展实践。组织学生开展市场调研，了解邢窑白瓷文创产品的市场需求和发展前景；让学生参与设计邢窑白瓷文化宣传活动，提高公众对邢窑白瓷的认知度和保护意识。

（二）开发基于非遗资源的创意产品

高校应营造创意激发的教学环境，引导学生从邢窑白瓷的历史文化、工艺特色、造型装饰等多方面汲取灵感。邢窑白瓷历史悠久，各时期都有独特的风格特征，学生可研究不同时代的白瓷造型演变，将经典的梅瓶、玉璧底碗等造型进行简化或重构，融入现代生活美学，设计出新颖的家居用品或装饰品。在装饰方面，借鉴邢窑白瓷的刻花、印花、点彩等工艺，运用现代数字设计技术，创作出既保留传统韵味又具现代感的图案，应用于陶瓷、纺织品或电子产品的外观设计中。企业拥有丰富的市场经验和先进的生产技术，能为学生提供真实的项目案例和实践平台。

高校与企业共同开展创意产品开发项目，学生在企业导师的指导下，参与从创意构思、设计研发到生产制作、市场推广的全过程。在这个过程中，学生不仅能提升专业技能，还能了解市场需求和行业动态，使创意产品更具市场竞争力。行业协会则能提供行业发展趋势、政策法规等信息，为创意产品开发提供方向指引。鼓励学生突破传统陶瓷产品的局限，拓宽产品领域。将邢窑白瓷元素与智能科技结合，开发具有文化内涵的智能陶瓷产品，如带有邢窑白瓷图案的智能音箱、感应灯具等。这需要学生具备跨学科知识，因此高校可整合艺术设计、计算机科学、材料科学等多学科资源，开设跨学科课程或工作坊，培养学生的综合素养。

高校可以举办创意产品设计大赛、展览活动，展示学生的优秀作品，增强学生的自信心和成就感。利用互联网平台、文化创意展会等渠道，将创意产品推向市场，接受市场检验。通过市场反馈，学生能进一步优化产品设计，提高产品质量和市场适应性。

三、资源保护

许多非遗资源面临着失传的风险，亟须通过有效的保护机制加以挽救与传承。在高校美育课程中融入地方非遗，不仅能够为非遗的保护提供新的平台，还能通过教育的力量增强学生的文化保护意识。邢窑白瓷文化作为地方非遗的典型代表，其独特的工艺与美学价值为资源保护提供了丰富的实践案例。

（一）树立非遗资源保护意识

高校应从课程设计入手，将邢窑白瓷非遗资源保护的相关知识系统融入教学内容。在基础理论课程中，详细讲解邢窑白瓷的历史渊源、发展脉络以及在不同历史时期的重要地位，让学生深刻认识到它不仅是一件件精美的瓷器，更是一部部物化的历史，是中华民族文化传承的重要见证。剖析邢窑白瓷的独特工艺，从原料选取、成型技法到烧制工艺等环节，展现其复杂与精妙之处，使学生明白这些传统工艺是无数先辈智慧的结晶，是不可再生的宝贵财富。

在实践课程中，教师要引导学生在创作过程中尊重和传承传统工艺，杜绝随意篡改和简化。比如，在拉坯、装饰等实践操作时，要求学生严格遵循传统技法，体会其中的匠心，让学生明白传承工艺的完整性对于非遗保护的重要性。同时，鼓励学生在尊重传统的基础上进行适度创新，但创新的前提是不破坏其核心文化价值。为了让学生更直观地感受非遗保护的紧迫性，高校可邀请邢窑白瓷非遗传承人、专家学者举办讲座和工作坊。[1]他们丰富的经验和深入的研究能为学生带来一手的行

[1] 晋祎一 . 高校图书馆 : 非遗传承新篇章 [J]. 文化产业 , 2025 (3): 127-129.

业信息，分享在保护过程中遇到的困难和挑战，如原材料稀缺、传统技艺传承后继无人、市场冲击导致技艺失传风险增大等问题。通过这些交流，学生能够深刻认识到非遗保护工作的艰巨性，从而激发他们的保护热情。校园文化建设也是树立非遗资源保护意识的重要阵地。高校可以组织各类与邢窑白瓷相关的校园活动，如举办邢窑白瓷文化展览，展示珍贵的文物图片、学生优秀作品以及保护成果；开展知识竞赛、主题征文等活动，以趣味性的方式调动学生学习和了解邢窑白瓷的积极性。在校园内设置文化长廊、展示橱窗，长期展示邢窑白瓷文化知识和保护动态，营造浓厚的文化氛围，让学生在潜移默化中增强保护意识。

还需引导学生关注非遗保护的法律法规和政策。开设相关法律课程或专题讲座，让学生了解国家和地方针对邢窑白瓷等非遗资源的保护措施，明白保护非遗是每个公民的责任和义务，从法律层面强化学生的保护意识，避免出现破坏非遗资源的行为。

（二）参与地方非遗保护行动

高校应积极搭建与地方非遗保护机构、文化部门的合作桥梁，为师生参与保护行动创造条件。学校可与邢窑遗址管理部门合作，组织学生参与邢窑遗址的保护与研究工作。学生在专业人员的指导下，协助进行遗址的考古调查、文物清理与修复等基础工作。在这个过程中，学生不仅能深入了解邢窑白瓷的历史背景和文化内涵，还能亲身体验到考古工作的严谨与艰辛，培养对历史文化遗产的敬畏之心。通过参与遗址保护，学生能够直观感受到邢窑白瓷所处的历史环境，明白保护遗址对于传承文化的重要性，进而增强自身的保护意识。

高校可邀请邢窑白瓷非遗传承人入驻校园，建立传承工作室。师生与传承人密切合作，学习传统的拉坯、装饰、烧制等技艺。学生在传承人的指导下进行实践操作，掌握技艺的精髓，为传承传统工艺贡献自己的力量。鼓励师生在传承的基础上进行创新，结合现代审美和市场需求，开发新的产品和工艺。利用现代设计理念对邢窑白瓷的造型和装饰进行改良，使其更符合当代人的生活方式和审美趣味；探索新的烧制技术，在保证白瓷品质的前提下，提高生产效率和降低成本。通过创新，让邢窑白瓷更好地适应现代社会的发展，吸引更多人关注和喜爱。在文化传播方面，高校师生可以发挥自身优势，参与邢窑白瓷文化的宣传推广活动。组织学生开展邢窑白瓷文化进社区、进学校活动，通过举办讲座、展览、手工体验等形式，向公众普及邢窑白瓷的历史文化知识和制作工艺，提高公众对非遗的认知度和保护意识。利用现代媒体平台，制作关于邢窑白瓷的短视频、纪录片等，通过网络广泛传播，扩大邢窑白瓷的影响力。鼓励学生参与文化创意产业，将邢窑白瓷元素融入文创产品设计中，开发出具有市场竞争力的产品，通过市场的力量推动邢窑白瓷文化的传播与发展。参与地方非遗保护行动还需要高校加强相关的教育与培训。开设专门的课程，培养学生的非遗保护意识和实践能力。课程内容包括非遗保护的法律法规、文化遗产保护技术、文化创意设计等方面的知识。同时，组织学生参加各类非遗保护实践活动，如文化遗产保护调研、非遗项目策划等，让学生在实践中积累经验，提高综合素质。

第三节　高校美育与社会文化发展的深度融合

地方非物质文化遗产作为地域文化的精髓，为这种融合提供了丰富的资源与契机。将地方非遗融入高校美育课程，不仅可以增强学生对传统文化的认知与传承意识，还能促进地方文化的创新与传播。高校美育与社会文化机构的合作，能够为社区美育、文化产业的发展注入新的活力，形成高校与社会协同发展的良性循环。这种深度融合不仅有助于提升高校美育的社会影响力，也为地方文化的可持续发展提供了新的动力。

一、与文化产业融合

将邢窑白瓷文化融入高校美育课程，并与文化产业相结合，可以实现美育与产业的双向互动。美育课程能够为文化产业培养具有文化素养与创新能力的专业人才，文化产业的实践经验也能反哺美育课程，使其更加贴近社会需求，推动地方非遗的可持续发展。

（一）助力邢窑白瓷文化产业发展

课程注重培养学生的创新思维，鼓励他们在掌握传统工艺的基础上大胆创新。学生在课堂上学习到现代设计理念与方法，能够将其与邢窑白瓷的传统元素巧妙融合，开发出新颖的产品。从造型上，突破传统的瓶瓶罐罐样式，设计出符合现代家居风格的白瓷摆件、餐具；在装饰图案上，结合当下流行的简约、复古等风格，创造出既保留邢窑韵味又具时尚感的图案。这些创新设计为产业注入新的活力，满足不同消费者的审美需求，提升邢窑白瓷产品的市场竞争力。课程通过系统的教学，让学生掌握邢窑白瓷的历史文化知识、制作工艺技巧以及市场营销策略等多方面的专业知识。在实践教学环节，学生有机会参与真实的项目，积累实际操作经验。毕业后，这些学生能够迅速进入邢窑白瓷文化产业的各个环节，成为技艺精湛的工匠、富有创意的设计师、懂得市场运作的营销人才，为产业发展提供坚实的人才支撑。学校与企业共建实习实训基地，为学生提供实践平台的同时，也为企业带来新鲜的创意和活力。企业可以将生产过程中的实际问题反馈给学校，学校组织师生进行研究攻关，共同探索解决方案。比如，针对白瓷烧制过程中的能耗问题、产品质量不稳定问题等，通过双方的合作，利用高校的科研力量推动企业技术革新，降低生产成本，提高产品质量。

高校可以利用自身的学术资源优势，举办各类邢窑白瓷文化产业相关的研讨会、论坛等活动。邀请行业专家、企业代表、学者等共同探讨产业发展趋势、面临的问题及解决方案。这些活动不仅能够促进学术交流，还能为产业界提供一个沟通合作的平台，推动产业资源的整合与优化配置。高校还可以通过这些活动向社会宣传邢窑白瓷文化，提升其知名度和影响力，吸引更多的关注和投资，为产业发展创造良好的外部环境。

（二）实现美育课程与文化产业的互动

高校在邢窑白瓷文化美育课程的设置上，充分考虑文化产业的实际需求。在课程内容中融入市场分析、产品开发、品牌营销等相关知识，让学生不仅掌握邢窑白瓷的艺术内涵与制作工艺，还具备将其转化为文化产品推向市场的能力。在教学过程中，邀请文化产业领域的专家走进课堂，以实际案例为依托，为学生讲解行业动态、市场趋势以及产品创新思路，使学生对文化产业的运作有更直观的认识。

高校与邢窑白瓷相关的企业、工作室等建立长期合作关系，让学生有机会参与实际的文化项目。学生在企业导师的指导下，参与邢窑白瓷文创产品的设计、制作与推广过程，从创意构思、产品打样到市场推广，全程实践，将课堂所学知识应用于实际工作场景，提升实践能独立解决问题的能力。这种实践机会也让学生深入了解文化产业的市场需求和行业标准，明确自身的学习方向和职业发展目标。高校鼓励学生在课程学习中进行创新创作，将现代设计理念、科技手段与邢窑白瓷文化相结合，开发出具有新颖性和市场潜力的作品。这些作品经过筛选和优化，可直接转化为文化产品进入市场，为企业带来经济效益的同时，也提升了邢窑白瓷文化的影响力。高校的科研团队还可以针对邢窑白瓷文化产业发展中的技术难题、工艺创新等开展研究，将研究成果应用于企业生产实践，推动产业的技术升级和创新发展。高校要建立完善的实践教学管理机制，加强对学生实践过程的指导和监督，确保实践教学质量。企业要积极履行社会责任，为学生提供良好的实践环境和指导资源，与高校保持密切沟通，及时反馈市场需求和行业变化。政府则应出台相关政策，鼓励高校与文化产业的合作，为双方提供资金支持、税收优惠等政策保障，搭建合作交流平台，促进资源共享和协同创新。

二、与社区文化融合

将高校美育与社区文化融合，不仅能够拓宽美育的实践空间，还能促进地方非遗的活态传承与创新发展。通过与社区的合作，高校可以充分利用社区的文化资源，开展多样化的美育活动，使学生在真实的文化场景中感受非遗的魅力。高校美育的成果也可以反哺社区，提升居民的文化素养，推动社区文化的繁荣发展。

（一）开展社区美育活动

通过开展社区美育活动，高校可以将邢窑白瓷文化等地方非遗资源带入社区，让更多居民近距离感受传统文化的魅力。这种双向互动不仅能够丰富社区文化生活，还能增强高校与社会的联系，推动地方非遗的普及与传承。

1.举办系列讲座

高校选派在邢窑白瓷研究领域造诣深厚的教师、专家以及资深的非遗传承人组成讲座团队。这些专业人士具备丰富的知识和实践经验，能够从不同角度深入解读邢窑白瓷文化。讲座内容丰富多样且层次分明，涵盖邢窑白瓷的历史溯源、工艺特色、艺术价值和文化内涵等多个方面。从邢窑白瓷在北朝晚期的萌芽讲起，讲述它如何在隋唐时期达到鼎盛，成为“天下无贵贱而通用之”的名瓷，以及其在历史长河中对中国乃至世界陶瓷发展产生的深远影响，让居民们对邢窑白瓷的发展脉络有清晰的认识。

在讲解工艺特色时，专家们详细介绍邢窑白瓷从原料选取、成型制作到装饰、烧制的每一道工序。展示邢窑白瓷独特的拉坯、印坯成型工艺，以及刻画、堆纹等装饰技法，让居民们了解到这些工艺背后所蕴含的智慧和匠心。对于艺术价值和文化内涵，讲座深入剖析邢窑白瓷简约饱满的器型、温润如玉的釉色所体现的“大唐气象、中国精神”，以及其与当地地域文化、民俗风情的紧密联系，让居民们感受到邢窑白瓷不仅是一件瓷器，更是地域文化的生动载体。通过展示邢窑白瓷的实物、图片、高清视频，甚至3D模型，让居民们更直观地欣赏到邢窑白瓷的精美。在讲解过程中，设置提问和交流环节，鼓励居民们分享自己对邢窑白瓷的看法和疑问，专家们耐心解答，营造活跃的交流氛围。讲座还注重结合现代生活，探讨邢窑白瓷文化在当代的传承与创新，激发居民们对传统文化传承的责任感。系列讲座在不同社区巡回举办，根据各个社区的特点和居民需求，对讲座内容进行适当调整和优化。对于老年居民较多的社区，讲座语言更加通俗易懂，重点讲述邢窑白瓷的历史故事和文化意义；对于青少年较多的社区，则增加互动体验环节，如简单的白瓷绘制体验，激发青少年对传统文化的兴趣。

2.设置邢窑白瓷手工体验工作坊

高校依托自身在邢窑白瓷文化课程体系建设中的专业优势，积极与社区合作搭建手工体验工作坊平台。工作坊精心选址在社区活动中心等交通便利、居民聚集的场所，确保居民参与的便捷性。

在场地布置上，营造浓厚的邢窑白瓷文化氛围，展示各类邢窑白瓷作品图片、历史资料，悬挂传统的窑炉模型，摆放制作工具，让居民一进入工作坊就能感受邢窑白瓷的独特魅力。高校选派经验丰富的教师和优秀学生担任指导人员。这些指导者具备扎实的邢窑白瓷制作技艺和丰富的教学经验，能够深入浅出地讲解知识、耐心细致地指导操作。在活动开始前，指导人员会先向居民介绍邢窑白瓷的历史渊源、文化价值和艺术特色，通过生动有趣的故事和案例，激发居民的兴趣和好奇心，为后续的手工体验奠定基础。工作坊提供丰富多样的手工体验项目，涵盖拉坯、捏塑、彩绘等多种传统制作工艺。居民可以根据自己的兴趣和能力选择不同的项目。对于初次接触邢窑白瓷制作的居民，指导人员会从基础的泥塑开始教学，引导他们用陶土塑造简单的白瓷造型，如小动物、小杯子等，让居民在轻松愉快的氛围中感受手工创作的乐趣。有一定基础的居民则可以尝试拉坯工艺，在旋转的拉坯机上，亲手将陶土拉制成各种形状的坯体，体验从一团泥土到精美瓷器坯体的神奇转变过程。彩绘环节更是充满创意，居民可以在已成型的坯体上，运用传统的邢窑白瓷装饰技法，如刻花、印花、点彩等，发挥自己的想象力进行创作，将自己对生活的美好向往和独特的审美观念融入作品中。[1]

在手工体验过程中，指导人员全程陪伴，及时给予技术指导和创意启发。当居民遇到困难时，指导人员会亲自示范，帮助居民掌握正确的制作方法；当居民在创作中陷入思路困境时，指导人员会引导他们从邢窑白瓷的传统文化元素中寻找灵感，鼓励他们大胆创新。工作坊还设置了互动交流环节，居民们可以分享自己的创作心得和感受，互相学习、互相欣赏，营造了良好的社区文化氛围。

3.举办邢窑白瓷文化展览

展览筹备阶段，高校充分发挥自身的专业优势，组织师生深入研究邢窑白瓷的历史文化、制作工艺以及艺术特色。从校内的收藏、博物馆资源以及与当地相关机构的合作中，挑选出具有代表性的邢窑白瓷器物、制作工具、研究资料等作为展品。对展品进行分类整理，按照历史脉络、工艺特点、艺术风格等维度进行布局规划，以便观众能够系统地了解邢窑白瓷文化的发展历程和内涵。

运用简洁而富有质感的陈列道具，如木质展架、素雅的展板等，突出白瓷的纯净与高雅。合理布置灯光，通过柔和的光线聚焦展品，凸显白瓷的细腻质地和精美装饰，增强展览的观赏性和艺术感染力。为了让观众更好地理解展品，办展方在每件展品旁都设置详细的说明牌，标注器物名称、年代、工艺特点以及文化价值等信息，并配以生动有趣的文字介绍，使观众在欣赏展品的同时，能够深入了解邢窑白瓷文化。讲解员由高校相关专业的师生担任，他们具备丰富的邢窑白瓷知识和良好

---

[1] 达妮莎 . 非物质文化遗产的网络传播方式与效果研究 [M]. 北京 : 化学工业出版社 , 2023.

的表达能力，能够深入浅出地向观众介绍邢窑白瓷的历史渊源、制作工艺、艺术特色以及背后的文化故事。通过生动的讲解，帮助观众更好地欣赏和理解展品，感受邢窑白瓷文化的博大精深。设置互动环节，鼓励观众参与，如开展白瓷制作工艺体验活动，让观众在专业人员的指导下，亲手尝试拉坯、画瓷等简单的制作工艺，亲身体验邢窑白瓷制作的乐趣，增强对邢窑白瓷文化的认知和兴趣。

为了扩大展览的影响力，吸引更多社区居民参与，利用社区公告栏、社交媒体平台、社区微信群等渠道进行广泛宣传。发布展览信息、展品介绍、活动亮点等内容，提前预热，吸引居民关注。还可以与社区内的学校、企业等合作，组织集体参观，让更多不同年龄段、不同职业的人群有机会接触和了解邢窑白瓷文化。

（二）利用社区资源丰富课程内容

在社区中生活着许多对邢窑白瓷有着深厚情感和独特见解的居民，其中不乏非遗传承人、民间艺人以及对邢窑文化有深入研究的专家学者。高校邀请他们走进校园，参与课程教学。非遗传承人和民间艺人凭借其精湛的技艺和丰富的实践经验，现场为学生展示邢窑白瓷的制作工艺，从原料的处理、成型的技巧到烧制的火候把控，每一个环节都进行细致讲解和示范，让学生近距离感受传统工艺的魅力，学习到书本之外的实用技能和技巧。专家学者则从文化研究的角度，分享自己对邢窑白瓷历史、文化内涵的深入研究成果，拓宽学生的学术视野，加深学生对邢窑白瓷文化的理解。

社区内的博物馆、文化馆、民俗馆等文化场馆收藏着大量与邢窑白瓷相关的文物、文献和艺术品。高校组织学生参观这些场馆，让学生能够亲眼看见不同历史时期的邢窑白瓷器物，观察其造型、装饰、釉色等细节，感受邢窑白瓷的艺术魅力。场馆内的文献资料也为学生的研究提供了宝贵的参考，学生可以查阅到关于邢窑白瓷的历史记载、研究论文等，为课程学习和研究提供有力支持。此外，社区内的陶瓷工作室、手工作坊等场所为学生提供了实践的机会，学生可以在这些地方进行实习和实践操作，将课堂所学知识应用到实际创作中，提高自己的实践能力。社区的传统节日、民俗活动等都与邢窑白瓷文化有着千丝万缕的联系。在传统节日期间，社区往往会举办各种与邢窑白瓷相关的活动，如白瓷展览、制作比赛等。高校组织学生参与这些活动，让学生深入了解邢窑白瓷在当地民俗文化中的地位和作用，感受其与社区居民生活的紧密联系。社区中流传的民间故事、传说等文化元素也被融入课程中，为学生的创作提供了丰富的灵感来源。学生可以将这些故事和传说以白瓷作品的形式呈现出来，赋予邢窑白瓷新的文化内涵。通过利用社区资源丰富课程内容，邢窑白瓷文化课程与社区生活紧密相连。学生在学习过程中不仅能够掌握专业知识和技能，还能增强对地方文化的认同感和归属感，培养社会责任感和创新精神。

三、与地域文化融合

将地域文化融入高校美育课程，不仅能够丰富美育内容，还能增强学生对本土文化的认同感和归属感。邢窑白瓷文化作为地域文化的典型代表，其深厚的历史底蕴和独特的艺术魅力为高校美育提供了宝贵的资源。通过与地域文化的深度融合，高校美育课程可以更好地体现地方特色，打造具有辨识度的课程品牌。这种融合也为地域文化的传播与传承提供了新的途径，使高校成为地域文化创新发展的重要推动力量。

（一）融入地域文化特色打造课程品牌

探寻那些与邢窑发展紧密相连的历史典故，如某位能工巧匠的传奇经历，或邢窑白瓷在重大历史事件中的独特作用，把这些故事融入课堂讲解，让学生在学习白瓷知识时，仿佛穿越时空，感受地域历史的厚重。民俗传统也是重要的切入点，比如当地婚俗、节庆中邢窑白瓷的使用习俗，能让学生理解白瓷在地域文化生活中的特殊意义，体会其承载的情感与价值。[1]

地域的自然风貌同样为课程品牌建设提供灵感。当地的山川、河流、矿产资源等不仅影响了邢窑白瓷的原料特性和烧制工艺，还能成为艺术创作的源泉。在课程实践中，引导学生观察自然色彩、纹理，将其运用到白瓷的釉色调配和装饰设计中，或是模仿当地山峦的起伏线条进行造型设计，抑或从河流的波光中获取釉色渐变的灵感，让作品充满地域自然的灵性。在课程教学活动的设计上，充分结合地域文化特色。组织学生实地走访邢窑遗址、当地博物馆和传统窑厂，让他们亲身感受邢窑白瓷的历史遗迹和生产氛围。在遗址现场，学生能直观看到古代窑炉的结构、制瓷工具，触摸历史的痕迹；在窑厂，学生可近距离观看现代烧制过程，了解传统工艺的传承与创新。这样的实地体验，加深了学生对邢窑白瓷和地域文化的理解与热爱。为了提升课程品牌的影响力，高校可以打造具有地域标识性的课程文化产品，如设计以地域文化元素为核心的课程纪念品，如印有当地标志性建筑与邢窑白瓷图案结合的明信片、钥匙扣等。这些纪念品不仅是课程的象征，更是地域文化的传播载体，学生在使用和赠送过程中，扩大了课程品牌的传播范围。

（二）通过课程传播地域文化

从邢窑白瓷的起源与发展脉络中，展现当地历史变迁与社会风貌，让学生在学

---

[1] 黄丽 . 浅论非遗传承保护与群众文化工作的结合 [J]. 参花 , 2025 (5): 114-116.

习陶瓷知识的同时，深入了解地域文化的演变。在讲解邢窑白瓷在不同朝代的风格变化时，引入当时当地的政治、经济、文化背景，使学生明白白瓷风格与地域文化的紧密联系。

在教学过程中，采用多样化的教学方法来传播地域文化。利用多媒体资源，展示邢窑白瓷的精美图片、制作工艺视频以及反映当地地域特色的纪录片，让学生更直观地感受地域文化氛围。组织学生实地考察邢窑遗址、当地博物馆和传统窑厂，亲身触摸历史遗迹，观察传统工艺的操作流程，增强学生对地域文化的感性认识。邀请当地的非遗传承人、民间艺人走进课堂，分享他们的亲身经历和技艺传承故事，让学生近距离接触地域文化的“活态”传承。鼓励学生在课程学习中积极参与地域文化的传播实践。布置与地域文化传播相关的课程作业，如让学生撰写介绍邢窑白瓷地域文化的文章、制作宣传海报或设计文创产品等。组织学生参与校内外的文化活动，如举办邢窑白瓷文化展览、开展文化讲座等，向更广泛的人群展示邢窑白瓷文化和地域特色。引导学生利用新媒体平台，如抖音、微博、小红书等，发布关于邢窑白瓷和地域文化的创意内容，吸引更多年轻群体关注，扩大地域文化的传播范围。在课程评价体系中，将学生对地域文化的传播效果纳入考核指标。不仅关注学生对邢窑白瓷知识和技能的掌握，还注重考查学生在传播地域文化过程中的创新能力、实践能力和社会影响力，从而激励学生更加积极主动地参与地域文化的传播，提高传播质量。

（三）依托地域文化资源拓展课程实践

高校与当地丰富的地域文化资源建立紧密联系，为学生打造多元化的实践平台。邢窑遗址作为重要的地域文化瑰宝，承载着深厚的历史底蕴。高校组织学生定期前往遗址开展实地考察活动，让学生亲身感受遗址的规模与布局，观察古代窑炉的结构和遗迹，了解邢窑的生产规模和工艺流程。在这个过程中，学生仿佛穿越时空，与历史对话，深刻体会邢窑白瓷在不同历史时期的发展脉络和工艺演变，为课程学习提供了生动的历史素材。

博物馆内收藏的大量邢窑白瓷文物，从珍贵的出土文物到现代的仿制精品，展示了邢窑白瓷的丰富种类和艺术魅力。学生在博物馆专业讲解员的引导下，仔细观察文物的造型、釉色、装饰等细节，学习文物背后的历史文化知识。高校还与博物馆合作开展文物修复、展览策划等实践项目，学生参与其中，了解文物保护的重要性和方法，学习展览策划的技巧，提高自身的实践能力和文化素养。高校与这些企业和工作室建立合作关系，为学生提供实习和实践的机会。学生在企业和工作室中，跟随经验丰富的工匠学习邢窑白瓷的制作工艺，从原料的选择和加工，到坯体的成型和装饰，再到最后的烧制和成品处理，全程参与实践操作。在实践过程中，学生不仅掌握了传统的制作工艺，还了解了现代陶瓷生产的流程和技术，将理论知识与实践操作相结合，提高了自己的动手能力和创新能力。地域文化中的民间传说、传统习俗等也是拓展课程实践的重要资源。高校鼓励学生将这些文化元素融入邢窑白瓷的创作中，开展创意实践活动。学生以民间传说为灵感，设计出具有故事性的白瓷作品；将传统习俗中的图案和符号运用到白瓷的装饰中，赋予作品新的文化内涵。这种创意实践活动不仅丰富了学生的创作素材，还促进了邢窑白瓷文化与地域文化的融合创新，推动了地方非遗传承。

参考文献

[1] 威廉·科斯莫·蒙克豪斯，卜士礼．中国瓷器史 [M]. 北京：华文出版社，2021.

[2] 王霁轩．中国陶瓷美学特征与美的历程 [M]. 南昌：江西高校出版社，2018.

[3] 朱君．非遗十年 [M]. 上海：上海社会科学院出版社，2023.

[4] 王媛．非物质文化遗产的文化认同问题研究 [M]. 上海：上海交通大学出版社，2021.

[5] 杨翠碧．非物质文化遗产透视与数字化保护研究 [M]. 昆明：云南人民出版社，2023.

[6] 霍楷，高嚣．美育与创新：艺术展演与竞赛育人研究 [M]. 北京：化学工业出版社，2024.

[7] 达妮莎．非物质文化遗产的网络传播方式与效果研究 [M]. 北京：化学工业出版社，2023.

[8] 谭坤．指阅读下的"非遗"数字传播 [M]. 北京：中国纺织出版社，2022.

[9] 罗枫．高校美育课程实践探索与教学创新 [M]. 北京：中国水利水电出版社，2023.

[10] 魏莹，吴玲楠．贵州非遗技艺融入大学生美育实践课程的路径研究：以毕节职业技术学院为例 [J]. 美术教育研究，2025(4):39-41.

[12] 苏莉．非物质文化遗产融入高校美育的路径探索 [J]. 齐齐哈尔大学学报 (哲学社会科学版)，2025(1):147-151.

[13] 潘钊．鲁西南传统木工制作技艺研究 [J]. 民艺，2021(5):118-123.

[14] 张晓纪．基于唐代邢窑白瓷的审美特征及鉴赏研究 [J]. 湖北农机化，2020(4):160.

[15] 马莉，焦阳．浅析隋代白瓷技艺的创新发展：以隋代邢窑白瓷为例 [J]. 佛山陶瓷，2024, 34(7):132-134.

[16] 李子博，程然．唐代邢窑白瓷艺术研究 [J]. 今古文创，2023(36):89-91.

[17] 李关亮，李婷花．邢窑白瓷传统烧制方法研究 [J]. 大众文艺，2019(21):141-142.

[18] 马颖，马清林，马泓蛟．河南巩义窑、河北邢窑出土瓷器的原料来源研究：以北朝和隋唐时期出产的青瓷、白瓷为例 [J]. 文物保护与考古科学，2018, 30(5):84-97.

[19] 毕翼飞．邢窑的艺术成就 [J]. 中国陶瓷，2014, 50(3):75-78.

[20]许静，周宗宇.融合育人视域下美育创新路径探索[J].创新人才教育，2025(1):15-20.

[21]鲁立.优秀传统文化融入地方高校美育课程的路径研究[J].佳木斯职业学院学报，2025, 41(1):175-177.

[22]王彦.简论邢窑白瓷的产生及衰落[J].收藏，2023(12):116-121.

[23]邵林，赵莹，周璐窑.邢白瓷的文化内涵与弘扬发展思考[J].陶瓷，2021(10):151-152.

[24]毕立峰，石晓鹏.邢窑白瓷重放异彩[J].共产党员(河北)，2018(12):64.

[25]李关亮，李婷花."邢窑白瓷"文化传承基地建设中课程建设的探索[J].邢台学院学报，2022, 37(3):28-32.

[26]耿辉敏.弘扬邢窑文化大力发展邢窑白瓷[J].陶瓷，2017(12):63-64.

[27]刘晴.邢窑白瓷发展述略[J].邢台学院学报，2017, 32(4):8-10,17.

[28]杨文山，朱爱茹.邢窑白瓷分类与工艺研究[J].中国历史文物，2007(4):56-65.

[29]刘芳.设计赋能 多方协同：共建非遗美学联合实验室[J].文化月刊，2024(S1): 10-11.

[30]官瑶乐.非遗美育视角下的视觉传达设计教育改革[J].上海服饰，2024(1): 149-151.

[31]张颖，刘成军，吴昊，等.数字经济背景下非遗创新发展与人才培养模式研究[J].现代职业教育，2025(5): 49-52.

[32]岳芬，谢燕红.应用型地方高校大美育课程体系的问题与对策[J].美与时代(下)，2024(9): 52-54.

[33]何文宏.美育改革政策驱动下高校美育课程的现状与改进[J].湖北师范大学学报(哲学社会科学版)，2025, 45 (1): 123-128.

[34]许海静.美育特色课程评价的实践研究[J].上海教育，2021(Z1)：55.

[35]陈菊，许朝晖，顾俊锋."技术接受模型"视角下职业院校虚拟仿真实训基地建设：以非遗代表型紫砂陶雕刻为例[J].职教论坛，2024, 40 (12): 59-66.

[36]何蕾."双高"院校传承非遗传统文化的现实困境与实践探索[J].杨凌职业技术学院学报，2025, 24 (1): 82-86.

[37]范亦萍，杭玥.传统文化与学科融合主题实践活动 艺影古韵传"非遗"[J].少儿国学，2025(4): 46-48.

[38]鲁晓珂，李伟东，罗宏杰，等.邢窑的科学研究[J].中国科学：技术科学，2012, 42 (10): 1204-1221.

[39]谢小琴.浅谈传统工艺美术在现代文创产品设计中的应用[J].天工，2025 (4): 85-87.

[40]刘亮亮，代红兵，顾芳，等.多元化教学模式在非遗项目教学中的实践运用[J].现代职业教育，2025(8): 85-88.

[41] 张璐 . 融合与探索 : 高校美育的数字化创新路径 [J]. 河南师范大学学报（哲学社会科学版）, 2025(2):150-156.

[42] 黄丽 . 浅论非遗传承保护与群众文化工作的结合 [J]. 参花 , 2025(5): 114-116.

[43] 晋祎一 . 高校图书馆 : 非遗传承新篇章 [J]. 文化产业 , 2025(3): 127-129.

[44] 常虹 , 张慧茹 , 于楠 , 等 . 基于校园文化元素的文创产品建设路径探究 [J]. 中国中医药现代远程教育 , 2025, 23 (4): 178-181.

[45] 李芳 . 邢窑白瓷的艺术特征在当代品牌形象设计中的探索与应用 [D]. 厦门 : 集美大学 , 2024.

[46] 丁邵一、 邢窑白瓷 : 承古韵匠心 展文化新姿 [N]. 邢台日报 , 2024-5-3 (001).